数字化转型与企业高质量发展

Shared Services 3.0
The Driving Force for Enterprise Digital Transformation

共享服务 3.0
驱动企业数字化转型的源动力

中国石油集团共享运营有限公司 著

中国人民大学出版社
·北京·

图书在版编目（CIP）数据

共享服务 3.0：驱动企业数字化转型的源动力 / 中国石油集团共享运营有限公司著. -- 北京：中国人民大学出版社，2024.1

ISBN 978-7-300-32427-2

Ⅰ.①共… Ⅱ.①中… Ⅲ.①石油企业—工业企业管理—数字化—研究—中国 Ⅳ.① F426.22

中国国家版本馆 CIP 数据核字（2024）第 021838 号

共享服务 3.0：驱动企业数字化转型的源动力
中国石油集团共享运营有限公司　著
Gongxiang Fuwu 3.0: Qudong Qiye Shuzihua Zhuanxing de Yuandongli

出版发行	中国人民大学出版社		
社　　址	北京中关村大街 31 号	邮政编码	100080
电　　话	010-62511242（总编室）		010-62511770（质管部）
	010-82501766（邮购部）		010-62514148（门市部）
	010-62515195（发行公司）		010-62515275（盗版举报）
网　　址	http://www.crup.com.cn		
经　　销	新华书店		
印　　刷	涿州市星河印刷有限公司		
开　　本	720 mm × 1000 mm　1/16	版　次	2024 年 1 月第 1 版
印　　张	23 插页 2	印　次	2024 年 1 月第 1 次印刷
字　　数	256 000	定　价	102.00 元

版权所有　侵权必究　印装差错　负责调换

前言

PREFACE

转型与变革是当今企业面临的共同课题。后疫情时代的到来和数字化技术的颠覆性，使得业财融合加快，企业管理变革更加深入。中央企业作为实施"走出去"战略和共建"一带一路"等的中坚力量，肩负构筑国际化大格局的使命。但随着规模的不断扩大、经营的全球布局，中央企业也面临境内外分支机构多、资源分散、管理链条过长等问题。

共享服务作为一种新的管理模式正在国内外企业界兴起与推广，代表了大型企业集团管理创新与变革的方向。通过调研和深度研究，中国石油天然气集团有限公司（以下简称"中国石油"）认为，共享中心是推动未来管理转型的重要载体，是新形势新背景下管理转型的有效途径。中国石油希望通过共享中心的建设，进一步重塑、优化财务和业务流程，实现财务和业务流程的融会贯通，实现由职能管理向协同管理、由事后监督向源头治理的转型；打造智能化信息平台，集中产生标准化数据，通过大数据分析，让数据变成有用的信息，提高决策支持水平，实现由决策执行向决策支持转型；通过流程化、标准化、专业化、规模化运作，提高交易处理效率，释放总部、专业公司和地区公司管理人员的生产力，让更多人力投入到价值管理、决策支持、源头管理等高附加值工作中。

中国石油于 2014 年正式启动共享服务体系建设，经历了方案设计、试点验证、加速推广三个阶段,"十三五"的建设目标已全面完成,主要运营指标和服务能力达到先进水平,服务中心、运营中心和数据中心的发展定位基本落实,初步建成了智能型全球共享服务体系,开启了高质量发展的新征程。

本书正是在这一背景下,总结中国石油共享中心的建设运作经验,为后续逐步扩大共享的内容和范围提供借鉴,为公司其他变革举措的推动提供范本,助力中国石油实现建设世界一流综合性国际能源公司的战略目标。同时,中国石油共享中心的建设经验也可为其他探索共享变革的国内外企业提供有价值的参考。总体而言,中国石油共享中心的建设有如下六点启示。

1. 注重变革管理是顺利推进共享服务建设的首要条件

共享服务建设是重大的管理变革,是公司层面的战略决策,涉及观念再造、流程再造、组织再造、人员再造、系统再造,彼此既相互联系又互为条件,涉及总部、专业公司和地区公司、共享中心等各个层面。因此,变革管理至关重要。主要体现在:

(1)各级领导高度重视、亲力推动。中国石油党组高度重视共享建设,在工作会议中明确提出加快共享建设的要求,领导小组听取专题汇报,进一步明确工作方向,并深度参与项目方案设计、试点验证以及加速推广。

(2)总部各部门大力支持、协调推进。总部各部门、专业公司从配套政策支持、业务系统集成、骨干力量配备、配套方案完善等方面为共享服务建设提供大力支持。

(3)地区公司密切配合、相向而行。组建之初,地区公司在场地、人员等多方面的无条件支持，是共享服务建设进入快车道的前提和基础。各企业从认识共享、感知共享到主动拥抱共享、信任共享、宣传共享，业务移交范围逐步扩大，初步构建形成一体化协作机制，为高效推进共享服务建设提供不竭动力。

2. 做好顶层设计是推进共享服务建设的前提保障

中国石油是产炼运销储贸一体化的综合性国际能源公司，子公司多、分公司多、项目种类多。要打造世界一流智能型全球共享服务体系，必须要从全局性、长远性考虑，以推动公司战略落地为目的，坚持顶层设计先行原则，通过充分验证和持续完善，确保建设方案领先前瞻，为后续共享服务体系高质量推广上线、高标准管理运营、快节奏提供增值服务奠定坚实基础。主要体现在：

（1）对标最佳实践，确保建设方案领先前瞻。中国石油共享中心建设与实践的整体规划和具体设计方案，具有一定的前瞻性，科学研判公司内外部环境变化，客观分析公司改革发展需求，积极关注跟踪共享服务的未来发展趋势，坚持方案设计"走出去"与"请进来"相结合，通过引进先进的理论、方法和工具，基于共享服务研究和建设的现状与未来发展，以企业集团未来高质量可持续发展为出发点，积极探索和打造世界一流智能型全球共享服务体系。

（2）综合调研分析，深度结合中国石油实际。中国石油从2014年开始启动调研，历经3年，剖析国内外20余家大型企业的实践案例，选取壳牌、英国石油、雪佛龙、中国石化等行业内公司进行对标，广泛征集总部各部门和100多家下属企业的意见，制定总体方案，统筹考虑各方面信息，从整体视角统筹全局，从企业战略的角度设计共享中心的目标、实施规划、组织架构、流程设计、信息系统等。

3. 坚持试点先行是推进共享服务建设的有益经验

共享服务建设是一个持续性的动态过程，需要将制定长期规划与分步实施结合起来，按照长期规划，在不同层面循序渐进，按步骤推进。中国石油按照"先易后难，试点先行"的原则，高起点、高质量、高标准开展试点，探索形成了一套行得通、可复制、可推广的经验，通过试点验证了共享服务模式在中国石油实践上可行、设计方案可落地、实施方法可操作，具备在全集团推广实施的条件。主要体现在：

（1）财务和人力先行先试。共享中心运营初期业务范围聚焦于财务和人力等传统后台职能部门，随着运营成熟度的提升逐步纳入信息技术、合同采购等业务。根据集团公司提高整体运行效率和对协调互动的需求，中国石油确定了"一个平台、多路共享"的思路，明确构建综合型共享服务组织架构，并选择财务和人力作为试点，成熟之后再推广到其他业务。

（2）部分企业先行先试。2017年11月至2018年11月，共享中心先后完成7家驻陕企业试点和7家销售企业扩大试点，按照"边试点、边总结、边完善、边优化"的思路，对共享服务设计方案中的业务流程、组织人员、标准体系、信息系统、服务和运营体系进行了落地优化，形成了较为完善的共享设计方案。根据试点经验有序做好其他单位、其他业务领域的共享服务建设推广工作，选择覆盖集团公司所有业务板块的典型单位，全面验证和完善建设方案，在全面推广实施中不断优化建设方案，为顺利完成"十三五"建设目标提供经验支撑。

4. 信息系统和流程"双轮驱动"是推进共享服务建设的关键支撑

共享服务建设的成功实践表明，信息系统和流程"双轮驱动"对于建设高质量共享中心至关重要，可以让技术创新、流程创新不断释放生产力、释放活力。主要体现在：

（1）信息系统持续赋能。信息系统是实现共享中心高效运行的有力工具，一般而言，共享信息系统的自动化、智能化、数字化水平越高，共享中心的运营越成熟，在降本增效、价值创造和风险管控方面就越能发挥作用。中国石油共享中心致力于打造以"智能、连接、洞察"为核心的共享生态系统，成为敏捷服务、业务洞察和智慧决策的提供者。在建设共享服务平台时需要重点考虑技术的先进性，在注重原始创新的同时，还应重视借鉴、引进、吸收、消化和再创新。在考虑先进性的同时，还要兼顾成本效益，与企业的实际情况相适应，使先进技术与企业的技术水平、员工的技术能力相协调，考虑技术的成熟度和稳定性。

（2）流程标准持续优化。业务流程的标准化、统一化和专业化是共享中心专业化分工和高效运作的基础。中国石油共享中心遵循统一的共享服务目录及业务流程，以标准操作手册为载体，规范业务步骤、流程角色、输入输出、分角色操作等，支持客户（大部分为集团内专业公司和地区公司）和共享中心共同按照手册进行规范化、标准化、程序化操作，持续提升同质业务的标准化水平，为全球化交付奠定基础。中国石油共享中心参照行业领先实践，引入全球流程责任人机制，构建全球流程责任人模式的持续提升机制，推进以流程为主线的共享服务持续提升，分业务、分流程设置责任人角色，负责"端到端"流程优化整合，建立以流程为核心的管理模式，推动公司由"基于职能管理"向"基于流程管理"转变。

5. 秉承价值创造是推进共享服务建设的落脚点

很多企业建立共享中心除了关注降低成本，更多关注的是加强管控和控制风险等。服务交付、客户体验、价值创造是共享服务的三大基石，其中价值创造是共享服务建设的最终落脚点。

中国石油共享中心定位为"服务中心、运营中心、数据中心"，以价值创造为导向，始终把价值创造作为一切工作的落脚点，聚焦专项业务、增值服务等重点工作，在提供高效规范基础业务的基础上，陆续推出一系列契合服务单位需求的增值产品，增值服务始于客户、终于客户，在满足客户需求的基础上，逐步探索和挖掘，深挖共享服务的价值创造点，在创造价值的同时助力服务单位创造价值，促进集团公司整体效益的提升。

在中国石油共享服务实践中，价值创造的理念贯穿始终。共享中心积极践行流程创新、技术创新与服务创新，围绕企业内部和外部价值链，从效率、成本、质量和满意度四个维度实现价值创造，并将其作为检验共享服务水平高低的标准，在简化流程提升效率、减少用工分流人员、集中采购降低成本、管控风险堵塞漏洞、转变职能推进转型等方面取得显著成效。

6. 人才队伍是共享服务建设高效推进的根本保障

人才是第一资源，中国石油共享中心将人才纳入发展战略。满足共享服务建设对人才的需求要立足当下、着眼未来，积极构建畅通灵活、精干高效、富有活力的队伍管理机制和更加集约高效的人才管控模式，发挥集中优势、专业优势、技术优势，不断积聚专业化发展新优势，提供更优质的服务。

对标"服务中心、运营中心、数据中心"的建设要求，中国石油共享中心构建与人员能力发展相适应的培训体系和职业发展通道，设置管理、咨询师和业务三类岗位，实现横向升档、纵向升级、多通道发展。坚持战略思维、发展眼光，系统推进人才队伍梯队培养，针对不同层次、不同需求、不同方向，及时组建运营管理、增值服务等专业化人才队伍，着力培育数字专家、算法专家、模型专家、业务专家等专业技术人才，建立高水平咨询专家团队和项目管理团队，发挥示范带头作用。

本书提炼了中国企业管理变革的最新实践，彰显了本土企业的管理创新。践行中国创新、做好中国案例、讲好中国故事，是本书期望实现的目标。参与本书编写的有中央财经大学的卢闯教授、孙健教授，研究生李心武和柯文欣，以及北京工商大学的刘金钊副教授。写作过程中中国石油胡炳军、荆宝森、张锡磊、郭延峰、李栋、丁淑颖、王海峰、谭瑾、吴雪鹤、苏斐、陈昱、郭泽晋、毕索宇、陈红梅、邵连群、张海泉、闵广富、文亮瑞、贾学海、王洪梅、王波、郭炳宏、杜洪伟、杨辉等同志提供了宝贵意见与材料支持，王长根、孙永风、何焰、王金波、寇登科、马平原、常龙、高海梅给予了指导，在此一并表示感谢。

书中的不足之处，恳请同行专家和广大读者批评指正。

中国石油集团共享运营有限公司

目 录

第 1 章 共享服务 3.0 — 001

1.1 大型企业集团的管控难题 / 003

1.2 数字化转型的解决之道 / 009

1.3 驱动企业数字化转型的共享服务 3.0 / 014

第 2 章 因地制宜：国企改革中的顶层设计 — 027

2.1 引领未来：思想的高度决定发展的格局 / 029

2.2 领先的顶层设计 / 038

2.3 从服务、运营到数据：共享服务的多职能定位 / 048

2.4 共享无边界 / 059

2.5 推动变革成功的关键举措 / 064

2.6 共享中心建设中的几个难题 / 075

第 3 章
流程先行：从职能思维到共享思维 —— 093

3.1 流程再造中的设计思维 / 095

3.2 流程优化的方法论 / 110

3.3 流程的承载：标准化和系统化 / 117

3.4 流程的运营：从区域运营到全球交付 / 128

3.5 谁负责流程：全球流程责任人 / 130

第 4 章
数据资产：与流程共同进化的数据 —— 139

4.1 共享是天然的数据中心 / 141

4.2 数据如何成为数据资产 / 147

4.3 共享中心的数据资产产品 / 156

4.4 数据资产的管理机制 / 169

4.5 创造价值的数据资产 / 172

第 5 章
技术引领：共享服务的智能化升级 —— 193

5.1 共享即 IT：数字技术驱动了管理变革与创新 / 195

5.2 可视化技术改变了认识规律的方式 / 201

5.3 自动化技术提高了工作效率 / 214

5.4 智能化技术改善了用户体验 / 223

第 6 章
面向全球的服务运营：共享服务助力企业竞争 —— 237

6.1 助力企业竞争的全流程服务 / 239

6.2 建立客户关系 / 242

6.3 实现精益运营 / 260

第 7 章
不可或缺的队伍：开放赋能的组织人员体系 —— 281

7.1 环境和挑战 / 283

7.2 人才能力框架 / 287

7.3 组织的进化：跨职能团队与混合型能力中心 / 291

7.4 知识分享机制：共享人才成长 / 307

7.5 铁人精神的企业文化 / 314

第 8 章
对外赋能的共享服务 3.0 —— 319

8.1 共享生态圈 / 321

8.2 拥抱全球业务合作伙伴 / 344

第 1 章

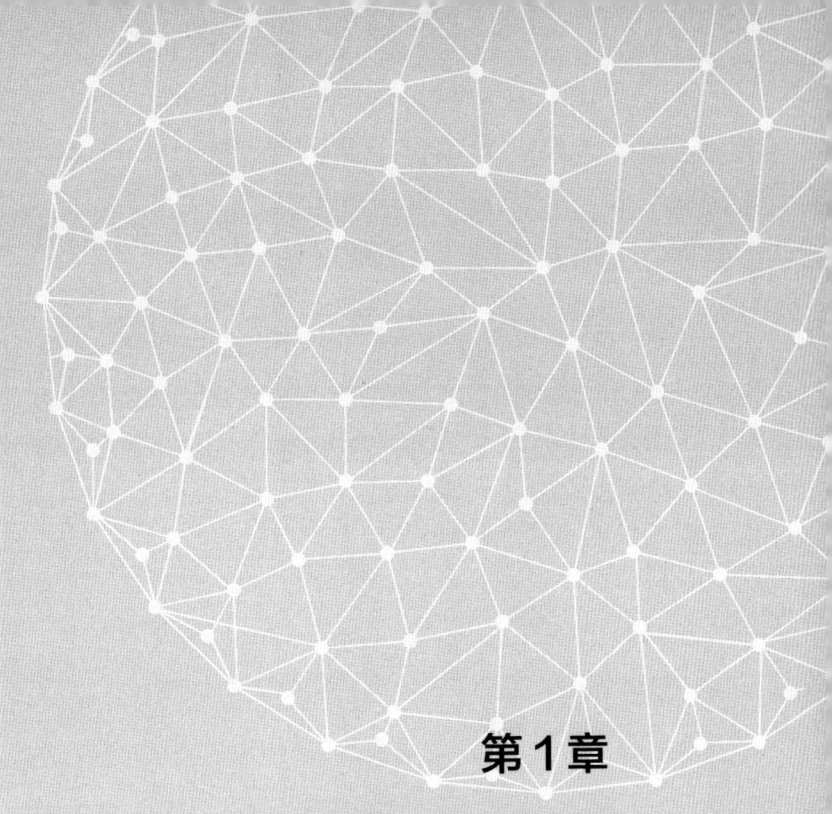

共享服务 3.0

1.1 大型企业集团的管控难题

1.1.1 集权与分权的平衡

集权与分权的权衡一直是大型企业集团管控中的难题。企业集团具有层级多、规模大、分布广等特点，集团总部既希望分（子）公司能够积极发挥主观能动性，又担心对下属公司失去有效控制，分（子）公司各自为政，难以与集团战略保持一致。由此，许多企业集团试图在集权和分权之间寻找平衡。

随着管理实践的不断发展，企业集团对分（子）公司的管控模式逐渐形成三种类型：财务管控型、战略管控型和运营管控型。

1. 财务管控型

财务管控型是一种倾向于分权的管控模式。集团总部只关注分（子）公司的收入、利润等主要财务指标，一般没有业务管理部门，不干涉分（子）公司的具体经营和管理活动，分（子）公司的财权、管理权相对独立，分散发展。

在财务管控型模式下，集团总部较少干预下属公司的经营管理活动，可能导致分权过度问题。分权化的管控模式下，多级法人都享有高度的自主权，形成多个投资中心，分（子）公司更多专注于局部利益，集团总部的战略效能被削弱。如果集团总部对分（子）公司的管理缺乏有效约束，可能导致以下结果：一是集团总部的总体战略得不到实施，增加了预期目标的实现难度；二是集团总部对下属公司投资、经营决策干预较少，无法协调下属公司的经济活动，难以形成集团合力，造成"集而不团，大而不强"的局面，使企业集团缺乏竞争力。

2. 战略管控型

战略管控型是一种相对集权的管控模式。集团总部和分（子）公司相对平衡地发展，集团总部专注于战略决策和资源部署，通过战略规划与控制把握集团整体发展方向。集团总部一般没有具体的业务管理部门。

3. 运营管控型

运营管控型是一种高度集权的管控模式。集团总部高度集权，对分（子）公司的日常经营进行直接管理，几乎所有事务的最终决策权均在集团总部，下属公司仅是集团决策的被动执行者。集团总部的职能部门较完善，人员规模也较庞大。

在战略管控型和运营管控型这两种管控模式下，权力相对或高度集中于集团总部，可能会导致集权过度的问题。集权有利于贯彻和实施企业集团的战略，促进各业务条线之间的协同，实现规模效应。同时，集权降低了决策成本，提高了决策效率，促进了标准化、流程化管理的实行，有利于集团总部的战略决策和资源部署。然而，在高度集权的管控模式下，若企业集团内部没有准确、及时的信息传递机制，可能无法应对市场变化，导致决策滞后，错失发展机会。而且，集团总部还有可能会干预或主导分（子）公司的生产经营活动，调配财务、人力等资源，这会降低下属公司的积极性与创造性。此外，集权模式下的决策质量很大程度上取决于总部人员的分析和决策能力。因此，总部人员必须具有极高的素质与能力，同时必须高效详尽地汇集各方面的信息，一旦决策出现重大失误，整个企业集团会面临极大风险。

集权与分权就像天平的两端，管控模式需在两者之间找到平衡。如何既能激发分（子）公司的主动性和灵活性，又能使其与集团总部战略协同一致，实现企业集团从大到强、强而灵活，从而走上良性发展道路，这是所有大型企业集团面临的难题。

1.1.2 管理链条过长

大型企业集团由于其规模大、单位数量多和法人层级复杂，容易产生管理链条过长的问题。这将导致整个企业集团在信息传递、制度规范等方面面临管理难题。

关于信息传递，一方面，管理层级过多增加了管理链条的长度，分（子）公司的需求或请示需要层层上报至集团总部，上情下达的效率降低，这将导致企业集团的决策链条延长。在这种情况下，分（子）公司难以灵活地应对市场变化，从而降低了企业集团的运营效率。

另一方面，这将导致集团总部无法实时监控分（子）公司，增加集团总部对分（子）公司的控制风险。由于信息的层层传递，各分（子）公司可能对集团政策产生误解，或者对同类业务采用不同的处理尺度，这将影响集团总部战略在一线的执行力度以及后续的运营分析。分（子）公司是否准确执行了集团总部的战略与政策，其资源配置是否符合集团总部的战略，是企业集团在管控中需要考虑的问题。企业集团中的二级公司可能会拥有较大的权力，它们对下属公司的控制更直接，也往往会更多地从自身角度出发，调控公司内部及下属公司的经营活动。

在制度规范上，大部分企业集团虽然在集团层面有明确的制度和流程，但是各分（子）公司存在不同的个性化诠释和执行标准，导致从整体来看，存在几十套甚至上百套流程和制度。标准的不统一，将导致难以计量、评价和考核的问题，也容易使各分（子）公司各行其是，企业集团难以整体协调资源并对外界的竞争和挑战做出快速正确的响应。

随着企业集团的全球扩张，管理链条过长带来的管控难题会愈发明显。全球分支机构的低信息透明度会导致企业集团难以有效获取当地的业务信息和政策信息，无法有效建立全球统一的管控机制，应对投资、汇率、法律等风险，增加了企业集团管控的难度。

1.1.3 大量分散的资源

大型企业集团往往经营多个产业、从事多种业务，客观上这要求企业集团将资源配置到每个领域。但随着企业集团规模的不断扩张和业务单元的持续增加，资源也相应地分散到了每个分（子）公司，从而导致企业集团整体上的资源分散。

对于资金、资产等有形资源，资源分散意味着企业集团在整体资源有限的情况下无法形成合力，难以实现规模经济效益，例如无法获取较大的融资优惠，整体融资成本上升。同时，资源分散也会产生结构上的不平衡，部分分（子）公司的资源充裕而另一些则相对缺乏，从而导致企业集团整体资源利用效率不高，甚至出现存贷双高的现象。另外，资源分散往往也伴随着相关信息沟通不畅，容易产生信息孤岛，导致企业集团无法实时掌握全盘的资源信息，影响有效的管控决策。

大型企业集团在人力资源方面同样面临因资源分散带来的管理难题。就财务人员而言，由于每家分（子）公司都需要配备财务人员，随着企业集团规模的扩张和业务量的增加，财务人员总体数量也不断增加，在数量结构和能力结构上易出现资源错配。

在数量结构方面，企业集团往往存在财务人员总量过剩问题。由于经营业务、历史沿革等多种因素存在差异，不同地区、不同公司之间存在业务流程的多样性和制度标准的差异性，进而形成了不同的财务业务处理规则，以及不同的科目体系。例如不同的分（子）公司在长期实践中逐渐形成了仅适用于本单位的多层级会计科目，也形成了各有特色的非标准化工作流程。这就造成财务人员工作岗位的专用性，企业集团难以进行灵活调配，且随着业务量的增加企业集团只能增加人员。同时，财务领域的业务量也并非完全均衡的，在不同地区、不同公司、不同时间段，都会存在业务量及财务人员配置不平衡的问题，整体工作效率偏低。

在能力结构方面，企业集团往往存在结构性缺员的问题。结构性缺员主要体现在操作类岗位人员相对富余，而需要较高业务素质和专业技能的岗位明显缺人，特别是能够从事战略管控、决策支持和技术创新的人才严重不足。归根结底，大量重复性工作使得财务人员长期处于超负荷状态，导致其无法将更多精力投入价值创造的业务中，这将进一步导致低附加值岗位和高附加值岗位的发展不均衡。

1.1.4　管理效率与战略需求不匹配

对于企业集团而言，有效的管控依赖于高质量的数据。然而，许多企业集团的数据往往是纷繁复杂、口径多样的，往往存在数据精细程度不足、数据缺乏系统支持、数据的计算口径不一致，甚至各模块基础数据不一致等问题。

之所以存在这些情况，是因为各分（子）公司在进行数据处理时采用不同的规则，或者虽然采用同一规则，但操作方式因自身的理解或业务需求的不同而不同。如此，每个节点出现一个细小的差异，就会导致数据在宏观层面的合并、汇总、处理过程中出现口径不一致的问题，而处理口径不一致的方法往往也带有主观色彩。在此基础上产生的数据和信息，很难对经营决策提供强有力的支持。

就财务领域而言，各分（子）公司的各级财务组织机构设置与职能基本一致。由于企业集团对财务管理制度、业务流程、标准化及信息化建设成果缺乏深度挖掘，潜藏在运营性操作类业务中的生产力未得到释放，集约效应和规模效应未显现，由此产生的数据资产也无法得到有效利用。各层级财务人员仍被运营性操作类的基础工作束缚，没有时间对数据进行研究和深入分析，更没有精力了解业务、学习新技能、进行管理创新。因此，分（子）公司的运行效率和创新能力与企业集团整体的战略需求不匹配，企业集团难以实现有效的管控。

1.2 数字化转型的解决之道

当今世界新一轮科技革命和产业变革兴起，数字经济发展速度之快、辐射范围之广、影响程度之深前所未有，正推动生产方式、生活方式和治理方式深刻变革，成为重组全球要素资源、重塑全球经济结构、改变全球竞争格局的关键力量。我国"十四五"规划将"加快数字化发展，建设数字中国"单独成篇，将数字化转型提升到了前所未有的高度。

习近平总书记明确指出："加快数字中国建设，就是要适应我国发展新的历史方位，全面贯彻新发展理念，以信息化培育新动能，用新动能推动新发展，以新发展创造新辉煌。"[①]加快数字化发展，对"十四五"时期经济社会发展具有重大意义。与此同时，为响应国务院国资委"充分发挥国有经济主导作用""国有企业要做推动数字化智能化升级的排头兵"等号召，国有企业，尤其是中央企业的数字化转型具有指导性示范作用。

数字化转型是指利用新一代信息技术，构建数据的采集、传输、存储、处理和反馈的闭环，打通不同层级与不同行业间的数据壁垒，提高行业整体的运行效率，构建全新的数字经济体系（国务院发展研究中心，2018）。可以看到，新一代信息技术是数字化转型的驱动力，数据以及围绕着数据的运作系统是数字化转型的基础，企业经营的智能化、精准化、智慧化则是数字化转型的途径。与信息化相对应，数字化具有如下核心特点：

---

① 习近平.致首届数字中国建设峰会的贺信.人民日报，2018-04-23.

（1）从应用的广度上看，数字化不是一个部门、一个流程、一个系统的变革，而是在企业整个业务流程中进行数字化的打通，涉及企业的所有组织、所有流程、所有业务、所有资源、所有产品、所有数据、所有系统，甚至会影响上下游产业链生态。

（2）从应用的深度上看，数字化为企业带来了从商业模式、运营管理模式到业务流程、管理流程的全面创新和重塑。数字化打破了企业的部门壁垒、数据壁垒，延伸到上下游产业链，帮助企业实现了跨部门、跨单位的系统互通、数据互联。在数字化时代，数据被全线打通融合并形成数字资产，赋能业务、运营、决策。

（3）从思维模式上看，如果说信息化时代以流程为核心，那么数字化时代一定以数据为核心。在数字化时代，企业的思维模式应从流程驱动转向数据驱动。数据是物理世界在数字化世界的投影，是一切的基础，而流程和系统则是产生数据的过程和工具。

1.2.1　重构数字化组织，协调集权与分权

数字化组织是相对传统组织而言的。传统组织本质上是工业社会的产物，工业社会讲究大规模、标准化生产，通过成立科层组织，制定一系列制度、标准、规范，通过"金字塔"式的科层组织结构来进行管控。因此，传统组织会导致企业集团在集权与分权之间进行平衡与取舍。

数字化组织是网状化、平台化的组织。数字化组织打破了传统"金字塔"式的科层组织结构，形成以"最小经营单元"为中心、扁平的网状组织结构。这种组织结构打破了业务的边界，一个团队、一个小组甚

至一个人都能够成为网格中的一个节点（中心），在企业集团实现统一管控的同时，还能让各个分（子）公司具备相应的灵活性。数字化组织同时还是平台化的组织，具有小前台、大后台、强中台的特点，能够促使组织管理更加扁平化，使得管理更加高效，组织运作效率更高，业务更加敏捷灵活。

数字化组织实现了集权与分权的平衡。数字化组织提高了企业集团的敏捷性与灵活性，为集团管控的信息共享和资源协作打通了渠道，打破了信息孤岛和资源壁垒，提供了沟通和协作的平台。

1.2.2 融会贯通，实现管理扁平化

数字化转型能够解决大型企业集团管理链条过长的问题，促进企业集团的扁平化管理。管理链条过长导致的决策传达流程烦琐、决策周期漫长、决策信息失真、决策数据精准度低等问题，在企业数字化转型后，会随着数据的融会贯通、管控模式的扁平化而解决，最终实现决策效率的提升。

数字化转型将企业的业务、生产、运营、管理等各个环节的数据，通过数字技术进行实时采集，将所有业务转换成计算机可读取、可存储、可计算的数据。数字化转型实现了数据的融会贯通，让企业全方位、全过程、全领域的数据都能够实时流动与共享，使得信息传递与交互突破了传统科层组织结构的限制，实现了管理的扁平化。

企业集团进行数字化转型，管理的扁平化要求产权关系服从于管理关系，这将缩短集团总部与下属公司之间的管理链条。数字化转型改变

了企业原有的"金字塔"层级，使得各个业务单元能够直接与集团总部交流，减少了科层组织结构的信息传递消耗。扁平化管理有助于各业务单元更好地服务于企业集团的整体利益，并促进企业集团多元化业务的健康发展。

1.2.3 数据驱动决策，提高资源配置效率

数据驱动是新时代企业运作的核心特征，也是现代企业数字化转型的主线和关键。企业竞争的本质是资源配置效率的竞争，企业为提高资源配置效率要用数据来降低复杂系统的不确定性，以更高效、更低成本地满足客户需求。

传统的企业管理更多的是以从上到下的权威命令的方式驱动的，下级根据上级的指令开展生产经营活动，并反馈结果。而对于数字化企业，驱动企业决策的不再是上级的权威命令，而是能够记录现象、描述事实、预测未来的数据。数据是企业的核心资产，数据流决定了物流和资金流，并为企业的管理决策提供重要的依据。

数字化转型使得企业集团能够以数据为核心，以数字化、网络化、智能化建设为基础，建立能适应数字经济环境的新一代企业架构，对传统业态下的组织、系统、设计、研发、生产、运营、管理、商业等各个环节进行变革与重构。一方面，数字化转型使企业集团的各类资源以数字的形态呈现，突破了物理形态的限制，有助于企业集团的统一筹划和配置；另一方面，企业集团的流程更加规范，数据质量得以提升，信息交互更加便捷，决策的效率和质量都得以改善，从而进一步提升资源配

置的针对性和有效性。

在人力资源方面，数字化转型也改善了企业集团中人力资源的数量结构和能力结构。以财务人员为例，在传统财务管理模式下，财务人员大量的精力消耗在账务、事务的处理及控制上。数字化转型驱动了财务流程的标准化和流程化，企业集团通过自动化、智能化等手段，不断优化流程、提高效率，实现高效集中处理财务基础业务。财务业务的标准化，一方面使得人员调配更加灵活，另一方面也促进了人员结构的优化，使更多财务人员致力于提质增效、支持决策等具有更高价值的工作。财务人员将投入更多精力到高附加值的财务管理领域，从而实现结构上的优化。

1.2.4 提升战略管控能力

数字化转型能够提升企业集团的战略管控能力。在企业集团进行数字化转型的背景下，从集团总部的视角出发，总部与下属公司的管理层级减少，管理链条缩短，从而对各下属公司的资源配置更为了解。因此，总部能够更好地参与下属公司业务战略的制定，通过协调、整合各下属公司的资源形成合力，实现企业集团整体价值最大化。从下属公司的视角出发，数字化转型能够释放大量基础、重复的运营性劳动力，从而有更多时间、人力对决策管理进行优化，进而提升企业集团的管理效率。因此，下属公司的管理、运行效率与企业集团的战略需求比数字化转型之前更加匹配，更契合集团总部的战略管控模式，下属公司能够在保留一定自主权的情况下紧跟企业集团的战略方向。

1.3 驱动企业数字化转型的共享服务 3.0

1.3.1 什么是共享服务

共享服务的基本理论是通过集中公司资源开展贯穿整个组织的活动，以便以更低的成本和更高的服务级别为多个内部合作伙伴提供服务，其目标是更好地服务于外部客户并提高公司价值。

诞生于 20 世纪 80 年代的共享服务，被视为跨国企业的"集体冲动"。当时正值经济全球化和信息技术的迅猛发展期，发达国家经济增长放缓、竞争加剧，而发展中国家和新兴市场经济增长强劲。一些领先的跨国企业将视野转移到发展中国家和新兴市场，纷纷加速区域化拓展的步伐，通过直接投资、兼并收购等建立了遍布全球的分支机构。伴随着全球化、区域化经营脚步的加快，跨国企业管理中出现了一个新的难题：企业规模不断发展壮大，分支机构日益增多，原有的分散式组织形式出现了规模不经济、管理成本居高不下、集团管控难度大、政策执行力差、机构人员冗杂等问题，一种新的管理模式呼之欲出。

正如《服务共享——新竞争系列》的作者安德鲁·克里斯所说，降低成本、提高效率、加强管控，是许多跨国企业之间激烈竞争的关键，而共享服务正是在上述背景下应运而生的一种新型管理模式。共享服务的核心内容，就是把原本分散于企业各个分支机构的、重复的、日常的事务性活动，从原来的业务单元中剥离出来，进行合并或者重新整合，再由专门成立的独立实体提供专业、统一、标准化的服务。这种由分散到集中、由共享服务中心统一提供的标准化、流水线作业模式，带来了显而易见的好处——低成本、高效率。通常而言，财务、人力资源管理和信息技术等事务性或专业化活动适宜采用共享服务模式。

共享服务背后的逻辑并不复杂。往远可追溯到英国经济学家亚当·斯密在《国富论》中提出的专业化分工可以提高劳动生产率，往近可追溯到 20 世纪初，亨利·福特在汽车生产中率先引入"流水线"作业方式，隐藏在背后的秘密就是规模经济所带来的生产成本的降低和劳动生产率的提高。共享服务在企业中应用广泛，企业中事务性或者需要充分发挥专业技能的活动，如财务、信息技术（IT）、人力资源管理，都可以通过共享服务的方式进行，实现企业内部不同部门和业务单元间的组织和资源整合。

根据国际财务共享服务管理协会（International Financial Shared Service Association，IFSS）的定义，所谓共享服务，是依托信息技术，以流程处理为核心，以优化组织结构、规范流程、提升流程效率、降低运营成本或创造价值为目的，以市场化的视角为内外部客户提供专业化生产服务的管理模式。

共享服务的目的是为所有客户提供低成本、灵活且优质的服务。共享服务结合了集中化模式和分散化模式的优点，具有如下几个特点：

（1）独立运作的组织。角色中立，服务全局。

（2）面向流程。设计、运营、优化流程。

（3）利用信息技术。依赖数字化技术。

（4）服务是产品。向用户提供"产品化"的财务、人力资源管理等服务。

（5）关注持续改进。以用户为中心，持续提高服务水平。

1.3.2　从 1.0 到 3.0 的共享服务

在实践中，共享服务的发展历程大致可以归纳为三个阶段：1.0 阶段的单职能共享服务、2.0 阶段的多职能共享服务和 3.0 阶段的全球商业服务，如图 1-1 所示。

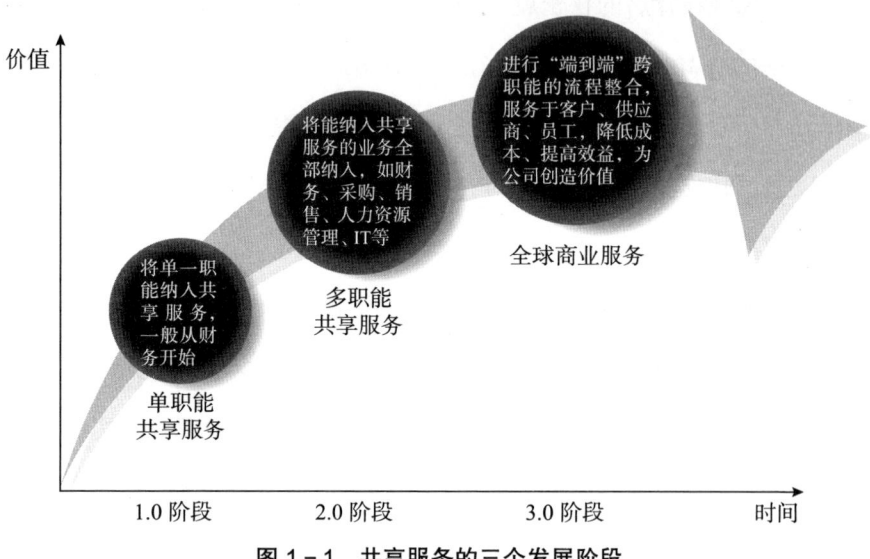

图 1-1　共享服务的三个发展阶段

1.0 阶段：单职能共享服务

共享服务的 1.0 阶段是单职能的。在此阶段，企业集团面向财务、人力资源管理、采购、信息系统等某个职能建立共享服务中心（也称为"共享中心"），将原有职能中标准化的流程、重复性高的工作集中起来交予共享服务中心完成，提升工作效率、降低运行成本，并逐步形成内部服务与外部外包两种交付能力。

得益于财务业务的规范化和标准化等特点，以及财务信息化工具在企业中的日渐普及，财务往往成为很多企业建立共享服务中心的首选领域。财务共享能有效解决经济全球化背景下跨国企业管理中所遇到的资源整合、加强对分（子）公司的控制、控制管理成本、提高协同效率等诸多管理难题，因此，财务共享自诞生以来就受到了跨国企业的青睐。

1981年，福特公司建立了世界上第一个财务共享服务中心。20世纪70年代末，福特公司遭遇前所未有的危机，部门与部门之间、事业部与事业部之间、各个业务条线之间各自管控，面临着行为方式和规则难以统一的管理难题。1978—1981年公司人事发生较大变动，经营效率下滑严重，极大影响了股东收益。在这样的背景下，福特公司成立了专门的经营团队去解决各部门、各事业部、各业务条线之间的协同与资源共享问题。1981年公司创建了全球第一个财务共享服务中心。

随着公司规模扩大、国际化程度提升，财务管理面临着服务效率低、成本居高不下等一系列问题，福特公司开始探索共享服务，其先进的管理模式被越来越多的公司接受。随着经济全球化和信息全球化的推进，杜邦、美孚、壳牌、宝洁、强生、摩托罗拉、花旗银行、戴尔等跨国公司也相继成立了财务共享服务中心。在国内，中兴通讯、海尔、华为、中国石油、中国石化、华润集团等大型企业集团纷纷建立财务共享服务中心。根据《2020年中国共享服务领域调研报告》，截至2020年底，中国境内的共享服务中心超过1 000个。

财务共享服务（financial shared service，FSS），也称财务共享，是共享服务在财务领域的应用。财务共享服务中心（financial shared service center，FSSC）就是对外提供财务共享服务的组织。简单来说，就是依托信息技术，企业集团通过建立和运行财务共享服务中心，将企业中重复性高、易于流程化和标准化的财务业务进行流程再造，交由财务共享服务中心统一处理，提高日常财务工作的效率，从而达到降低成本、提高业务处理效率、强化企业管控等目的。总体而言，在企业所有职能中，财务工作有着重复性高、流程性强、规则性强等特征。因此，在财务领域应用共享服务这一模式最为广泛、成熟。所以，在共享服务 1.0 阶段，大部分企业集团选择通过建立财务共享服务中心来启动共享建设，积累经验和能力。

在 1.0 阶段，共享服务开始重视数字化等新技术的应用。共享服务中心作为一个信息化平台，通过引入电子影像系统、档案管理系统和共享业务平台，对接前端业务系统等方式，逐步将核算、资金、应收应付、合同、报表、薪酬核算与发放、社会保险服务、劳动合同服务、员工培训服务、员工投诉与建议处理等业务模块纳入共享范围，同时系统梳理应用场景，将共享的业务流程标准化，进行流程再造。总体来说，共享服务 1.0 阶段更多着眼于提升工作效率、降低运营成本，1.0 阶段是向 2.0 和 3.0 阶段发展的重要基础。

2.0 阶段：多职能共享服务

在这一阶段，共享服务从单一职能向多职能发展，跨地域、跨职能的共享运营模式受到越来越多领先企业的青睐。在 2.0 阶段，共享服务集成两个及以上职能，将共享的理念和实践延伸到人力资源管理、IT、客户服务、采购等管理职能。在流程上，共享服务开始从财务等职能向业务延伸，统一共享各职能和业务的数据标准，共享系统与业务信息系统实现数据集成，共享的主要数据可以基本实现自动生成。

例如，很多企业的共享业务，除财务职能还拓展了人力资源管理等职能。人力共享服务是指企业将各业务单元中与人力资源管理相关的行政事务性工作，如薪酬核算与发放、社会保险服务、劳动合同服务、员工培训服务、员工投诉与建议处理等业务，集中起来交由共享中心处理，从而为各个业务单元提供统一、专业、标准化的服务。人力共享服务工作的核心是集中处理重复性、执行性、服务性的工作，提供专业化服务，包括员工入离调转系统信息服务、员工薪酬集中核算与发放服务、社会保险服务、企业年金服务、职称评审和职业技能认定服务、员工招聘服务、数据分析服务、系统信息维护服务、基本政策咨询及其他人力资源服务等。

图1-2给出了公司中可以纳入共享服务中心的业务的特点，例如具有业务量大、规模效应明显、可异地交付等服务特点的业务适宜纳入共享中心，而那些与业务交互频繁、需要当地交付、业务量较小及规模效应有限的业务，则不宜纳入共享服务中心。

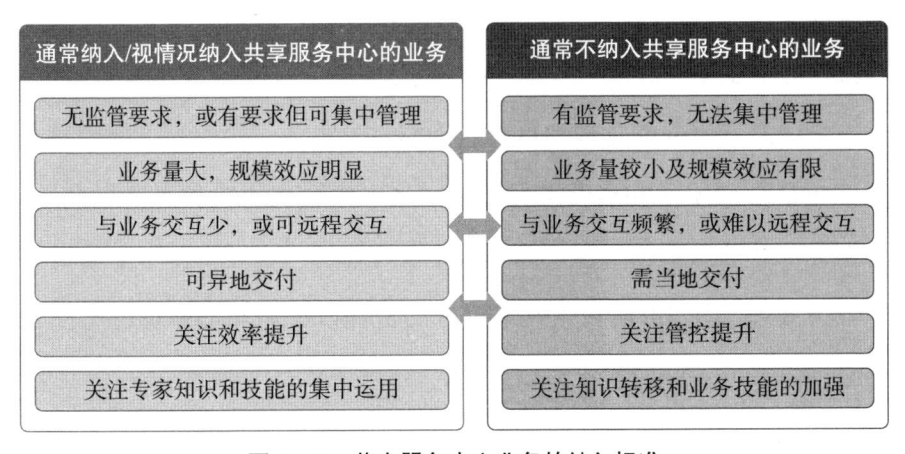

通常纳入/视情况纳入共享服务中心的业务	通常不纳入共享服务中心的业务
无监管要求，或有要求但可集中管理	有监管要求，无法集中管理
业务量大，规模效应明显	业务量较小及规模效应有限
与业务交互少，或可远程交互	与业务交互频繁，或难以远程交互
可异地交付	需当地交付
关注效率提升	关注管控提升
关注专家知识和技能的集中运用	关注知识转移和业务技能的加强

图1-2 共享服务中心业务的纳入标准

在这一阶段，随着共享服务的逐渐优化与深化，企业发展共享服务的目标更多以管控驱动，着眼于提升生产和运营的效率和质量。虽然 2.0 阶段的共享服务集成了两个及以上职能，但各个职能之间相对独立，沟通较少。同时，这一阶段的共享服务开始关注全集团、全球各区域的服务交付。

3.0 阶段：全球商业服务

在这一阶段，共享服务发展为全球商业服务。在多路共享的发展基础上，企业将财务、人力资源管理、行政、IT、法务等共享服务职能深度整合在全球商业服务中，为企业的全球经营包括研发、生产、销售、售后等，提供标准化、规范化和高效率的服务。

在共享服务 3.0 阶段中，财务、采购、人力资源管理、IT 等共享服务职能逐渐走向一体化，多职能之间相互协同，共同整合为全球商业服务；流程的端点由内部拓展至外部客户、供应商，从而与企业价值链相匹配；企业成立卓越中心，提供专业性增值服务，财务与业务信息系统实现深度融合，并具备智能处理能力，能够提供全球统一的"端到端"全流程的服务及产品。

全球商业服务的管理和运营职能相对分离。一般而言，全球商业服务包括管理团队和运营交付中心。其中，管理团队负责流程设计、数据标准、信息系统、客户关系、业务迁移等，运营交付中心负责具体业务处理。在 3.0 阶段，共享服务的目标以战略驱动和价值驱动为核心。

1.3.3 为什么是共享服务 3.0

随着共享服务中心的建设，企业提高了工作效率，降低了运营成本，建立健全了新的管理模式。但是随着共享服务的深化，1.0 及 2.0 阶段的共享服务面临诸多挑战。以财务共享为例，建设内容局限于会计核算、资金收付和发票处理等财务收支业务，未能从企业数字化转型的整体角度规划建设内容；共享职责的塑造仅从核算流程出发，对业务流程、数据流程关注不足；共享信息系统为核算而建立，缺乏对复杂数据的处理能力。解决这些问题的过程，实际上就是构建共享服务 3.0，也就是建设能够驱动企业数字化转型的共享服务。

建设共享服务 3.0，就是在数字化转型的顶层设计下，建设企业的共享业务处理中心、企业管控策略中心、业财融合数据中心、经营分析报告中心和智能技术孵化中心。共享服务 3.0 的建设可以推动企业连接内外和业财深度融合，实现财务、人力资源管理、采购等共享业务的数字化，并向企业其他业务的数字化延伸，最终推动企业整体数字化转型的实现。

共享服务 3.0 的建设涉及组织、流程、数据与信息系统等方面的整体变革，因此，企业可以通过共享服务 3.0 的建设为整体的数字化转型打下良好的组织基础、数据基础和技术基础。

1. 组织基础

作为连接企业前台和后台、内部和外部的中枢系统，共享服务 3.0 不仅实现了自身的数字化，还将有力驱动企业管理的数字化和业务的数字化（见图 1-3）。

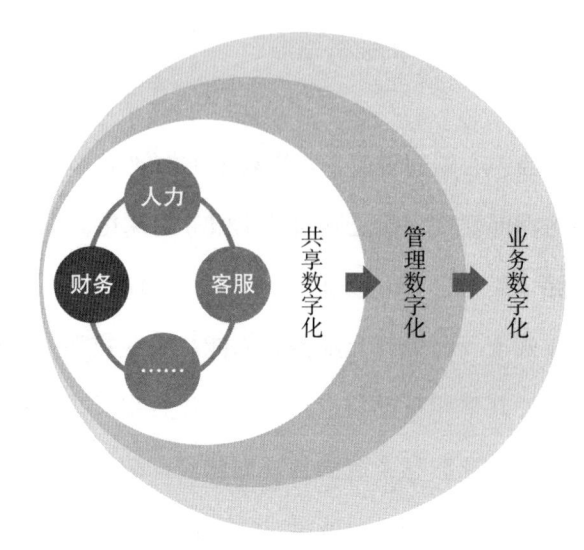

图 1-3 从共享数字化到业务数字化

首先，在共享服务 3.0 中，企业以财务共享为基础，人力资源管理、财务、客服等共享服务深度融合、相互协同，实现了共享服务的数字化。

企业管理要以财务管理为中心。回顾企业信息化发展的历史进程，财务在每一次企业转型的过程中都扮演着重要的角色。无论是会计电算化，还是企业资源计划（ERP）普及运动，财务都是推动企业转型的发动机，是企业转型升级的重要抓手。一方面是因为财务上接企业高管，下接每位员工；左接采购、运营，右接营销、服务；前接核算报表，后接分析决策。财务组织本身具备连接各个部门、各项业务和管理流程的特性，在引领企业在各个层面进行全面数字化转型上具有天然优势。另一方面，财务管理是企业管理的生命线，企业管理水平和竞争能力的体现都以财务数据为核心。财务部门掌握着企业大量核心数据，而数据是数字化的核心要素。从这个视角上看，财务承担着引领企业全面走向数字化的重要职责。

从 1.0 阶段发展到 3.0 阶段，共享服务实现了从财务单职能到多职能的相互协同，通过流程的优化和职能的互通，共享的各个职能实现了深度的融合与协同，甚至各个职能的共享业务可以在同一个平台上运行。共享的各个职能之间实现了数据的融合，共享服务实现了数字化，从而为后续的管理数字化和业务数字化提供了基础。

其次，共享服务 3.0 的构建代表着管理数字化的实现。遵循着管办分离的原则，随着共享服务中心的不断建设，企业集团的管控要求得以落实，共享服务中心逐渐在企业管理体系中发挥承上启下的作用。一方面，共享服务中心向上承接管理层的管理意图和管理要求，落实到共享服务中心的流程、规则、数据的管理中，同时向上反馈管理过程中的有价值的数据，以提供管理者经营过程中所需的信息。另一方面，共享服务 3.0 的多职能有机协同，使得共享服务中心的信息系统拥有全面、完整、实时、可靠的财务、人力、采购以及相关联业务的数据，企业直接从共享服务中心提取多维度、多口径的数据，通过数据加工处理形成管理维度上的数据输出，实时生成不同口径的管理决策信息，可以真正实现对经营数据的快速反馈和快速监控，给业务人员、管理人员提供更好的支持。

最后，共享服务 3.0 通过"端到端"的流程优化，呈现出向企业价值链前端延伸的趋势，推动了企业业务数字化的实现。在共享服务 3.0 的构建过程中，横向而言，共享各职能的业务流程实现了贯通；纵向而言，"端到端"的流程向业务端延伸，企业需要梳理共享流程与业务流程，实现共享系统和业务系统的高度集成，打通流程和数据端点，实现共享和业务"端到端"的自动化流转。这意味着，企业需要将所有业务流程、交易流程在线化、显性化。当企业基于共享系统将财务、管理和业务全流程以及外部交易端连接在一起，将数字化延伸到更广泛的商旅、采购、税务、生产、销售、物流等业务端也就水到渠成了。基于此，企业能够进行更多的业务重构，对财务体系、业务流程、商业模式进行颠覆和升级，推动整体数字化转型。

2. 数据基础

在流程重塑和系统变革的前提下，共享服务3.0的建设使得共享中心积累了大量的财务数据、管理数据和业务数据，共享中心成为企业数字化转型的数据中心。共享服务中心自然沉淀的海量数据，不仅可以用于生成控制策略、经营分析报告，还可以为企业的不同业务场景提供数据服务，为业务发展赋能。通过将数据存储能力、数据集成能力、数据治理能力、数据建模能力、数据分析能力嵌入共享系统中，企业可以在共享中心内打通包括财务、管理和业务的内部数据和外部大数据，开展实时的数据加工处理服务，为企业经营和管理决策提供数据支持。从这个视角上看，共享服务中心具备成为企业数字化转型的数据中台的天然优势。

首先，在数据收集方面，共享服务中心通过流程的纵向贯通和横向打通，使原来分散的数据得以汇总和统一，为管理者的分析与决策工作收集了大量可靠、低成本的数据。一方面，共享服务中心汇集了所有的财务数据、人力资源数据、客户数据等，它将原本分散在不同地域、不同部门的工作信息集中到一个平台；另一方面，共享服务3.0实现了财务、人力资源管理等共享职能之间以及共享职能与业务之间的贯通，实现了对相关事项的集中式记录和处理，使企业从源头上掌握集团内部各单位的真实数据。

其次，在数据规范方面，共享服务中心通过流程再造，实现了对共享业务流程的显性化和规范化，夯实了数据基础，促进了流程、管理、数据的规范，使企业可以从源头上获取真实规范的高质量数据，并将其作为今后战略分析、管理决策的重要依据。

最后，在数据应用方面，早期的共享服务中心只注重核算等记录功能，忽视了分析与决策功能。在共享服务 3.0 阶段，共享服务中心将在支撑管理层决策的导向下集成核算数据、预算数据、资金数据、资产数据、成本数据、人力数据、客户数据、法律信息、采购数据、外部标杆等内外数据，成为支持公司决策最重要的数据平台，为企业数字化转型奠定数据基础。

3. 技术基础

在技术层面，共享服务 3.0 的信息系统是企业信息化平台中最贴合数字化转型要求的系统平台，它是企业数字化转型的技术起点。

一方面，基于微服务的中台架构是共享信息系统引领企业数字化转型的技术方向。信息系统是共享服务中心建设的工具和载体，最终将业务流程变革落地。传统的信息系统强调建立大型而全面的系统，不仅系统模块之间耦合度高，升级部署难度大，而且开发、运维工作量大，系统扩展性差。在新一代共享信息系统的建设中，基于微服务的中台架构强调轻量化和模块化，搭积木式构建各个应用系统，当增加一个模块或功能时，不会影响原有模块或功能，是满足灵活多变的业务需求的最佳选择。

另一方面，智能技术在共享服务中心的应用拓展了企业数字化转型的应用空间。在共享信息系统的建设中，智能技术如光学字符识别（OCR）、机器人流程自动化（RPA）、人工智能（AI）、语音识别、自然语义分析等正广泛应用在共享中心各个业务流程中，作为流程自动化和智能化的催化剂，加速共享流程的效率和质量提升。

第 2 章

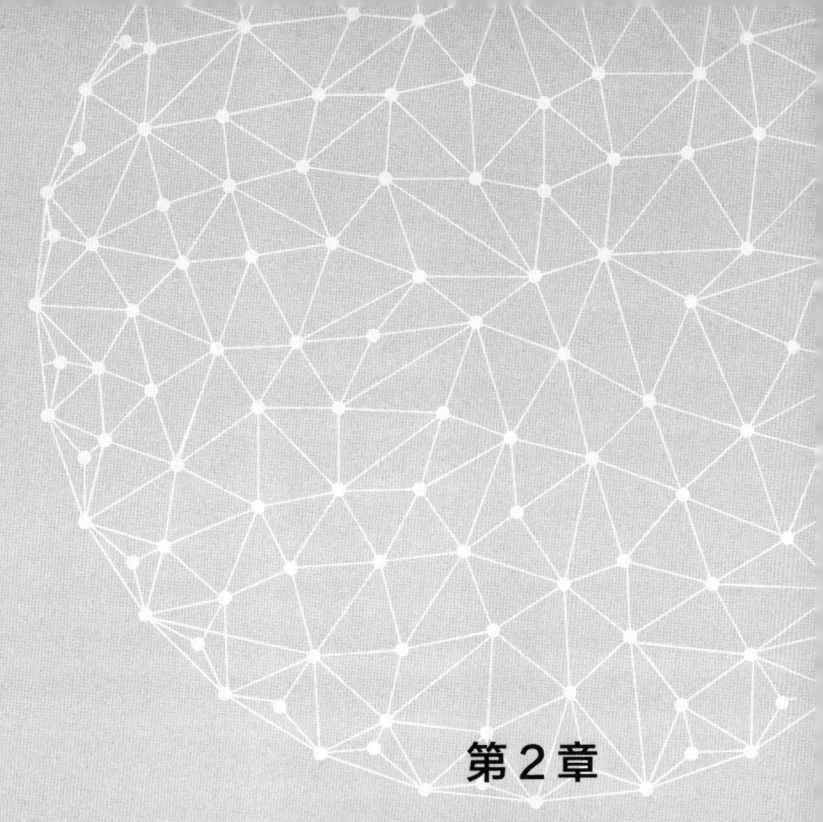

因地制宜：
国企改革中的顶层设计

中国石油天然气集团有限公司（以下简称"中国石油"）在2023年工作会议中提出要加快"数智中国石油"建设，明确指出将数字化转型、智能化发展作为集团强化创新驱动，建设能源与化工创新高地的重要举措是奋进高质量发展、加快建设世界一流企业的必由之路。中国石油的董事长、党组书记戴厚良提出建设"数智中国石油"的目标，充分借鉴学习国际、国内领先企业在数字化转型智能化发展过程中的先进经验和做法，集思广益，强化顶层设计，形成先进的、可操作性强的并具有中国石油特色的总体框架方案。

共享中心建设是中国石油实现数字化转型的重要途径之一。中国石油共享中心自筹备之初便将数字化转型作为高质量发展的战略性工程，始终着力探索数字化转型的方法与路径，努力成为中国石油数字化转型、智能化发展的排头兵。

2.1 引领未来：思想的高度决定发展的格局

2.1.1 中国石油共享中心的建设背景

中国石油是国有重要骨干企业和全球主要的油气生产商和供应商之

一，是集国内外油气勘探开发和新能源、炼化销售和新材料、支持和服务、资本和金融等业务于一体的综合性国际能源公司，在全球 32 个国家和地区开展油气投资业务。2022 年，中国石油在世界 50 家大石油公司综合排名中位居第三，在《财富》杂志全球 500 强企业排名中位居第四。中国石油具有地域分布广、规模体量大和产业链条长的特点。

全球化经营，地域分布广：在全球有五大油气合作区、三大油气运营中心，在全球 30 多个国家和地区开展油气业务。

规模体量大，业绩卓越：2023 年收入总额 3.4 万亿元、利润总额 2 668.71 亿元。

产业链条长，业务复杂：集油气勘探开发和新能源、炼化销售和新材料、支持和服务、资本和金融等业务于一体。

近年来，中国石油的发展由注重规模转为注重质量和效益，也面临着来自外部的严峻挑战和内部的诸多问题。从外部看，新能源快速发展，油气市场供需关系逆转；部分资源国政局动荡、政策多变，国际油气合作存在变数；国家监管政策收紧，政策调整余地有限。从内部看，公司同样面临大型企业集团普遍存在的管理难题，资产规模扩大，净资产收益率降低；在"总部—专业公司—地区公司"三级管理架构中，存在管控模式单一、管理流程复杂、管理效率低、资源无法充分共享的问题；组织机构复杂，整体冗员与局部缺员现象并存。

为了积极应对外部挑战，有效解决内部存在的问题，公司全面深化改革势在必行，探索构建现代治理体系和提高现代治理能力迫在眉睫。以财务管理为例，中国石油积极学习借鉴国际大公司的先进理念和最佳实践，稳步推进"规范运作、科学理财、集中高效、积极稳健"的财务管理模式的建设。中国石油财务信息化工作起步于1995年，伴随着公司财务管理体制变革和不同时期的重点任务的变化，公司的财务信息化工作先后经历了统一、集中、集成、共享四个阶段，促进了财务工作的标准化、集中化、信息化、国际化，实现了公司财务管理手段的转型升级。2014年以来，公司财务工作围绕"建设世界一流综合性国际能源公司"的战略目标，在继续深化"一全面、三集中"的基础上，着力打造"五平台"，全力推动"九转型"，全面构建与世界一流公司相适应的"1359"财务运营管控体系。

可以看出，管理转型与变革是中国石油在"十三五"期间的重中之重，公司的管理体系与系统建设均围绕管理模式和手段的创新与转型升级开展，而此时全球范围内，共享服务作为一种新的管理模式正在国内外企业界兴起与推广，代表了大型企业集团管理创新与变革的方向。通过调查和深度研究，中国石油的管理层达成了共识，共享中心是对过去管理模式的继承和创新，更是推动未来管理转型的重要载体，是新形势新背景下管理转型的有效途径，是公司全面深化改革的现实需要，是实现"建设世界一流综合性国际能源公司"战略目标的重要举措。

因此，中国石油在2016年正式启动共享服务体系建设，经历了方案设计、试点验证、加速推广三个阶段，目前已全面完成"十三五"的建设目标，主要运营指标和服务能力达到先进水平，运营中心、服务中心和数据中心的发展定位基本落实，初步建成了世界一流智能型全球共享服务体系，开启了高质量发展的新征程。公司通过实施共享，进一步重塑、优化财务、人力、IT、客服等业务流程，实现共享流程和业务流程的融会贯通；推动财务延伸到企业价值链的各个环节，实现由价值核算向价值管理转变；推动共享职能之间的协同、整合和一体化，实现由职能管理向协同管理、由事后监督向源头治理的转型；打造智能化信息平台，集中产生标准化数据，通过大数据分析，让数据变成有用的信息，提高决策支持水平，实现由决策执行向决策支持转型；通过流程化、标准化、专业化、规模化运作，提高交易处理效率，释放总部、专业公司和地区公司财务、人力、IT、客服等部门人员的生产力，使其将更多精力投入价值管理、决策支持、源头管理等高附加值的工作中。

2.1.2　思想的高度：对标世界一流共享服务

中国石油自2012年开展共享服务的研究，先后赴IBM、中国石化、宝钢、华为、中兴通讯、四川长虹等十几家公司进行现场考察交流，通过全方位的调研和内外部环境分析发现，共享建设是世界一流企业的通行做法。据咨询机构发布的统计信息，《财富》杂志世界500强企业中近90%的企业不同程度地实施了或正在实施共享服务，近年来在国内企业中，共享中心也呈现出高速增长态势，因此中国石油开展共享服务转型是适应国际化发展的必然选择。表2-1给出了已经实施共享服务的中资企业和外资企业名录及实施时间。

表2-2列示了中国石油重点对标的四家领先石油企业：壳牌、英国石油、雪佛龙和中国石化的共享服务实施情况。从表中可以看到，四家企业均已实施了财务、IT、人力等多职能共享服务，均采用了"总部+区域中心"的布局方式。

表 2-1 实施共享服务的典型企业

中资企业	外资企业
■ 中兴通讯（2005 年） ■ 四川长虹（2008 年） ■ 海尔集团（2007 年） ■ 万科（2013 年） ■ 中石油昆仑燃气公司（2010 年） ■ 中国电信（2011 年） ■ 碧桂园集团（2016 年）	■ 埃森哲（2003 年） ■ 卡特彼勒（2006 年） ■ 联合利华（中国）（2007 年） ■ 沃尔玛（中国）（2011 年） ■ 强生（中国）（2010 年） ■ 可口可乐（中国）（2010 年） ■ 百事可乐（中国）（2011 年）

表 2-2 四家对标企业的共享服务实施情况

企业	建设启动时间	建设历程	布局方式	业务范围	商务模式
壳牌	1998 年	以财务共享服务建设为起点，经历 10 年左右时间基本实现全球商业服务模式	总部 + 区域中心：设 5 个区域中心，其中 4 个区域中心服务全球	财务和数据运营、人力资源管理、IT、合同和采购、客户管理、贸易和供应链等	利润中心
英国石油	2004 年	以财务共享服务建设为起点，经历 8 年左右时间基本实现全球商业服务模式	总部 + 区域中心：设 5 个区域中心，其中 1 个区域中心服务全球	财务、人力资源管理、IT、客户管理、物流、法务等	成本中心
雪佛龙	1997 年	以财务共享服务建设为起点，经历了 10 年左右时间完成多职能共享中心的建设，并在 2017 年整合为全球商业服务模式	总部 + 区域中心：设 4 个区域中心，其中 2 个区域中心服务全球	财务、人力资源管理、IT 和采购等	成本中心
中国石化	2013 年	起步即为综合型共享服务模式，用 5 年时间基本将国内财务相关业务纳入共享服务	总部 + 区域中心 + 服务点：设 2 个区域中心，4 个服务点，就近服务各单位	财务、人力资源管理、IT 等	利润中心（规划）

经过 2012 年以来的广泛调研与对标，中国石油多渠道收集跨国企业共享服务建设案例，提炼总结典型经验和做法，为公司发展共享服务提供可借鉴的经验，也进一步坚定了公司发展共享服务的决心。

从总体来说，虽然可以借鉴国外企业的成功经验，但由于国情企情、管理体制不同，企业规模、管控幅度、地域跨度、人员数量不同，企业需要结合自身实际确定共享服务建设的模式。

中国石油参考国际通用的共享服务建设模型，借鉴发展趋势及近 20 家国内外企业的建设情况，并结合自身在推进现代治理体系建设和治理能力提升的进程中取得的管理制度、业务流程、标准体系、信息系统等方面的成效，确立了中国石油共享服务建设的五个重要导向。

第一，价值创造是共享服务建设的生命力。对企业而言，做任何事情都要讲求价值，共享服务建设也不例外。壳牌在对标世界领先水平的共享服务的过程中，将价值创造作为一个非常重要的指标，不断拓展业务范围，深入业务运行过程中，为业务创造价值提供服务，从原先提供人力资源管理、财务等外包事务型工作的单职能服务中心，发展到目前开展业务合作，提供大数据服务、行业专家咨询的一体化商务运营中心。马来西亚石油公司的共享服务也从单纯的后台支持逐步深入到应收和应付业务流程，为业务创造价值提供服务。

中国石油的共享服务建设在重视提升效率的同时，也关注价值创造。共享中心以"为公司、员工、合作伙伴提供优质、高效服务，推动管理转型，为合规经营保驾护航，为集团公司创造价值"为使命，参与企业价值创造全过程，集中处理会计核算、资金结算、合规管控与财务报告、薪酬核算与发放、社会保险服务、劳动合同服务、员工培训服务等业务，推动服务创新、流程创新、技术创新,提供大数据分析和专家咨询服务,成为集团人才的培养地,力争为企业创造最大价值。

第二,目标定位决定共享服务建设的范围。通用电气以价值创造为共享服务的目标定位,采取全球运营模式,关注效率提升、成本降低的同时,重视价值的产出与输出,执行全球范围内统一的流程、标准,横跨采购、销售、法务、客服、财务等多种职能,为总部与业务集团提供"端到端"、全过程的业务服务。例如,其应收账款团队提供自销项发票管理到催收与纠纷管理,直至资金收款与核算的全过程服务;应付账款团队提供从收到发票到付款的一站式处理服务,经过3年多的流程持续优化与服务范围扩大,团队成员由18人扩充至200余人,又进一步精简至180人,单张进项发票处理成本从29美元降至6美元。国内部分企业的共享中心以会计工厂化运营为目标,将价值链上的若干财务活动纳入共享中心集中处理,为集团总部与业务单元提供资金收付、会计核算及出具财务报告等服务。从全球共享服务发展的趋势来看,德勤的共享调研显示,越来越多的企业开始整合其组织内部的财务、人力资源管理、采购等职能,形成整合一体化的流程管理、服务管理及持续提升机制。

中国石油共享中心以"打造世界一流智能型全球共享服务体系"为愿景,始终将价值创造作为共享服务建设的永恒主题。在共享服务转型前期,财务、人力的业务流程标准性较强,已初步整合纳入共享服务体系。未来在推进共享服务建设的同时,公司应结合实际,深入分析共享服务能为公司带来的价值,以"端到端"流程为基础全面整合各项职能,并引入业务单元或管理需求方共同参与流程优化,实现流程整体价值的最大化。

第三，流程重塑是共享建设的重点。联合利华在共享转型的开始就认为自身流程本身就是一大挑战，原有的流程和系统正在成为瓶颈，因为这些流程和系统都是围绕诸如销售、财务和人力资源管理等供应链功能设计的，会限制企业未来的发展。联合利华在制定企业共享服务战略时站在跨职能部门的角度去思考，而不是局限于职能部门内部，试图创建不再止步于功能边界的流程。换言之，只要共享服务战略能提供企业所期待的最终商业成果，工作流就会跨越职能部门，也就是创建我们所说的"端到端"的流程。强生在推进共享建设早期过于关注 RPA 的应用，没有考虑"端到端"的流程，导致后续共享的流程优化受到了阻碍。强生全球服务部战略与转型副总裁阿杰伊·阿南德说："如果能重新开始，我会加倍努力做好流程重塑，重新定义整个'端到端'的流程，然后自问如何才能对它进行彻底的改造。"他认为只要选择了正确的流程，并对流程进行"端到端"重构，最终实现智能自动化，就能够在"3个E"上都取得积极的反馈，即客户、供应商或员工的体验（experience），流程的效能（effectiveeness）以及效率（effectiveness）。壳牌总部在十多年的共享服务建设过程中也一直由持续提升团队负责流程设计、运作和持续改进。

中国石油共享中心的流程设计工作紧密围绕标准化、精益化、自动化、强内控、易落地这五点开展，最终形成一套涵盖中国石油所有业务的流程。就财务共享来说，企业设计形成了采购至付款（procure to pay，PTP）、销售至收款（order to cash，OTC）、总账至报表（general ledger-to-report，GTR）三条"端到端"流程。流程转变为集中统一处理后，企业应对其进一步标准化,逐步消除板块之间、地区公司之间的处理差异,精简冗余业务流程,推进流程效率和效能的持续提升,并在此基础上推动流程的精益化管理、自动化改造、流程内的风险管控以及最终的流程落地,实现价值创造。

第四,人才培养是共享服务建设的基石。想要保持业务的长期增长,人才的管理与培训非常关键。业务人员如果能够更加关注增值服务而非当下的事务性工作,将会给公司带来巨大收益。但增值服务往往是以技术和专业能力为基础的,这需要企业的长期投资和培养,使员工能够具备适应业务快速发展的能力。毕马威在建设共享中心时,利用为客户提供审计服务的机会,将大量数据拉进数据湖中,利用技术及专家优势为客户提供增值服务,并持续提供咨询和个性化服务。在这一过程中,毕马威同样也培养了能够深入理解增值服务的专家,从而为客户持续地提供咨询和个性化服务。中兴通讯在海外推进共享服务的过程中,形成了拥有四方联合团队(前方财务团队、财务共享方案团队、IT实施团队、共享中心核算团队)的共享中心,锻炼了队伍,积累了项目实施经验,快速推进了海外财务共享中心的建设;同时成立专家团队,采用虚拟运作的方式,从战略财务、业务财务和共享服务三个领域挑选核心关键人才,集中精力研究和突破重大专项问题,对实践工作提供专业的指导意见。专家团队最终成了人才输出的摇篮,每年为业务部门、管理部门输出和培养人才。埃森哲亚太共享中心在建立之初对人才选拔、培养和保留的重视,也为公司后续承接更为复杂、更能创造价值的业务奠定了基础。

中国石油共享中心将人才纳入发展战略,坚持战略思维、发展眼光,系统推进人才梯队培养，针对不同层次、不同需求、不同方向，及时组建运营管理、增值服务等专业化人才队伍，着力培育数字专家、算法专家、模型专家、业务专家等专业技术人才，建立高水平咨询专家团队和项目管理团队，助力客户乃至整个集团的数字化转型。

第五，管理变革事关共享服务建设的成败。共享服务建设首先是管理变革。以财务管理为例，从成熟运行数十年的"总部、板块、地区公司"组织管理架构向"总部、板块、地区公司＋共享中心"的新架构转变，各级财务管理职能都要相应调整，这必将带来财务管理运行体制、各级财务机构设置、职责范围边界、岗位人员编制、人员转岗分流等一系列变革。共享中心的地点选择、机构设置、岗位设置、人员迁移、运行机制等，也是需要顶层设计、统筹运作的新课题。共享中心的业务人员需要接受职能转变的挑战，面临迁移、转岗、分流，需要进行大量的宣传、培训、引导。中国石油的业务复杂、地域广、单位多、人员多，这些变化涉及每个具体人员的切身利益，可以说，管理变革成功与否是共享服务建设的关键。

2.2　领先的顶层设计

2017 年 2 月，中国石油召开财务共享服务工作启动会，成立了由集团公司总会计师为组长的财务共享领导小组，组建了由总部、专业公司、地区公司和国际咨询机构组成的工作小组，并于 2017 年 5 月 9 日开始集中办公，广泛开展调查研究，全面梳理公司业务流程，深入分析国际国内财务共享案例，开展共享框架方案及详细方案设计。

2.2.1 以价值为核心的战略定位

1. 规划共享发展的愿景使命

中国石油共享中心的发展愿景：打造世界一流智能型全球共享服务体系，使命是为公司、员工、合作伙伴提供优质、高效服务，推动管理转型，为合规经营保驾护航，为集团公司创造价值。其中，"世界一流"是指持续对标世界一流共享服务水平，以一流的行业地位、业务结构、运营效率和发展潜力助力中国石油建设世界一流综合性国际能源公司战略目标的实现。"智能型"是指紧跟共享行业发展趋势，实现共享服务和运营双智能，成为智能技术应用的引领者。"全球"是指采用全球商业服务模式，实现服务对象全球化和服务交付全球化，支持中国石油参与国际化竞争。

2. 明确共享服务的内容与治理模式

按照"一个平台、多路共享"的总体设计思路，财务、人力共享先试先行。其中，财务共享提供基本业务、专项业务、运营性管控支持业务、增值服务业务四大类业务；人力共享提供员工服务、薪酬服务、社保服务、人才服务、招聘服务、统计分析和其他服务七大类业务。

3. 明确以客户为中心的共享服务理念

紧紧围绕服务交付、客户体验、价值创造三大基石，把质量、效率、成本、满意度作为衡量服务品质的重要标尺。其中，质量关注如何有效提升共享服务运营质量，确保运营安全；效率关注如何持续推动流程优化和模式创新，深化系统集成，进一步提高整体运营效率；成本关注如何提供有竞争力的低成本共享服务；满意度关注广泛应用新技术，提升服务能力，提高客户满意度。

4. 明确共享服务建设的基本原则

为推动愿景的有效落地，公司在建设初期明确了"统筹规划、平稳变革""流程优化、精干高效""先进前瞻、追求卓越""数字驱动、智能应用""全球布局、创造价值"五大原则，并在建设过程中贯彻始终。

（1）统筹规划、平稳变革。

共享服务建设应从全局角度进行统筹规划，合理制定实施策略，同时高度重视人员变革管理，科学制定人员迁移方案，力求实现稳健高质量发展。

（2）流程优化、精干高效。

共享服务建设应持续进行流程优化，精简冗余业务流程，整合低效、无价值节点，推进财务、人事管理体制变革，实现组织设置和人员规模精干高效。

（3）先进前瞻、追求卓越。

共享服务建设应充分借鉴国内外领先实践经验，继承融合集团现有管理、技术成果,瞄准全球共享服务趋势,努力建成世界一流智能型全球共享服务体系。

(4)数字驱动、智能应用。

共享服务建设应创新应用大数据、云计算、区块链、人工智能等数字化新技术,提高自动化、智能化水平,优化用户体验,促进公司整体数字化转型。

(5)全球布局、创造价值。

共享服务建设应以全球化运营视野考虑结构布局,实现专业化和市场化运营,提升客户满意度,成为各业务单元的优质合作伙伴,助力集团公司价值创造。

5. 明晰共享服务建设的实施路径

中国石油按照共享服务建设的系列要求,坚持总体设计、分步实施、有序推进的策略,明确了如下实施路径。

"十三五"时期末,初步建成共享服务体系:全面覆盖国内企事业单位和部分海外代表性分支机构,初步建成共享服务体系。

2022年末,基本建成全球共享服务体系:2022年底实现国内财务共享服务业务全面承接,海外财务共享服务全覆盖,基本建成全球共享服务体系。

"十四五"时期末,建成高质量发展新模式:主要运营指标和服务能力达到先进水平,经营管理能力、创新能力国内领先,运营中心、服务中心和数据中心发展定位基本落实,全面建成服务能力突出、技术优势明显、业务结构合理、人员精干高效、资源配置精准、运营成本受控、竞争实力更强的高质量发展新模式。

"十五五"时期末，基本达到世界一流水平：自动化、智能化特征更加明显，员工队伍结构更加优化，运营中心、服务中心和数据中心协同发展优势更加突出，全面实现公司治理体系和治理能力现代化，基本建成世界一流智能型全球共享服务体系。

6. 明确分阶段商务模式

共享中心是中国石油参与国内外市场竞争的财务和人力等专业运营服务的提供方，是自主经营、自负盈亏、自我约束、自我发展、专业从事共享服务运营业务的法人实体，坚持低成本运营，按核定的标准向服务对象收取费用，收费标准的设置以不增加服务对象运营成本为导向，遵循共享服务发展一般规律，短期力求盈亏平衡，中期实现微利保本，后期逐步实现市场化运作。

2.2.2 精干高效的业务流程体系

中国石油在流程框架、流程迁移、流程设计方面均有效借鉴领先实践经验，打造了具有特点的业务流程体系。

"端到端"流程框架：应用 SIPOC 流程方法论，全面梳理中国石油"端到端"业务流程，形成覆盖采购至付款、销售至收款、总账至报表三大业务条线的中国石油"端到端"流程框架。

应纳尽纳，交易处理由分散到集中：针对全面梳理后的流程框架，按照应纳尽纳的原则，对于不受法律法规限制、可异地处理、能够带来规模效益的流程活动,将其处理模式由地区公司分散处理转变为由共享中心集中处理,此类活动达1 000余项,约占整体财务活动的42%。

打造标准、合规、协同、高效的业务流程:流程活动转变为集中统一处理后,对其进一步标准化,逐步消除板块间、地区公司间的处理差异,精简冗余业务流程,推进流程效率、效能持续提升。

2.2.3 规范统一的标准体系

中国石油支持共享流程有效落地,打造了共享标准流程的管理体系,包括统一科目体系和统一表单体系等。

统一科目体系:按照"瘦总账、肥子账"思路搭建"核算+管理"标准会计体系,精练会计科目,丰富管理模型,满足各层级会计核算和财务管理需求,为统一业务处理标准、规范业务处理流程奠定标准化核算基础。

统一表单体系:回归业务本质,将内控和原始附件格式化、电子化,业务处理全过程线上流转,将电子档案归档保存,形成结构化数据资产,大幅提高流程效率,为管理分析提供基础。

2020年9月,集团正式发布中国石油第一部财务共享标准操作手册,即SOP手册。手册充分结合内部控制、预算管理以及财税价格政策等方面的要求,考虑了不同类型企业的业务处理流程和会计核算特点,涵盖采购至付款、销售至收款、总账至报表三大业务条线的269项基本业务流程和档案管理、数据管理、运营服务、增值服务和流程管理等57项专项业务流程,分场景、步骤、角色,"端到端"地对财务共享业务操作进行详细讲解。

2.2.4 智能连接的共享信息系统

中国石油通过构建全球统一的共享服务平台，及广泛应用新兴自动化、智能化、移动端技术，打造了智能连接的共享信息系统，有效提升了服务水平与效率，降低了服务成本。

全球统一的共享服务平台：共享服务平台由前台业务服务、中台共享运营和后台系统构成。前台业务服务接收客户提交的服务申请、管控规则检查和流程审批，形成标准服务申请并上传到共享运营平台；支持客户通过表单、邮件、系统集成等多渠道提交服务申请、上传影像信息。公司采用智能化和移动端技术，实现智能辅助填报、随时随地审批；实现预算、合同、发票等方面的管理控制，以及电子档案和纸质档案的集中管理。中台共享运营完成服务办理，涵盖服务受理、任务分配、服务处理、服务反馈等共享运营全过程，实现了业务信息和影像信息双屏联动业务处理模式，以及跨组织机构、跨业务类型、跨系统分布的统一集成调用，用户不需要登录、访问各个专业系统。后台系统主要有会计核算系统、资金管理系统、ERP 系统等。

自动化技术应用降成本：自主设计开发、分批上线 6 类 200 个服务调用机器人，作为共享中心的数字化员工，处理任务量占总量的 50% 以上，相当于 600 多人的工作量；试点上线 80 个行为模拟机器人，上线三个月节约 8 927 小时，有力保障了交付质量，大大提高了工作效率。

智能化技术应用提效率：智能识别应用于增值税发票、火车票、机票、汽车票等 8 个票种,将用户手工录入信息变为自动提取信息并填充;知识图谱实现表单中业务信息、管理信息、财务信息的自动填充,减少了填报工作量。智能填单使得费用报销表单手工填写信息量减少 62%,差旅费表单手工填写信息量减少 64%。

移动端技术应用更便捷:推出财务共享 App,从提供移动审批到提供个性化、定制化、场景化、智能化的移动应用服务,满足更多用户随时随地移动化办公的需要,显著优化用户体验。同时,持续完善财务共享移动应用,开发业务填报、业务审批、基础服务等功能,实现业务随时随地审批,用户同比增长 2.6 倍,单据审批量同比增长 1 倍,工作效率大幅提升。

2.2.5 开放赋能的组织人员体系

在厘清共享服务与本地服务职责分工的基础上,公司通过不断优化组织架构、建立共享特色职业发展通道,打造了开发赋能的共享组织人员体系。

按照管办分离原则厘清职责分工:进一步明确总部财务部门、专业公司和地区公司财务、共享中心的职责界面,实现会计核算、资金结算和报表编制等交易处理类业务应交尽交,切实释放总部财务部门、专业公司和地区公司的财务生产力。

坚持开放赋能,不断优化组织架构:通过试点及扩大试点,将"1+7+N"布局结构调整优化为"1+3+6",即 1 个共享服务本部(北京)、3 个区域中心(西安、大庆、成都)和 6 个共享服务业务部。

打造横纵相连的人才发展通道：随着共享中心的逐步建立，共享模式下的专业化分工将促使财务人员技术业务能力趋向专业性，伴随着共享模式的多元化，这部分人员的专业知识与学习能力不断积累。但是，公司为共享中心提供的财务岗位有限，一部分会计实务功底扎实、理论素养较高的专业人才的发展可能受到限制，共享中心内部的专业人员可能会挤向管理通道。晋升通道变窄会让很多技术类财务专业人员的发展受挫，长此以往将出现地区公司财务人员误认为财务共享岗位职能单一、无成长性而增加共享变革的难度。因此，针对这类普遍存在的问题，在职业发展规划上，共享中心应通过建立先进的职业管理体系，设计并建立专业与管理的"双序列"晋升机制；同时，借助公司人力资源管理职能的协同机制，让财务人员在共享中心内部或在总部、地区公司之间进行轮岗，让员工实现多通道发展，实现个人成长。

2.2.6 全球统一的服务运营体系

以客户体验为导向，通过建立分层级的共享服务治理架构、多维度的运营管理体系、标准化的服务水平协议、多层级的服务管理体系以及全生命周期质量管理体系，打造全球统一的服务运营体系。

分层级的共享服务治理架构：在集团公司网络安全与信息化工作领导小组、财务共享领导小组的领导下，推动建立专业公司和地区公司层面的治理组织，形成战略财务、业务财务和共享财务相互贯通的治理架构，明确新型"三位一体"财务管理模式下各类事项的协作、授权和问责机制，推动新的职能分工体系高效运行。

多维度的运营管理体系：制度建设日趋完善，建立健全分析机制，任务分派灵活多样，运营监控可视呈现。在体系化的运营管理制度方面，明确运营管理工作各方的职责，为运营管理工作平稳运行提供制度依据。在规范化的运营分析制度方面，充分发挥运营分析支撑管理和运营监控的作用，建立运营分析会议机制、问题协调会议机制，为内外部管理优化提供决策支持。在灵活化的任务分派机制方面，根据具体业务承接情况，建立以"随机分派+精准分派"为基础的任务分派模式，减少沟通成本，优化客户体验。在可视化的运营监控平台方面，依托基础账、大数据分析技术，建立数据标准，开展数据治理，实现数据入湖，挖掘分析场景，完成数据建模，建设开发可视化的运营监控平台。

标准化的服务水平协议：统一服务水平协议文本，明确服务水平协议中的各项指标，并与内部绩效指标实现联动；构建与客户互动的服务水平协议协商、签订、更新、废止的闭环管理机制，通过服务水平协议明确共享中心和客户的责任义务，明确服务收费事项，落实服务水平协议机制；通过对绩效指标的监控和分析，改善服务水平和共享绩效，实现运营管理持续优化。

多层级的服务管理体系：通过信息系统收集、分析、评价客户需求，精准定位、分层管理，助力流程优化、系统功能增加。在问题管理方面，建立由客服中心、技术支持团队、公司总部组成的三级问题响应模式；建设适用于共享模式的问题管理平台，使问题管理规范化、标准化、流程化、可视化。在客户回访方面，制定以公司领导带队回访、区域中心领导及本部部门主动回访、客户经理及时回访的三级客户回访机制，了解客户需求，明确改进方向；第三级客户回访年度全覆盖。在客户满意度方面，通过满意度调查、客户回访、随单评价等开展客户满意度调查，了解客户需求、分享经验做法、讲好共享故事。在客户信息档案系统方面，设计开发客户信息档案系统，全面收集客户单位、个人共享业务信息，实现客户分层管理。在服务与营销工作方面，做优基础业务，做强增值服务，制定营销工作方案；到"十四五"时期末，力争使共享服务的各项业务和产品实现由"共享推动"到"用户需求推动"的实质性跨越。

全生命周期质量管理体系：借鉴国际先进经验，建设适合中国石油共享中心的质量管理框架；引进 ISO 9001 质量管理体系，对标国际标准，提高服务质量，防范运营风险。

2.3　从服务、运营到数据：共享服务的多职能定位

围绕共享中心的愿景与使命，中国石油共享中心明确了自身的功能定位：服务中心、运营中心和数据中心，立足共享服务，开展共享运营，借助经营数据资产提供数据服务。作为服务中心，为客户的业务运营提供基础交易服务，保障基础数据的质量与传输效率；作为运营中心，进行运营模式转型，借助数字化工具，驱动价值链整体效率最大化；作为数据中心，开展数据分析与决策支持服务，与业务部门共通信息，提供有价值的洞察。"三大中心"虽然是长远定位，但自中国石油共享中心建立起，就坚持各有侧重、互为支撑、协同并进，在

发展中加快形成协同效应。

2.3.1 服务中心：共享服务的提供者

作为服务中心，首要任务就是为客户提供高质量的共享服务，并在提供服务的过程中，不断优化服务内容、拓宽服务范围、提升服务效率。中国石油共享中心始终把价值创造作为一切工作的落脚点，希望通过集约高效的共享服务，将广大财务人员从烦琐的日常业务中解放出来，让他们的工作重心从价值核算向价值创造、价值提升转变，从决策执行向决策支撑转变，从而为公司提质增效。

服务中心是共享的第一定位，因为服务是共享的本质所在。共享与服务始终是不可分割的。之所以要共享就是因为要更专业、更高效地为集团内外客户提供服务。对于共享中心来说，服务中心是运营中心的基础，是开展客户服务的主要阵地，共享中心在服务中优化了流程、积累了数据、形成了对各类业务的洞察能力，为运营中心的精益化运营提供了基础。

在服务深度上，服务中心随着共享的不断深入，不断优化流程，提高服务满意度。在服务广度上，服务中心的服务从财务领域逐渐拓展至生产经营中，逐渐延伸至整个价值链，从而真正打通从业务到财务全覆盖的"端到端"流程，实现流程中每一个节点的共享。在服务空间上，中国石油共享中心实现了财务领域和人力资源管理领域的共享，正逐渐延伸至非财务类的后台职能业务如法务、客服、技术等。

共享中心以流程为主线，定期或不定期开展提升工作，充分应用六西格玛和精益管理等方法、工具，推进流程优化和简化，持续提升流程效率及效能；科学规划持续提升举措，明确各项持续提升举措的里程碑目标和预期收益，配备专项预算，并将其纳入长期规划、年度计划、财务预算、绩效考核的闭环，对持续提升工作进行过程监控及考核。

目前中国石油以方案设计阶段的《财务共享服务业务流程框架 1.0》为检视范围，调整形成了采购至付款（PTP）、销售至收款（OTC）、总账至报表（GTR）、资金管理、内部及关联方交易等 15 个三级流程，及 70 个四级流程、352 个五级流程。截至 2020 年 9 月，中国石油形成了包含 326 个服务事项的财务共享服务目录，其中 PTP 共 109 个、OTC 共 75 个、GTR 共 113 个，专项服务共 30 种；根据业务迁移进度，已上线 305 个，并形成《中国石油天然气集团有限公司财务共享标准操作手册》。

同时公司针对流程管理参照行业领先实践，引入全球流程责任人（GPO）机制，分业务、分流程设置责任人角色，使其负责"端到端"流程优化整合，建立以流程为核心的管理模式，推动公司由"基于职能管理"向"基于流程管理"转变。另外，在集团公司层面共享治理架构中设置流程治理专项小组，负责指导与监督流程管理工作；在共享中心内部设置流程责任人团队，团队内部按照"端到端"流程分工，共设置流程总监、"端到端"流程责任人、子流程责任人、流程专家、流程专员和流程伙伴六类角色。

共享中心还有一个天然的优势，就是在服务不同地区和不同业态的客户的过程中，会形成对各类业务的深入理解和对多元业态的深入洞察。由于历史沿革和管理要求不同，各个单位财务核算的颗粒度和方式方法都有很大差别，例如，大庆油田的财务人员对吉林油田、辽河油田的业务及核算相对陌生，在业务处理中，很难从一个更综合的角度看待问题。然而，共享中心在接待客户的过程中，有机会同时接触、学习和理解大庆油田、吉林油田、辽河油田的业务及其对不同业务的处理方法，对各地区公司、各层级公司的业务和核算模式都会有综合性、全局性的认识和理解。在这个基础上，共享中心在提供服务时就具有视野上的优势。

对于客户来说，公司在长期发展的过程中会形成一套固定的业务流程，很少有机会接触新的思路和方案。例如每个公司都有自己的对账流程，有的烦琐、有的简单，各个公司的预算系统与财务系统的融合程度不同，这都会给财务工作带来不同的困难。共享中心可以在承接客户业务时，综合考虑各种处理方法的优劣势，形成最优的解决方案。可以说，共享中心的服务功能在不同客户之间搭建起了沟通与协作的桥梁。

2.3.2 运营中心：共享服务的运营者

运营中心致力于精益化运营，提高效率和效能，为公司、员工、合作伙伴提供优质、高效的服务。运营中心可以对已有的技术、流程进行优化升级，从而提高作业效率，降低共享中心的运营成本，全面驱动共享中心的整体效益最大化，甚至创造出新的业务，提高价值创造能力，增强共享中心的核心竞争力。

共享运营，运营的内容就是服务，只有市场化的组织形式才能将服务高效地运营起来。公司制的组织形式意味着共享中心是一个市场化组织，是可以参与国内外市场竞争的经营实体，对效率、成本的追求是其天然的生存动力，必然驱动着公司不断地通过优化流程、应用新技术提高作业效率、降低运营成本，从而向客户提供高品质的服务。

1. 运营与服务的区别

表 2-3 从多维度列示了服务与运营的区别。简单来说服务就是把事情做完，产出客户需要的成果，是结果导向的。而运营则是在提供服务的同时，关注服务提供的过程与质量，更多是过程导向的。

表 2-3 服务与运营的区别

	服务	运营
组织	非市场化组织	市场化组织
目标	提高服务质量	不仅关注服务质量，更关注服务效率的提升和运营成本的降低
内容	传统的交易性业务	除了传统的交易性业务，还有数据服务、决策支持等创新业务
功能	完成集团交办的任务	一切皆可共享，积极对内对外开拓商业机会
定位	成本中心	利润中心

2. 只有市场化的组织形式才能实现运营

由于中国石油共享中心在方案设计阶段已明确采用全球商业服务模式，集团公司综合考虑汇报关系、管控要求、组织变革及人员迁移等因素，决定组建共享运营公司（集团公司子公司），由集团公司和中国石油天然气股份有限公司共同出资，注册资本 30 亿元人民币，注册地为北京。公司中文名称为：中国石油集团共享运营有限公司，简称"共享中心"。共享中心在组建过程中，进一步优化共享建设方案，明确了作为独立法人运作的业务范围、发展定位、商务模式、管控模式、组织架构及公司发展整体规划。

中国石油共享中心的定位是能独自经营的利润中心，最终的目标是能够从短期的盈亏平衡、中期的保本微利过渡至实现市场化运作。因此，作为一个独立的法人实体，共享中心是要参与国内外市场竞争的专业公司，是自主经营、自负盈亏、自我约束、自我发展的市场主体。

共享服务的定位与模式决定了共享中心的组织形式。一般来说共享中心的组织形式包括职能部门内嵌、总部职能部门下属、业务线负责人直管、独立于业务线四种类型。前三种组织形式下，共享中心作为公司职能部门，受上级部门或总部的管辖，大多是企业的成本中心。在这种情况下，共享中心自身没有太多生存发展的压力，一切所需资金由企业承担，共享中心只需要提供服务就可以，结果导向使得服务提供过程中的成本、效率并非共享中心考虑的重点，共享中心为了提供更好的服务甚至可以不计服务成本。没有了成本的约束，共享中心自然没有动力去考虑流程的进一步优化和效率的持续提升。非市场化的组织形式注定无法满足共享中心对于运营的要求，缺乏生存动力使它天生没有优化流程、降低效率的动力。

然而，公司制的组织形式使得共享中心不仅要考虑承接的业务能否完成，还要考虑能否以市场化的方式加以完成，有效率地向客户提供服务。共享中心作为市场主体，一方面，不能仅仅停留在不计成本地完成任务，而应在生存的驱动下，自发地提高效率、降低服务成本、提升服务水平，通过不断地优化作业流程、应用新技术来为企业寻找盈利空间，从服务走向运营；另一方面，不能仅仅停留在处理传统的交易业务，而应在市场机制的驱动下，基于天然的数据优势，展现共享中心的专业能力和创新能力，为客户提供决策支持，为盈利寻找机会。

可以说，共享的内容是提供服务，但只有通过市场化的方式，将服务运营起来，专注于提升效率和压缩成本，才能真正地为客户提供可持续的优质服务。同时，共享在运营服务的过程中，积累了数据、流程和技术能力，驱动共享中心从运营中心转向数据中心。

公司市场化的组织形式意味着其天然地追求成本的控制与效率的提升。中国石油共享中心在建立之初就明确了其独立于业务条线作为公司独立发展的定位，公司的中文名称"中国石油集团共享运营有限公司"也体现了其实现共享运营而不仅仅是提供共享服务的目标。共享中心具有降低成本、提高效率、提高服务质量的动力，需要通过持续推动流程优化和模式创新，深化系统集成以进一步提高整体运行效率从而降低成本实现盈利。

同时，共享中心作为独立运营实体，与地区公司、集团总部形成了三维独立关系，集团总部主要发挥管理协调作用，由共享中心自主决定提供服务的内容与模式，共享中心与地区公司之间主要就是提供服务与接受服务的关系。在这一过程中，共享中心是提供服务的、独立于集团总部的第三方公司，存在着经营压力，这意味着共享中心只有达到满足客户需求的标准，才能持续地运行下去。这种新型合作关系客观上要求共享中心提升服务质量，更加专注于通过自身建设不断提升用户满意度，从而赢得内部客户的认可。

因此，作为一个独立的法人实体，市场化运作的共享中心具有自治管理能力。它可以与业务单位以工作伙伴的关系相互合作，也可以作为一个市场化的组织为其他业务部门提供服务获得收益，同时组织的独立性也允许共享中心通过运营共享驱动企业的整体变革。

2.3.3 数据中心：数据资产的经营者

数据中心以落实集团公司管理要求、促进管理创新为出发点，专注于运用数据资产识别经营风险、支持业务预测和决策，为业务部门、财务管理、人力资源管理提供高附加值服务。

数据中心立足于在运营中积累的数据，积极发展共享中心的分析技能，更多地扮演业务伙伴角色。这意味着，共享中心不仅仅进行原有的标准化的重复性工作，还在承接客户的业务中、在推进共享的进程中，通过对业务单元及业务流程的深入了解、对不同业态的深入洞察，形成对业财数据的深入理解，为中国石油全球范围内的业务部门提供数据洞察、决策支持、政策研究、管理咨询等高附加值服务。

数据属于企业的一种战略资源，但现在无论是财务还是业务，都有不同的专业系统，数据难以交叉运用。数据只有得到有效运用，才能够转化为企业的资产。在数据中心的定位下，共享中心有了更多的数据分析职能，在流程和系统变革的前提下，共享中心积累了大量的业财数据，成为企业天然的数据中心和数据中台。各业务单位也希望从共享中心获取业务和财务数据，有效支撑公司的运营。作为数据中台，共享中心围绕海量数据，对进入中台的数据采用智能化、全链路的管理方式，并对数据应用建立可展示的平台化体系；以数据作为生产要素，通过数据分析、模型导入、管理体系方法为客户的经营管理决策提供支持，建立业务、财务全新的融合和协同关系，实现业务与财务的深度融合，解决生产、开发、供应商、客户、产品、流程、风险等环节的信息割裂问题。

以费用报销为例，传统的共享中心只负责费用审核、资金支付、发票认证等基础核算业务，没有为业务单位输送数据的职责。随着数据的不断累积，共享中心可以出具员工个人的费用分析报告，分析每个员工在一定时间段内的差旅消费习惯、报销习惯和单据退回情况等；为业务部门提供组织、部门、费用类型等不同维度的费用分析数据；为决策者提供区域、产品、项目等不同维度的营销费用报告，指导主营业务的销售分析，助力经营效益提升。

中国石油共享中心通过组建专业的数据服务团队，将具备技术知识和专业领域业务能力的复合型人才聚集起来，搭建数据中台，深挖数据资源，激活数据价值。在明确企业管理目标和管理需求的基础上，专家团队通过共享信息系统，从不同系统、软件平台、应用与硬件等多维渠道中实时获取真实准确、口径一致、全面完整的客户业务活动数据，并加以整合，通过数据管理进行数据规范。在规范数据的基础上，专家团队进一步提供常态化对标分析、发票数据分析、供应链信息服务等数据分析增值服务。

如图2-1所示，以对标分析为例，中国石油专家团队围绕"对什么、跟谁对、怎么对"，研发对标分析产品，已开发5大功能模块，完成8个精细化分析专题场景。专家团队收集整理了近5年的指标数据，通过深化对标，分析关键指标、行业情况等，为公司各板块业务精细化管理提供了有力支撑。

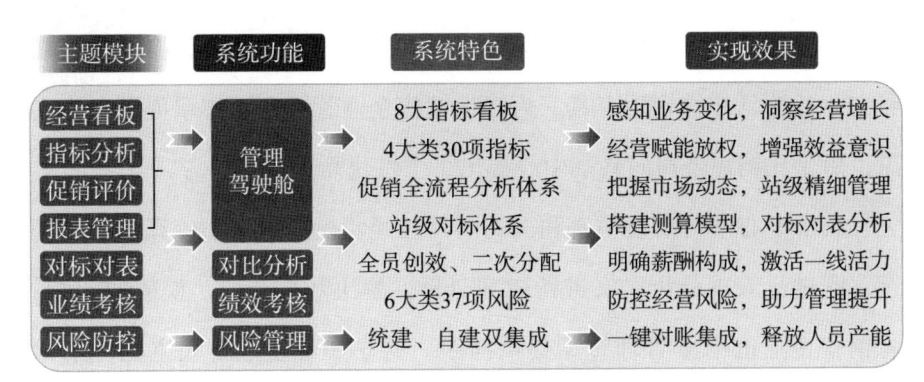

图 2-1 共享中心的对标分析

以发票数据分析为例，专家团队基于进项税发票池与财务核算数据，充分考虑实际业务中的难点痛点，针对供应商分析等5类13个应用场景构建发票数据分析产品，为降低采购成本、规范发票相关行为提供有力支撑。发票数据分析产品通过对税务风险、选商风险、合同风险等多种风险进行识别，采取及时有效的措施规避风险；通过优化采购管理，扩大选商范围，整合零星采购，发挥集中采购优势，有效降低采购成本；多维度整合信息，将海量发票化繁为简，通过有机融合业务、财务和发票信息，有效提升发票管理和内部稽核效率。

数据中心不仅关注数据本身，还关注驱动数据的新技术，根据不同业务的自动化需求，聚焦智能自动化技术的设计、开发与应用等，不断推动企业的数字化转型。共享中心利用在服务中积累的技术能力和跨板块、跨地域、跨职能的服务能力，为客户量身定制数字化解决方案，助力客户提升管理水平，促进共享中心与客户的良性互动。

共享中心在东北地区对接的第一家销售企业是黑龙江销售公司，在共享服务过程中，黑龙江销售公司原有财务管理模式彻底颠覆，财务管理转型迫在眉睫，但现有系统无法及时、准确地获取业财数据，急需能够向业务端延伸的管理工具，为建设销售企业管理会计体系提供有力支撑，黑龙江销售公司向共享中心提出了个性化需求。

共享中心学习借鉴稻盛和夫的阿米巴经营模式，用小核算单元去经营，既进行宏观分析，又进行微观分析，解决数据获取、挖掘的问题，为销售企业的财务管理转型提供抓手。共享中心建立8大主题，细化176项指标，实现省、市、片区、站四级联动，动态反映经营成果，实现内部实时对标分析，有效提升精益化管理水平，实现多系统数据有效衔接和资源优化共享，力争实现系统功能的可复制、可推广，最后形成板块层面的单站核算标准体系，将数据资源变为数据资产，助力决策、辅助经营。共享中心不仅要提供传统财务指标，还要从财务角度评估企业经营发展状况，体现经营评价的"后视镜"作用；同时要解决财务指标在时间上的滞后问题，随时掌握了解企业经营的动态情况，发挥及时获取生产经营数据的"仪表盘"作用；更要对经营管理提供决策支持，为经营者顺利达到目标提供参考建议，发挥经营预测分析的"导航仪"作用。

目前，该系统已在黑龙江销售公司的1 200余个加油站上线，活跃用户数达2 000余人，在经营管理等方面提质增效的作用日益凸显。在未来，共享中心也会深入客户单位开展多种形式的推介和宣贯，发掘需求突破点与合作方向，以点带面推动产品拓展，同时探索外部客户，力争扩大上线范围，创造更大价值。

2.4 共享无边界

美国学者迈克尔·波特提出了价值链模型，该模型识别了两类价值活动：基本活动和支持性活动。这两类活动的高效开展可以为企业的客户带来价值的增加，从而为企业带来利润。其中，基本活动是指涉及产品的生产及销售、售后服务等的各种活动，主要包括生产经营、内部后勤、外部后勤、市场销售和服务五种基本类别；支持性活动是指企业基础设施、人力资源管理、研发、采购等其他类型的职能活动，它们与各种具体的基本活动相联系，并支持整个价值链运行。从企业价值链管理理论来看，支持性活动通常不能直接为企业带来增值，企业在进行价值链分析时，应当识别上述各类支持性活动与基本活动之间的关联，采用更为集约、高效的模式开展支持性活动，以更低的成本更好地开展基本活动，从而为公司创造更多价值。

共享的核心理念，就是把原本分散于企业各个分支机构的重复的、日常的事务性活动，从原来的业务单元中剥离出来，进行合并或者重新整合，然后再由专门成立的独立实体提供专业、统一、标准化的服务。这种由分散到集中，由共享中心统一提供的标准化、流水线作业模式，带来的一个显而易见的好处是：低成本、高效率。

按照价值链模型理论，价值链上的支持性活动需要更好地服务于基本活动，并为企业创造价值。为实现上述目标，很多企业采用共享服务模式来对支持性活动进行标准化、集约式管理，以投入更少的资源创造更多的价值。因此，支持性活动是企业的公共服务资源，主要包括财务、人力资源管理、IT、采购、审计、法务、行政事务、研发等业务，这些业务通常会采用共享服务模式进行管理。

2.4.1 一个平台：共享服务 3.0 的治理模式

如图 2-2 所示，根据中国石油的设计方案，共享中心按照"一个平台、多路共享"的总体设计思路，总结建设运作经验，借鉴行业领先实践，推动集团公司相关业务领域统一认识，开展多路共享顶层设计，明确多路共享战略定位、建设范围、运营模式、建设规划等。

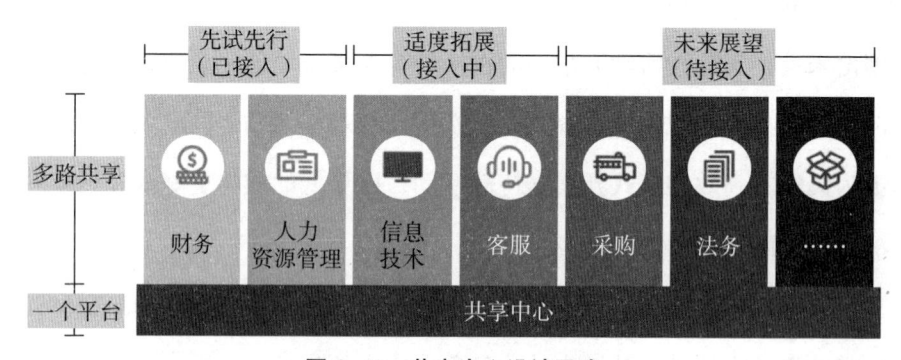

图 2-2　共享中心设计思路

一个平台是指中国石油共享中心的所有业务都运行在同一个服务体系和同一个信息系统下，遵循相同的服务要求和质量标准。一个平台意味着共享中心的核心定位是共享服务 3.0，各类共享职能之间相互融合、协同互动，通过流程优化和数据流转，逐步实现财务、采购、人力资源管理、IT 等共享职能的聚合和一体化，共同整合为全球商业服务。

因此，一方面，一个平台的战略定位要求内外价值链的流程协同。共享中心需要站在整个集团的角度，实现真正意义上的"端到端"的流程贯通，将流程的一端扩展到外部客户、供应商及其他利益相关者，从而与企业的内外价值链相匹配。另一方面，一个平台的战略定位要求横跨共享业务范围的职能协同。财务、人力资源管理、IT、客服等共享职能在共享中心向客户提供服务的过程中，通过数据相互融合、通过流程相互协同、通过服务实现聚合，最后形成完整统一的服务体系，形成全球商业服务。

按照统一设计、协同建设的策略，中国石油明确了共享中心在多路共享建设中的角色定位，开展详细方案设计及多路共享建设工作，提高人、财、物、信息在集团公司的共享水平。

当前，中国石油共享中心率先将财务和人力资源管理业务纳入共享服务体系，未来法务、IT、审计、采购以及适合实施共享的其他业务，也将逐步纳入共享范畴。共享服务不仅能对相同业务（如财务、人力资源管理、供应链管理或法务等）中重复性强、业务量大、标准化程度较高的业务进行集中处理，还能进行跨业务领域的共享运营，这对于集团公司的数字化转型至关重要。

共享中心采用全球商业服务模式，为多元客户提供多元服务，综合一体化特征显著，为后续其他业务的共享服务留足接口。未来，共享中心将具备多种职能，且在各个职能之间进行整合；拥有多元客户，服务对象不局限于企业内部，拓展到外部合作伙伴以及其他实体；实现多种交付，提供交易处理、专家咨询、外包服务三种交付模式；具备多元技能，员工不仅有基础操作类技能，还有增值服务、精益管理、客户管理等高级技能。

2.4.2 多路共享：应共享尽共享

根据德勤历年的全球共享服务调研结果，财务、人力资源管理、IT、采购、审计、法务、行政事务、研发等是企业采用共享模式管理最多的公共服务业务。此外，随着业务发展、管理模式变革及新技术手段应用等，一些价值链的基本活动也具备采用共享模式管理的条件，如销售与市场营销、供应链与生产支持等，从广义上来说也属于企业的公共服务业务。

结合各项业务的纳入比例及各典型企业纳入上述业务的顺序，中国石油发现，企业通常率先纳入财务、人力资源管理、IT、采购等业务，在此基础上再逐步纳入其他业务，详见图2-3。

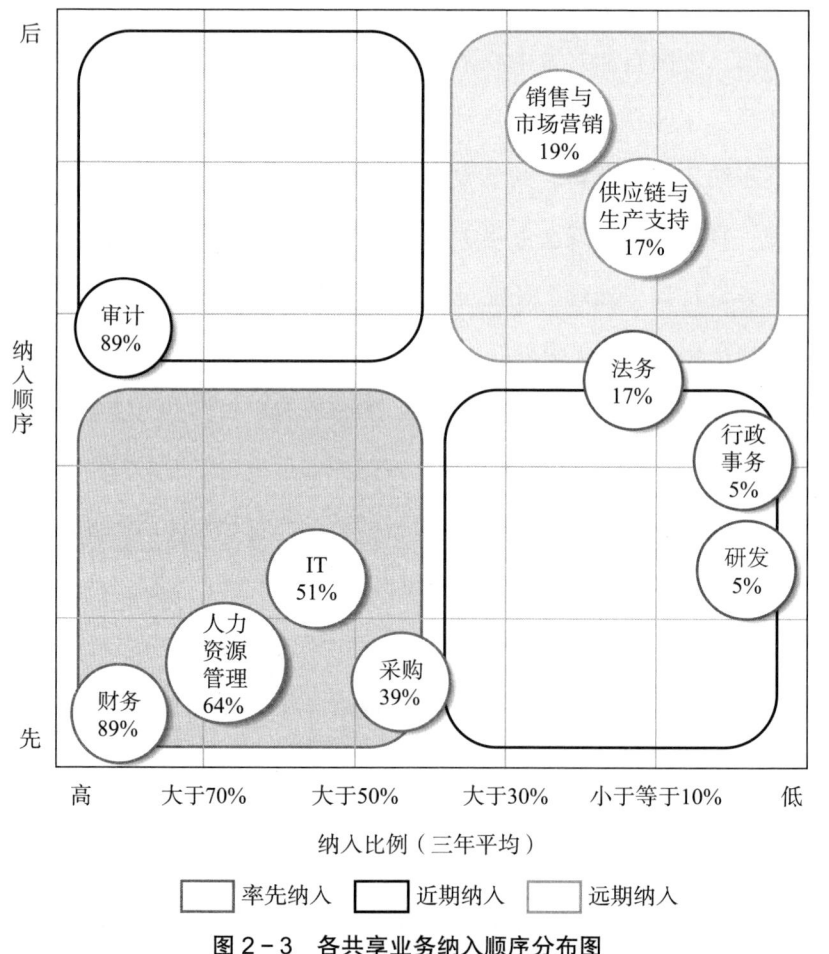

图2-3　各共享业务纳入顺序分布图

根据共享服务建设经验，企业通常按适合度和成熟度两大标准确定纳入共享业务的具体业务流程（即服务事项）及纳入时间。一般来说，适合度包括监管法规、规模效应、业务交互3项标准，成熟度包括流程标准化、系统自动化、系统集成3项标准，具体判断原则如表2-4所示。

表2-4 适合度和成熟度两大标准

序号	标准	标准说明	近期纳入	远期纳入	视情况纳入/不纳入
1	监管法规	考虑法律法规、外部监管或文档管理的地域性要求	无要求	有要求，但可被集中管理	有要求，无法被集中管理
2	规模效应	考虑能否在共享模式下发挥规模效应，及能否带来效率或内控水平的明显提升	业务交易量大且操作附加值低，能够带来效率或内控水平的明显提升	业务交易量中等，但能够带来效率或内控水平的提升	业务交易量小，规模效应不明显且对内控无影响
3	业务交互	考虑是否需要与业务部门进行频繁互动	交互频率低或可远程交互	交互频率较高，但可通过职责转移降低交互频率	业务交互频率高，或难以远程交互
4	流程标准化	考虑流程是否标准化	流程已标准化	流程可被标准化	流程无法标准化或标准化难度大
5	系统自动化	考虑流程能否实现自动化处理	自动化或半自动化	后续可实现自动化	无法实现自动化
6	系统集成	考虑相关系统的集成程度、数据是否可以被集成和共享	集成度高	目前未集成或集成度低，但后续可被集成	系统无法集成

根据上述标准以及集团公司提高整体运行效率的协调互动需求，中国石油确定了"一个平台、多路共享"的总体思路，明确构建涵盖财务、人力资源管理的综合型共享服务组织架构，并优先选择财务共享和人力资源管理共享作为试点，成熟之后再推广到其他业务类型。

随着中国石油共享中心建设的不断深入，共享的理念得到了大家的认同，共享服务在中国石油中得到了广泛认可，并达成了共识：凡是公司中事务性或者需要发挥专业技能的活动，如财务、IT、人力资源管理等，都可以通过共享的方式进行组织和资源整合。目前，中国石油共享中心已经实现了财务、人力资源管理、IT和客服等四路共享。

2.5 推动变革成功的关键举措

中国石油作为国有企业，在当前政策与现实背景下，有独特的、适合自己的改革路径。从人员管理方面来说，壳牌等石油企业实施共享可以直接新建一个共享中心，可以通过直接裁减原有的人员，保留高端人才与招聘新人才来建立全新的流程与模式。人员裁减更替可以很大程度上消除企业中的传统观念，实现理念的全面更新，使重构共享模式直接从一张白纸开始。但这样的模式在中国，特别是对于中国石油这样关系国计民生的大型央企来说，不具备实施的现实条件。如何因地制宜实现改革目标？中国石油探索出了符合自身实际的实现路径。

2.5.1 因地制宜的选址

为支撑共享中心的全球化运营，考虑到管理幅度、职能划分等因素，中国石油共享中心按照"一个中心、总分架构"的总体思路设计组织架构。通过试点及扩大试点，将方案中的"1+7+N"布局结构最终调整优化为"1+3+6"，即1个共享服务本部（北京）、3个区域中心（西安、大庆、成都）、6个共享服务业务部。

选址原则：在区域中心选址的过程中，中国石油综合考虑了产业分布、人员储备、社会依托、人才吸引力等多方面因素。首先考虑属地就近原则，选址承接业务综合实力较强的业务单元的所在地，以便在建设和运营过程中充分整合和利用相关资源，再加上选址地服务单位众多，员工迁移意愿会更加强烈；其次是考虑运营成本，相对一线城市与东部城市来说，选择西部及北部城市人工成本会相对较低；最后是考虑所在城市经济、交通、高校资源等因素。

选址过程：综合考虑上述因素后，中国石油首先确定了西安和成都作为区域中心，最后一个区域中心的选址当时存在一定的争议。因为在当时无论国企、民企还是外企，没有一家公司选择在大庆设立共享中心，可以说大庆在国内共享中心的选址名单上榜上无名。绝大多数企业在东北区域的共享中心基本都设置在大连，包括辉瑞、简柏特、拜耳等大量外资企业都是如此。最终为何选择大庆？主要考虑一是靠近服务单位，二是依托当地的油田资源基础。西安和成都中心的建设都依托当地的大油田，西安中心依托的是长庆油田，成都中心依托的是西南油气田，而无论大连、哈尔滨还是沈阳都缺乏油田资源，缺乏地区公司的支持。大庆虽然地理位置优势不明显，但大庆油田是中国石油的精神摇篮，有铁人精神的文化沉淀，因此中国石油最终将区域中心落地大庆。

事实证明，三个中心的选址是正确的。在共享中心筹备期间，长庆油田、大庆油田为共享中心提供了强有力的人员与资金支持，是西安中心和大庆中心能够顺利起步的重要基础。同时，长庆油田和大庆油田在办公场地、办公设备等方面为西安中心和大庆中心提供了无条件的支持，将原有设备和人员进行迁移，为共享中心打造了符合国际标准的办公环境。同样，自成都中心筹备成立以来，西南油气田、四川销售公司、川庆钻探、四川石化、西南化工销售公司等在川单位也给予了全方位的支持，充分践行了"一家人、一条心、一股劲、一起干"的理念。

2.5.2 对内挖掘人力资源

在筹备阶段，共享中心是从零起步的，从人员到场地基本都依靠长庆油田、大庆油田和西南油气田的大力支持。以大庆中心为例，从人员方面来说，筹备期间大庆中心主要就是从大庆油田借人。大庆油田有丰富的人力资源储备，东三省在册财务人员总共大概有 7 500 人，大庆油田就有 3 800 人，这些人员 95% 是大庆本地人。相比于从外部招聘，雇用这些人员不用考虑其家庭和住房等因素，节省了大量的成本。大庆油田为大庆中心贡献的财务人员大概有 400 人。这一举措在充实共享团队的同时，也一定程度上提升了大庆油田的人力资源配置效率。此外，大庆油田还负担了大庆中心筹备期间的人员工资、差旅费、办公费等，为大庆中心的顺利起步提供了有力的支持。

伴随共享建设的推进和西安中心的成长，长庆油田分批次择优推荐骨干人员参与共享试点及推广工作。一方面，长庆油田在共享试点建设初期，全面做好人员摸排，根据各二级单位的业务特点和人员状况，合理制定人员迁移方案；另一方面，按照公平、公正、公开的原则，严格遵循审核推荐程序，推选年轻化、学历高、有活力、潜力大的骨干到西安中心，为共享建设发展提供了坚实的人才保障。截至2022年底，长庆油田累计向西安中心择优推选的人才骨干占西安中心总人数的43%。

共享中心的电子档案建设具有典型意义。档案中心流水线的工人大多是当地石油系统的闲置人员，共享中心通过系统内部的外包方式，把中国石油内部闲置的劳动力利用起来。流水线工作的工资采用计件制，但随着业务量的增多计件单价递减，创新的工资模式既保证了人员工作的效率，也实现了成本的控制。档案中心的场地也是当地公司的闲置资产，既节省了建设成本，又盘活了资产。

2.5.3　共享实施"七步法"

中国石油在共享建设过程中，除了实现业务工作的标准化，在推广工作中也追求可复制、可推广的做法。在集团总部的部署下，西安中心率先试点运行，在不断摸索的过程中逐步提炼出了推广工作的标准方法——"七步法"，并不断迭代升级。

最初的"七步法"在方法上较为宽泛，操作性有待提高，需要一个更细化的标准手册作为指导；受人员经验影响较大，一些未遇到的、未在手册中说明的风险，会给实施人员造成阻碍；维度较为单一，只是从共享中心的角度说明，现在需要从共享中心、地区公司、现场团队三个维度来细化；按照推广步骤进行逐条的文字说明，不够生动直观，且缺少关联性，不易上手。

"七步法"的提升工作贯穿共享业务推广的整个阶段，"七步法"来源于共享中心的实践，在实践中总结提炼，同时应用指导于实践，在实践中得到验证，形成一个"关键"、三个"提前"、四个"全面"的经验。

一个"关键"：团结凝聚是关键。

三个"提前"：提前确认承接人员、提前做好系统搭建、提前做好内部测试。

四个"全面"：调研对接全面扎实、推广培训全面深入、跟单测试全面有序、沟通机制全面有效。

新的"七步法"具体包括场地及人员准备、现状调研、业务对接、系统初始化、用户培训、跟单测试、业务切换七个步骤，如图2-4所示。

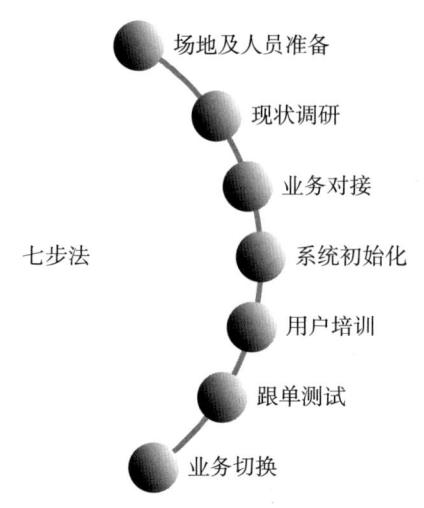

图2-4 共享实施"七步法"

1. 场地及人员准备

提前准备、安排场地及人员，按需择优选聘共享运营人员。场地及人员准备是共享实施的起始环节，业务人员的素质直接影响着整体工作的质量和进度。实践中，在人员的筛选上，共享中心设定人员推荐条件，保证有经验的人员占实施团队人员的 2/3 以上，并配套增加考核测评激励机制；在场地的筛选上，提前布置好办公场地，并确保网络环境的平稳。

2. 现状调研

现状调研旨在了解地区公司组织、人员、业务及相关系统的使用情况，评估地区公司的实施基础，识别上线前需要重点解决的问题和事项。在评估后初步确定纳入共享的组织范围、业务范围及相关需求，并提出建议方案。在实践中，共享中心更为细致地分板块设计调研提纲，并强调 IT 人员需提前参与调研过程；同时，在地区公司开展财务共享座谈会，宣传共享理念，让客户公司了解并接受共享，并将共享中心的操作手册提前发给客户公司，让客户公司及早熟悉业务流程，以更好地配合后期业务迁移工作。

3. 业务对接

进行具体业务流程对接，并向地区公司介绍共享业务流程框架与流程体系，包括流程描述、职责切分、流程提升点等内容；地区公司需结合相关业务流程现状，对共享流程的适用性及需求进行确认。实践中，实施团队事先编制好整体推广实施计划和方案材料，在正式对接之前让客户公司全面、详细地了解对接工作流程、时间节点。不同于现状调研时主要面向管理层的宣传，业务对接的对象侧重具体财务人员。

4. 系统初始化

系统初始化旨在完成系统初始化配置，确保配置内容的完整性、准确性。系统初始化主要包括业务服务平台的初始化与共享运营平台的初始化，涵盖主数据采集及配置、审批流程专项配置、平台初始化、测试环境搭建与生产环境准备五个步骤。实践中，系统初始化的步骤方法也在不断优化。以实施团队为例，团队新采用了 Access 数据库检查初始化信息，较之于以往需要一周时间对费用要素及科目进行对照，通过使用 Access 数据库，工作时间缩短至 2～3 个小时，效率和准确性大大提高。

5. 用户培训

用户培训旨在使地区公司的财务人员、业务人员、共享中心人员通过参加培训掌握财务共享理论及操作知识，包括集中培训和推广培训两个类别。集中培训由共享中心针对地区公司财务、业务用户，就共享理念、业务流程、表单等进行集中培训；推广培训由地区公司针对关键用户，组织开展内部推广培训。落实至实践中，共享中心不仅实现了线上考试，还增加了对推广的实施团队进行内部考试的环节，以验证试题质量；设立培训效果测评环节，让客户公司对培训效果进行打分，提升实施团队的能力。

6. 跟单测试

跟单测试是推广工作的重要一步，直接影响共享中心上线后的提单准确性和退单率，因此要注重跟单测试的质量、广度和深度。跟单测试旨在验证系统初始化数据的完整性、业务涵盖的全面性，其工作内容涵盖编制测试方案、组织协调并跟踪测试工作与确认测试结果三个流程。在实践中，共享中心现场采用"共享业务讲述—整体操作演示—分业务培训—提单实操—跟单测试"模式，将培训和跟单测试有效融合，有效优化测试效果。同时，共享中心强调客户公司参与测试的人员需自己上手，不能请共享中心人员代为测试。

7. 业务切换

做好上线前检查，制定切换方案，落实切换工作，完成业务和信息系统切换，确保生产经营业务不停、人员不等、工作不误。具体工作内容包括业务切换完备性检查、业务方案切换与下发切换通知三个流程。在实践中，共享中心细化业务切换工作，新增《××单位上线确认清单》与《信息系统切换工作任务清单》，以确认组织和业务的迁移范围，确认相关系统的权限情况。

从 2015—2016 年的设计阶段，至 2022—2025 年的优化阶段，共享中心在"七步法"从设计到试点、从推广到优化的过程中不断摸索、细化，实现了业务移管工作从无到有、从有到优，在千锤百炼中形成了可复制的推广工作标准方法。不仅在实践中明显缩短上线周期，业务迁移质量和效率持续提升，而且将实践经验及时落地，总结提炼形成工作手册，制作成电子书，便于下一步推广应用。

以"七步法"为指导，共享中心全面完成了共享业务的试点工作计划，为后续新一轮共享业务的推广工作提供了可复制、可推广的经验做法。如图2-5所示，迁移周期由第一批的4个月缩短至第四批的2个月，上线周期明显缩短，业务迁移质量和效率持续提升。

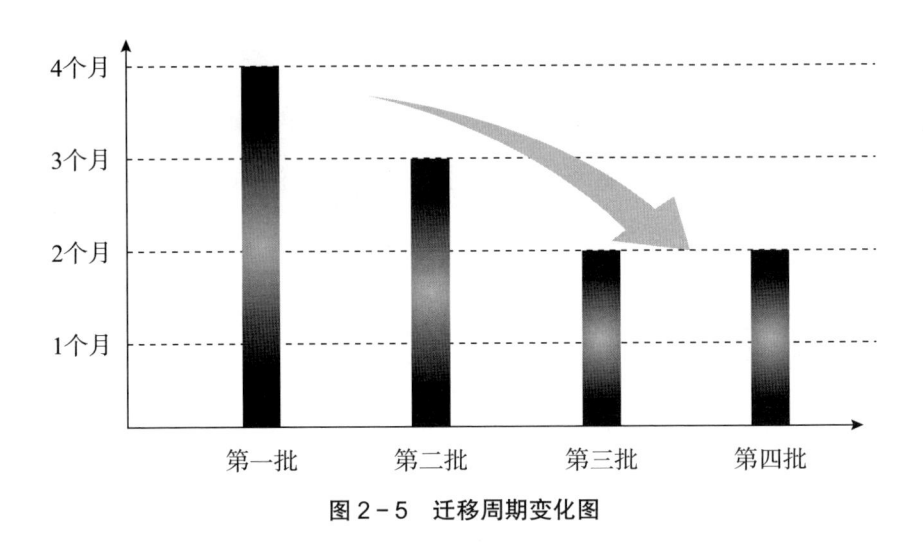

图2-5 迁移周期变化图

2.5.4 试点验证消除变革疑虑

共享中心建设是一个持续的动态过程，需要将长期规划与分步实施结合起来，按照建设规划，在不同层面循序渐进，按步骤推进。中国石油按照"先易后难，试点先行"的原则，以高起点、高质量、高标准开展试点，探索形成了一套行得通、可复制、可推广的经验，通过试点验证了共享服务模式在集团公司实践上可行、设计方案可落地、实施方法可操作，具备在全公司推广实施的条件。

1. 试点方案

财务和人力先行先试：共享中心运营初期其业务范围通常聚焦于财务和人力等传统后台业务，随着共享中心运营成熟度的提升，这些传统后台业务会逐步纳入IT、合同采购等业务。根据集团公司提高整体运行效率、效益的协调互动需求，中国石油确定了"一个平台、多路共享"的思路，明确构建涵盖财务、人力的综合型共享服务组织架构，并优先选择财务共享和人力共享作为试点，成熟之后再推广到其他业务类型。

部分企业先行先试：2017年11月—2018年11月，共享中心先后完成7家驻陕企业试点和7家销售企业扩大试点工作，按照"边试点、边总结、边完善、边优化"的思路，对共享服务设计方案中的业务流程、组织人员、标准体系、信息系统、服务和运营体系进行了落地优化，形成了较为完善的共享设计方案。共享中心根据试点经验有序做好在其他单位、其他业务领域的建设推广工作，选择覆盖集团公司所有业务板块的典型单位，全面验证和完善建设方案，在全面推广实施中不断优化，指导共享建设全过程，为集团公司顺利完成"十三五"推广建设目标任务提供了经验支撑。

2. 试点效果：消除了三个变革疑虑

人员迁移问题一直是共享中心变革管理的核心问题。对于共享中心在中国石油落地，项目利益相关方一直对人员迁移问题密切关注。在第一阶段试点工作开始之前，他们始终有三大变革疑虑：人员需不需要物理集中？有没有人愿意来共享中心？业务所在单位的人能不能来共享中心？为确保试点实施工作稳妥、有序开展，第一阶段试点工作制定了科学的人员迁移策略和缜密的变革管理计划，为西安中心的运营建立了稳固的人员保障机制，消除了项目利益相关方在变革前的三大疑虑。

疑虑一：人员需不需要物理集中？需要。在方案设计阶段，共享中心曾将"人员不集中、远程操作"作为共享模式的一种备选方案，该模式虽然将人员迁移带来的表象风险降至最低，但是也容易带来三大问题：一是人员分散模式下缺乏统一的组织领导，共享中心的人员缺乏归属感，难以保证团队的稳定性；二是远程操作下容易产生沟通不顺畅、制度标准执行不到位等问题，受地区公司业务、财务的影响较大，会导致服务质量和风控要求无法有效落地，共享中心总部对人员的管控力度较为薄弱；三是人员分散容易产生较多管理层级，共享中心多点多处建设，不利于发挥规模效应。因此试点阶段将西安中心作为区域中心的设置，实现了人员的物理集中，实行中心领导统一管理，各业务职能组织之间形成了较强的归属感；凭证出错率逐月下降，核算质量进一步得到把控，实现了更大的规模效应与更低的建立成本。

疑虑二：有没有人愿意来共享中心？有。西安中心采取人员选聘方式确定（首批）财务共享服务试点人员，根据迁移业务范围和人员需求测算结果，各单位按需求数量的1.2倍推选人员。从推选报名的反馈来看，第一次和第二次的报名率分别超过了120%和400%。人员迁移策略对包括人员对迁移的抵触、对变革的焦虑、对职业发展的担忧等迁移风险逐一采取了应对措施，西安中心在人员选聘前与地区公司进行有针对性的沟通，帮助各层级参与人员理解共享模式、支持共享变革，扫除了抵触与焦虑情绪。此外，本次试点的选址地西安，地处关中平原城市群核心，周边聚集了中国石油的多种业态单位，经济稳定，生活配套设施完备，对员工产生了不小的吸引力，增加了员工迁移至共享中心工作的意愿。

疑虑三：业务所在单位的人能不能来共享中心？能来。从西安中心的实际情况来看，大部分人员的原业务所在单位的支持程度较高，对人员配备过程中跨单位和跨层级的人员借调均给予了大力支持。项目组制定了缜密的员工选拔输送机制，既确保地区公司不产生大规模的人员流失，也保障西安中心可以打造一支多元化的优秀员工队伍，将共享中心人力资源管理向最优化推进，逐步形成共享中心的核心竞争力。对于有些单位的人员确实紧张、迁移难度较大，无法在短期内进行规模性人员借调和迁移的情况，共享中心采用全国性招聘的方式，调集来自试点中心辐射圈外的优秀财务人员，以此作为补充，实际运行效果良好。

2.6 共享中心建设中的几个难题

2.6.1 共享服务是谁的变革

共享中心的建设不是单方面的转型，仅靠某个部门的推动是无法完成的。中国石油共享中心的建设是三方的共同转型，集团总部、共享中心与客户公司的努力缺一不可，具体而言分为"集团－共享""共享－客户""集团－客户"三个层面。

在"集团－共享"层面，共享中心的战略定位要遵从集团整体的经营战略，它是共享中心整体建设的方向指引。因此，共享中心是否建设、建设的步骤规划、建设的深度都需要站在集团层面进行顶层设计。共享中心的建设实际上代表了集团进行数字化转型的战略信号。

中国石油在建立共享中心时，首先进行顶层设计，整体规划共享中心建设的六大要素。根据顶层设计确定的战略定位，中国石油共享中心以"打造世界一流智能型全球共享服务体系"为愿景，以"为公司、员工、合作伙伴提供优质、高效服务，推动管理转型，为合规经营保驾护航，为集团公司创造价值"为使命。在具体落地中，共享中心根据中国石油党组关于"按先易后难、试点先行的方式加快推进"及"先行开展西安片区试点"的一系列要求开展试点验证工作，从2017年11月起，历经约8个月，完成了试点准备与试运营工作，顺利步入稳定运营期。所以说，共享中心的建设与集团的数字化转型战略密不可分，共享是"集团－共享"层面的共同转型，集团是数字化转型的设计师，共享是数字化转型的先行者。

在"共享－客户"层面，共享中心不仅仅为客户公司提供共享服务，还发挥着助力客户公司实现数字化转型的作用。业务流程的标准化、统一化和专业化是共享中心专业化分工和高效运作的基础，共享中心根据统一的服务目录及业务流程，以标准操作手册为载体，规范业务步骤、流程角色、输入输出等。然而，为了实现业务的标准化，共享中心必须和客户公司一起梳理客户公司的业务流程，研讨最优路径，形成标准方案，并通过系统固化下来。在这个过程中，多个客户公司对同一业务可能有不同的处理方法和习惯，以及不同的表单和系统，共享中心在承接不同公司业务的过程中提高了咨询能力、实施能力和创新能力；客户公司也面临业务流程的重塑和工作习惯的变更，在向共享中心转移业务的过程中，优化了流程，改变了工作中心，提升了决策支持能力。"共享－客户"共同协作，取长补短，互通有无，实现了能力上的相互成就。

在"集团－客户"层面，集团总部进行战略部署，通过共享中心的建设引导推动企业整体的数字化转型。战略部署为整个共享中心的建设明确了方向和实现路径，体现了集团总部在战略变革中的牵引能力、组织能力和实现能力。首先，集团总部确立了整个集团的愿景目标，阐明了共享建设的价值与意义，并在全集团内形成共识。正确、明晰和达成共识的目标，可以鼓舞人心，感召所有人为共同的愿景目标奋斗，发挥集团总部的牵引能力。其次，围绕愿景目标，集团总部根据外部环境、发展阶段和资源条件，通过组织、制度和人员的设计、优化和调整，激活和释放各种要素的正能量，发挥集团总部的推动能力。最后，集团总部汇聚一切力量，将所有资源条件进行有效的整合，带领整个集团克服重重困难达到预设的目标，一切围绕实现目标、达成结果展开行动，发挥集团总部的能力。客户公司作为整个集团战略意图的具体执行单元，是集团战略部署的政策执行者。客户公司在落实集团的战略部署时，将管控需求和业务规则等落实在共享中心的服务中。共享中心的建设是否成功，最终体现在客户公司的发展质量和效益上。

通过共享中心的建设，战略财务、业务财务、共享财务专业分工，高效协同，中国石油打造形成了"三位一体"的管理模式。如图 2-6 所示，集团总部负责战略财务，具体包括：集团战略制定与推进；通过预算、资金、绩效等优化资源配置；为管理层提供决策支持；财务、人力资源管理体系建设。专业公司/地区公司负责业务财务，具体包括：促进集团战略向业务单元推进落实；满足集团财务、人力的管理要求；承担前端业务财务、人力资源管理和控制职能；为战略和共享财务、人力资源管理提供支持。共享中心负责共享财务，具体包括：处理财务、人力资源管理运营性业务；开展专家咨询业务；提供战略、业务财务和人力资源管理所需的数据、方法和工具。

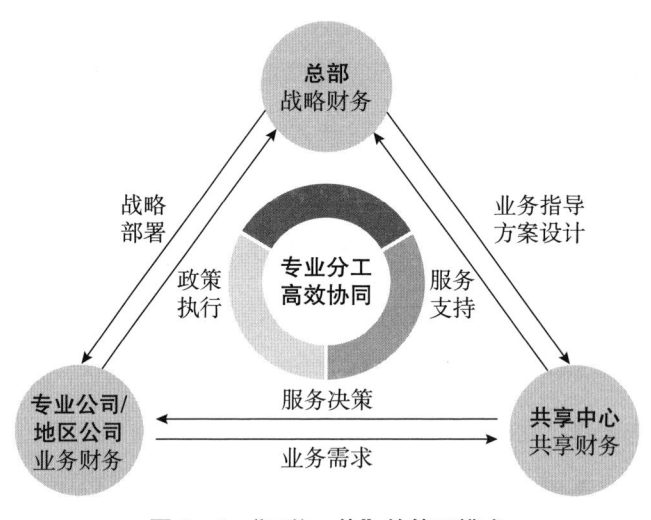

图2-6 "三位一体"的管理模式

在"三位一体"的管理模式中，中国石油的整个共享服务体系的管理职能设在财务部和人力资源部，包括全局性流程优化、简化、标准化，数据及业务标准统一，信息系统建设及实施，业务迁移，运营规范制定等；服务职能设在共享中心，负责服务性业务操作，共享中心作为中国石油二级单位独立运营，由总部各部门进行业务指导。这样的安排，既能发挥总部各部门和共享行政推动的优势，又能明确共享中心提供专业化服务的主体责任。

由于具体业务发生在专业公司/地区公司，中国石油规定，专业公司/地区公司对业务事项的真实性、合规性负责，共享中心对交易处理的准确性、完整性负责。

因此，就中国石油来看，共享服务是集团总部开展顶层设计，共享中心贯彻落实顶层设计，专业公司/地区公司跟进对接的转型模式。只有集团总部、共享中心与专业公司/地区公司三方协同变革，才能促进集团公司整体的数字化转型，不断增强集团公司的竞争力、创新力、控制力、影响力、抗风险能力，助力集团总部建设世界一流综合性国际能源公司战略目标的实现。

2.6.2　讲好共享故事

对许多准备建设或仍未建设共享中心的企业来说，共享服务描绘了一个美好的蓝图，似乎共享中心的建设只需要依照咨询公司制定的方案按部就班地实施就行，从当下走向共享是一件"万事俱备，只欠东风"的事情。

然而事实并非如此。流程优化需要时间，软件开发存在难关，客户接受需要过程，员工培育需要耐心。共享中心建设涉及流程的优化和固化、新系统的开发与应用、专业公司/地区公司思想的转变和员工的技能培训。这些情况都有可能对共享中心的建设进程产生阻碍。如何开始？从哪里开始？对于中国石油这样体量庞大、业务复杂的集团公司而言，共享中心的建设更需要立足实际的创新实施方法。

共享服务是一种对组织管理模式的创新和再造，在"三先三后"推广策略和"三个结合"推广方法的执行中，思想意识的转变是建立共享中心的重中之重。对于共享中心的管理层而言，从总部管理部门来到共享中心，需要完成从"管理"到"服务"的心态转变，因为向客户提供满意的服务才能让共享中心获得存在的基础。对于共享中心的员工而言，大部分员工都是从专业公司/地区公司的财务部门调动而来，一方面，面临着初期对共享的概念并不清晰，甚至不了解共享需要解决的问题的困境；另一方面，由于流程优化、系统开发、客户承接等事务同时进行，面临长期高负荷的工作。对于专业公司/地区公司的财务人员来说，将诸如会计核算、报表编制等工作交由共享中心完成，如同被"抢饭碗"一般。当预期自己的工作可能被替代时，员工自然会产生面临"下岗"危机的惶惑，从而对共享产生抵触心理。同时，许多专业公司/地区公司已经成立多年，人员思想相对保守，对于新兴的转型在思想上会存在抗拒心理。

如何跨越困难，实现共享建设从无到有的突破？"讲好共享故事，传递共享理念，做好共享实践"，中国石油共享中心通过坚守、服务和创新，实现了客户从拒绝共享到拥抱共享的思想转变，也实现了自我价值的提升。

对于共享中心的员工来说，他们在不断学习新的技术与知识，并且投入共享中心的业务。共享中心的每一个进步都是价值创造的过程，员工在这样的过程中不断优化、创新，收获了自我价值和成就感。

共享中心在承接在京的14家科研事业单位的共享建设业务时，面临着时间紧、任务重、人员少、前期无可参考的实施经验的现实挑战。由于科研事业单位的共享实施是中国石油财务共享服务试点和扩大试点的关键节点，如果不能按时切换上线共享系统，将造成共享服务试点和扩大试点项目不能验收，后续共享推广的可行性研究和项目立项无法落地。共享中心的承接团队采用"串行式""集中+分散"的对接方法，白天测试对接，晚上总结分析，周末汇总解决问题，每天工作时间长达13个小时，经常工作到凌晨2点，第二天还要继续开展实施工作，实施团队始终以最饱满的精神状态，迎着每天的朝阳，拥抱共享。21人的共享团队仅用29天，就首次实现了14家单位同一批次集中推广上线共享系统，"披星戴月回宾馆，迎着朝阳去共享"也成了共享中心奋斗的写照。

专业公司/地区公司也在共享中心的推进过程中感受到共享带来的价值变化。以商旅费用报销为例，在共享中心的费用报销系统建立之前，商旅费用报销的流程进度会受到时域的限制。由于报销需要领导的审批，在无法及时签字的情况下，费用报销的流程就会停滞。因而，如果报销流程进展缓慢，差旅垫款在一段时间内需要员工自行承担，对于频繁出差的员工，不仅多笔差旅费的对账工作烦琐，而且会占用一笔资金，给生活带来一定影响。在共享中心建成"石油商旅"系统后，出行的车票、酒店都可以提前在系统中预订，相应的补助会实时发放至员工账户，基本做到了"不垫款，不开票"；同时，各类审批程序也都在线上进行，极大优化了商旅费用报销的体验。

专业公司/地区公司感受到的变化不仅仅有工作效率的提升，还有共享服务助力公司转型的价值。随着共享服务的不断推进，大量重复性的工作转移交付至共享中心，专业公司/地区公司的员工能够"腾出双手"去做更多决策支持工作，为所在企业创造更大的价值。随着共享服务的推进，凭证处理、会计核算、薪酬核算与发放、社会保险服务和企业年金服务等基础性工作交付给最具效率的共享中心，对专业公司/地区公司工作人员最直接的改变是事务性工作逐渐减少，工作内容开始转变，开始从事更贴近业务需要的决策支持工作，例如数据分析、管理报告等。

以中国石油人力资源共享服务中的社保服务为例，共享中心通过不断丰富社保服务的业务内容，减少了专业公司/地区公司人力部门岗位人员的事务性工作量，帮助专业公司/地区公司各级人力部门更加专注于公司的管理决策和战略管控，有力地推进了专业公司/地区公司大部制改革的顺利实施。

西安中心在西安、兰州、银川等地推行退休手续办理、社保办理"全业务、全流程"共享，业务迁移比例达到90%，大幅减少企业社保经办人员的工作量，促进部分销售企业社保岗位实现"兼岗并岗"，企业原岗位实现人员的优化配置。通过实施社保共享，陕西销售公司及西安销售公司已将9个区（县）级统筹提升至市级统筹，业务管理效率提升80%以上，社保岗位由11名的专、兼职人员减至2名；西北销售公司、西北化工销售公司、甘肃销售公司、青海销售公司、宁夏销售公司等销售企业共计核减社保专、兼职岗位20个，有效提高了组织效能。成都中心为四川销售公司提供集约式服务，将分散在各区县的27个参保地统一上收至市级，合并精简账户42个，规范缴费流程64处；同时按月向企业人事处报送参保情况，消除企业管理盲区。四川销售公司大部制改革后，各二级单位原有的21名专职社保人员全部转岗为兼职。吉林业务部将吉林销售公司的社保、企业年金业务全流程纳入共享服务，企业人事处只负责社保、企业年金的决策性工作，事务性工作已全部交由共享中心人员办理，机关社保、企业年金岗位实现并岗，人员减少50%。

以陕西销售公司为例，自2017年成为首批共享服务建设试点单位以来，逐步向共享中心移交了采购报销、资金支付、税务及总账核算、总账报表、收款核算、电子档案等228个财务共享项目和员工调配、岗位变动、职位信息维护、员工薪酬信息维护、薪酬标准维护、社保及个税数据维护、五险一金缴纳业务以及退休手续和年金业务等86项人力共享项目。共享业务的开展，使得陕西销售公司统一了核算政策的执行和解释，合同系统的衔接管控得以完善，提高了公司的合规管理能力；通过发票验真查重，防止虚假发票和重复保障情况发生，业务流程的梳理优化提高了业务的规范性，提升了公司的风险防控水平；提高了数据集成化水平，增强了系统的应用能力；有效提高了业务流程的标准化程度和工作效率。

通过移交和整合基础核算和事务性工作，陕西销售公司的财务队伍得以深入企业的经营管理中，财务的战略管理、财务分析、风险防控和价值管理作用得到了体现。在共享服务的支撑下，陕西销售公司有效推进了管理层级扁平化，按照"大部制、一体化"的改革思路，撤销部分附属机构和组织，公司直附属机构压减30%，各地市公司机关及附属机构压减比例在15%以上；助推人员结构优化，通过精简机构和持续压减用工总量，人工成本和技术服务费持续减少，公司机关组织体系优化调整，职能部门压减至9个，为公司构建一体化业务运营机制、实现各部门深度融合和业务流程精简奠定了基础。财务专业队伍也实现了精简优化，公司财务人员总数相比共享前减少了近40%，公司总部财务部的财务人员相比共享前减少了近30%，中高级职称的人数及比例逐步增加。在具体的工作内容上，陕西销售公司财务人员搭建了7个财务管理模型，建立了省市站的三级对标分析体系，构建了8大类、41个项目指标的纵向一体化阿米巴项目核算体系，实现部门、站库、班组、单项资产的指标分解，建立了批零一体化量效监控模型。

2.6.3 执行力

执行力，是中国石油共享中心在建设过程中面对困难继续前行的力量源泉。共享中心的执行力体现在两个方面：一是有快速迭代的能力，在遇到困难时，快速行动，小步试错，迭代向前，直到得到结果。二是以结果为导向，执行力是以达成目标为导向的，只有在一个让客户认可的时间内达到了预期的交付效果，才可以叫作执行力。没有结果导向的行动，只能算是行动力而不是执行力。而且，在用共享模式做传统业务的过程中，要体现共享模式的可复制性。所以，对于共享中心来说，执行力的结果一定是可复制、可传播的。

共享中心建立之初，面临着诸多困难与未知，由于任务都是之前从未执行过的，也没有以往的经验可以借鉴。在起步阶段，电子会计档案、商旅平台、增值税发票、薪酬集中发放与票据运营五大专项业务是重点攻克对象，在规定的时间内顺利解决流程梳理、系统开发、客户承接等问题，都离不开强大的执行力。

共享中心电子会计档案的建设过程，正是执行力最好的体现。由于规模庞大，中国石油每年在纸质会计档案方面的资源消耗巨大。纸质化的会计档案管理是一项繁重的体力劳动，每天都有大量的会计档案需要打印、整理、装订，不仅工作量极大，对资源的消耗也是巨大的。每年中国石油纸质会计资料用纸共计约 4.3 亿张，形成的会计档案约 60 200 米，这为集团公司带来了较大的成本负担。2015 年，电子会计档案逐步进入企业，财政部与国家档案局联合印发了《会计档案管理办法》，肯定了电子会计档案的法律效力。2016 年，中国石油被列入第一批企业电子文件归档和电子档案管理的试点单位名单，试点内容为"会计核算系统形成电子文件归档全过程试点"。

在这一背景下，2019 年 4 月共享中心启动电子会计档案建设工作，计划在 2019 年 7 月底之前完成集团公司所属 125 家单位的电子会计档案的推广实施工作。4 月 17 日，共享中心按期召开了首批三家公司的电子会计档案上线启动会，随后在盘锦、西安、成都、北京等地继续推广实施。截至 7 月 25 日，共享中心完成了 125 家单位的电子会计档案推广上线工作。截至 2021 年，共享中心已先后完成了集团公司 138 家企业电子会计档案的全覆盖与全集中，实现了电子档案全生命周期的信息化、网络化、智能化一站式管理。如此迅速的降本增效行为离不开共享中心员工强大的执行力。

在纸质会计档案集中管理的建设中，相关工作人员充分发挥了攻坚克难的勇气和创新精神，自创了许多档案管理自动化设备，如图 2-7 所示。例如，各公司邮寄的纸质档案在集中归纳时，往往出现成册高度不统一、测量难度较大的问题，共享中心的员工自主设计了凭证厚度测量仪，同时优化了档案整理流程，引进开发了抖纸仪、打捆机、装订机、打胶机等自动化设备，全面提升了纸质档案的整理、压实、装订、打胶效率，实现纸质会计档案从整理到装订的全流程自动化，大幅提升工作效率。

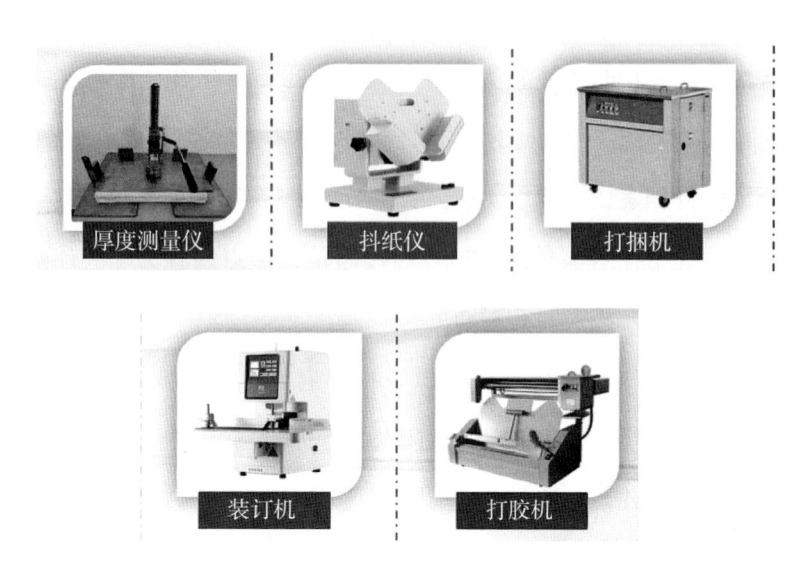

图 2-7　纸质会计档案管理相关的自动化设备

正是有了这种执行力，短短 7 个多月的时间，西南地区的电子会计档案上线单位从 0 发展到 37 家，接收处理了 292 万张单据，制表将近 1 万张，支付业务款项 28 万笔，开发利用了 8 款 51 个机器人，工作效率整体提升 43%，支付业务准确率达到 100%，真正体现了中国石油的执行力。

如此强大的执行力，来源于内驱力、管理者的洞察远见、团队结构的灵活性和中国石油的铁人精神。

第一，内驱力。内驱力是个体在自我交流的过程中产生的，具有驱动效应，并能够给个体以积极的暗示。对于共享中心的员工来说，共享服务的建设环境是非常具有突破性与创造性的，员工在建设过程中的价值创造是内驱力的重要来源。相比较于原先集团内其他公司的财务、人力等部门进行的基础性、重复性的工作，共享中心的工作为员工提供了更多可能性。共享中心的建设过程本身就是一步步创造价值的过程，每一个任务都是全新的挑战，员工在完成这些任务后能够获得较大的成就感，促使其再积极投入下一个业务中，形成良性循环。

第二，管理者的洞察远见。管理者是共享中心业务的"掌舵者"，优秀的管理者能够根据共享中心的定位与员工的特点梳理业务的发展方向。以西安中心为例，在组织所有员工研讨西安中心的文化理念时，西安中心最终将"开放"作为最重要的文化理念。西安中心的员工大多来自西北地区，性格大多较为谨慎。而共享中心作为一个学习型组织以及共享服务的提供方，需要员工具备积极主动沟通的能力。因此，将"开放"作为核心的文化理念，能很好地促进企业文化的聚焦，助力共享业务的推行，也保障了推动共享中心持续优化创新的执行力。

第三，团队结构的灵活性。共享中心创新性地构建了柔性组织，柔性组织中有专职人员以及兼职人员。柔性组织跨越多个职能，灵活组队，以项目、客户为目标进行公关，有效打破分工壁垒，汇聚成员能力，激发创造力。以财务流程标准管理团队为例，该团队运用项目管理方式，对各项流程进行持续的优化、监督、检查和评价，是负责管理跨部门、跨业务单元以及跨地域的"端到端"流程的柔性组织。实际上，由于解决流程问题不仅仅涉及流程管理，还会涉及数据管理、技术开发等综合性的能力，因而，柔性组织跨职能的灵活分工优势得以体现。同时，在员工激励层面，员工的发展晋升包括"一柔一实"两条途径。以财务流程标准管理团队为例，"柔"指在团队内部，可从流程团队成员晋升至财务子流程经理、流程责任人;"实"指在原部门按照正常职级晋升,财务流程标准管理团队将前期考核结果报送人力资源部,评估参与岗位竞聘。多样化的晋升渠道能够消除团队成员发展的局限,大幅提升团队成员的工作积极性与业务执行力。

第四,中国石油的铁人精神。良好的企业文化是企业提高执行力的内在动力,能够从意识层面、组织层面、制度层面与行为层面影响执行力。铁人精神、大庆精神是中国石油始终高举的精神旗帜,其精髓是艰苦奋斗,基本要求是"三老四严"。讲奋斗、讲奉献、讲实干的企业文化氛围,对员工的执行力有实质影响。即使技术的变革日新月异,"爱国、创业、求实、奉献"的大庆精神始终能在一代代石油人中传承,"拼命拿下大油田"的奋斗精神始终感染、鼓舞着每位员工,最终体现在中国石油的员工强大的执行力上。

2.6.4 从"拒绝共享"到"拥抱共享"

共享中心的建设,意味着财务组织的重塑、业务模式的变革,对于每个人都是一种挑战。对于地区公司的财务人员而言,这意味着工作内容的交接和调整;对于地区公司的业务人员而言,在处理业务时需要面对的伙伴从当地财务人员变成了远程的共享中心;对于共享中心的员工而言,需要将传统财务流程迁移到共享流程,流程急需优化,系统尚待开发,自身专业能力面临挑战。

如何攻克共享中心建设中的这些难题?主要依靠以下几个方面。

1. 强大的领导力

中国石油高度重视共享中心建设，工作会议明确提出加快共享建设的要求，深改领导小组听取汇报，进一步明确工作方向，并深度参与到项目方案设计阶段、试点验证阶段以及加速推广阶段。董事长多次对共享工作作出部署，成立了财务共享领导小组，由总会计师亲自挂帅推动，亲自把关关键环节，为顺利高效推进共享中心建设提供坚强领导。

2. 有效沟通

在中国石油党组的坚强领导下，集团将对变革的决心、关心和方向指引充分传达给员工，让员工充分理解共享服务的意义，及其对企业乃至自身的巨大价值。

共享中心的团队首先用诚恳的态度打动客户，积极与客户成员进行沟通。共享中心的团队成员是原有各地区公司的骨干成员，在进入共享中心后，要做到彻底的身份转变和心态转变，从以往管理者的身份转变为现在服务者的身份，以客户为中心，专注客户的服务体验，通过真诚的对话获取客户的支持。当共享团队与客户一起面对困难，帮助客户解决问题的时候，客户就会少一分忧虑，更快地走出抵触情绪。站在客户公司的角度，接受共享服务不仅仅是工作的交接，更重要的是对共享服务的信任。客户直观地感受到共享团队对待工作的认真态度与细致程度，才可以更放心地将自己的业务交付出去。

"你把报表交给我，我把假期还给你"，就是共享中心在业务承接过程中向客户传递的信念。财务报表的编制与上报，是财务流程中的最后一个环节,是企业生产经营成果的最终展现。按照中国石油集团总部的要求,每月的 4 日前需要完成报表的编制、审核、上报和解释工作。而这个时间常常与假期重合。在共享业务的承接过程中,共享中心的承接团队针对每张报表、每个数据来源的取数规则,不断与客户公司的工作人员进行沟通和确认,制作了详尽清晰的编制手册,通过一次次演练和实操、一次次修改和更新、一次次复核和检查,积极配合客户公司进行账务调整,对业务处理提出专业、合规的防范风险建议。客户公司也从一开始对共享中心的承接能力表示怀疑转变为彻底放心。客户公司的财务人员说:"非常明显地感受到共享带来的变化,报表出具的速度越来越快了。"

3. 价值体现

共享中心是在推广中升级的。共享中心的员工不仅是简单地承接客户的业务,更重要的是承接之后需要加班加点推动业务流程的优化。在与客户沟通过程中发现的问题,需要承接团队集思广益、充分研讨之后进行优化并固化在系统中。在承接业务的过程中,要不断发现问题、解决问题,从而提供优质的共享服务,让客户能够切实感受到问题解决过程中效率的提升。建设之初,共享中心的系统每年升级 3～4 版,在不断解决问题的过程中逐步修改趋于完善,这个过程其实也是客户接受变革的过程。共享中心总结道:"共享服务就好像雨天给人送把伞,别人看着像把刺刀,感到恐惧,但只要你让他切实感受到了伞的价值,他一定会欣然接受。"

对于承接的业务,如基础的会计核算、凭证审核等,共享中心能够通过规模服务降低成本、提高效率；对于客户想做却做不到的部分，如业务全流程的线上审批等，共享中心能够通过信息系统的建设与智能技术的应用帮助客户实现；随着建设的不断深化，共享中心可以为客户提供更多的增值服务，做客户没想到的事，为客户挖掘需求。客户从共享服务中获益，自然就减少了抵触。

4. 高效的人员管理

面对共享建设过程中的人员转型，中国石油也有针对性地做出了安排，制定了财务人员的分流规划，基层财务人员向财务管理方面转型，或者转到公司内其他缺员部门。伴随着共享中心业务内容的多元化，共享中心员工的专业知识与学习能力不断得到积累。在职业发展规划上，共享中心设计并建立了专业与管理双序列的晋升机制，同时，在公司人力部门的协同下，共享中心人员在共享中心内部或集团总部、地区公司之间轮岗，实现了多通道发展和个人成长。

共享中心通过对流程的优化与创新，提高了工作效率和质量，为客户提供了高品质的服务，不仅增加了自身的成就感，而且携手客户从"拒绝共享"转变为"拥抱共享"。

第 3 章

流程先行：
从职能思维到共享思维

共享中心在共享服务建设中遇到的最直接的问题就是不同单位的业务流程存在差异，甚至部分单位原有的流程存在不合理、不合规的情况，这就直接导致不同单位的会计核算也存在差异。对不同单位的业务流程进行再造以及持续优化，并基于流程再造推动标准的不断统一，是共享服务能够顺利实现的基础，因此流程成为共享中心的"双轮驱动"之一。

3.1 流程再造中的设计思维

3.1.1 流程与流程再造

1. 流程的概念

国际标准化组织（ISO）将流程（process）定义为"流程是一组将输入转化为输出的相互关联或相互作用的过程"。这个定义清楚地界定了流程的三个要素：输入、过程和输出。简单点说，流程规定的是"做事的方法、过程和目标"，即做一件事情需要有哪些前期的准备工作（输入）、事情的处理环节是怎样的（过程），以及会产生怎样的预期结果

（输出）。

输入是流程的前置环节，是启动流程之前需要提前完成的准备工作。要确保流程有效运作，就必须有符合流程要求的输入。不同的流程对于输入的要求是不相同的，比如提交某项申请需要准备相应的申请材料、生产某个产品需要准备相应的原材料等。

过程是指流程从发起到结束所经历的处理活动。处理活动可以由一个环节或多个环节组成，通常这些环节是被预设好的。这些环节之间存在着相互的依赖关系或先后顺序。每个环节的工作内容、资源投入、处理时效、衡量指标等都已经被定义清楚，每个环节都会有与环节相关的输入和输出。例如，某个决策流程会按照预设的人员或岗位进行流转从而完成审批决策过程，生产线上的产品生产流程会按照产品生产或装配的顺序组织生产过程。

输出是指实施流程的最终产出。输出是流程的目标，也就是说实施某一流程究竟要达到什么目的。例如决策流程的输出就是决策结果，生产流程的输出就是符合质量标准的产品。

生活中处处都有流程。到饭店吃饭，排队叫号、点菜、上菜、结账就是一个完整的流程；上班坐地铁，要经过安检、刷卡进站、候车、乘车、刷卡出站的流程。在工作中流程就更多了：OA系统中的请假、出差、报销、申购都是流程；企业资源计划（ERP）中的入库、领料等也是流程；销售人员拜访客户有流程、开发人员编写代码有流程、人员招聘有流程，就连保洁打扫卫生这看似很简单的事情也有流程。毫不夸张地说，流程无处不在。

2. 流程再造

虽然企业内部流程无处不在，但是流程的设计也存在显著的差异，有合理的流程，也有不合理的流程。那什么样的流程是合理的呢？一个设计合理的流程应该是有效和高效的。所谓有效，就是按这个方法和步骤去做事，肯定有效果，能达成目标；所谓高效，就是做事快，效率高。如果企业的流程不合理，就需要通过流程再造来提升流程质量。

流程再造（business process reengineering，BPR）是指为了改善成本、质量、服务、交付速度等企业的运营指标，必须对企业的流程进行根本性的重新思考并彻底改革，通过重新设计和安排企业的整个生产、服务和经营过程，使企业更适应未来的生存发展空间，获得相对于竞争对手的竞争优势。以全球最大的信息技术和业务解决方案公司 IBM 为例，20世纪 80 年代中期，IBM 的个人电脑业务占据了 80% 的市场，1984 年公司实现净利润 65.8 亿美元，净利率高达 14%。然而，由于 IBM 拒绝使用英特尔公司开发的 386CPU 芯片，公司开始被其他竞争者超越，不断丧失自己的市场份额。到 1992 年，IBM 的亏损高达 49.7 亿美元，1993 年公司进一步亏损 83.7 亿美元，公司的持续亏损导致首席执行官（CEO）被迫辞职，由郭士纳接任董事长兼 CEO。郭士纳一上任就在 IBM 实行流程再造，关注公司的短期运营、战略强化及客户需求，大刀阔斧地帮助 IBM 实现转型。经过近 1 年的流程再造，公司发生了惊人的变化：采购订单的处理时间从 1 个月缩短到了 1 天；签订合同需要的时间从 6～12 个月缩短到了 1 个月；平均合同长度从 40 页减少到 6 页；员工内部满意度从 40% 提升到 85% 以上。到 1996 年，公司营业收入达到了 770 亿美元，净利润 60 亿美元。IBM 的逆风翻盘并不是奇迹，大量的案例已经证明流程再造可以提高公司的运营效率与业绩。

流程再造的主要步骤包括：

（1）对原有流程进行全面分析，以发现其存在的问题；

（2）设计新的流程优化方案，并进行评估；

（3）制定与流程优化方案相配套的组织结构、人力资源配置和业务规范等方面的优化规划，形成系统的流程再造方案；

（4）组织流程再造实施与持续优化。

3. 共享的过程就是流程再造的过程

共享的目的就是改变传统的由各个业务单位独立承担的会计核算、人力资源管理等职能，由共享中心统一来提供会计核算、人力资源管理等职能服务。由于不同单位的会计核算、人力资源管理的流程存在很大差异，共享中心在实现业务共享的过程中，需要对各个单位的会计核算、人力资源管理等职能进行尽可能的标准化，这就需要对这些职能流程进行梳理，发现流程中存在的问题并进行调整与优化。因此，共享的过程并不是简单地将原来分散于各个业务单位的职能集中到共享中心，而是需要对原有的流程进行再造，以尽可能实现不同单位流程的标准化。因此，共享过程本质上就是流程再造的过程。

3.1.2　流程设计原则：职能思维与流程思维

流程再造要求发现原有流程的问题，并设计新的流程。一般而言，在流程设计的过程中存在职能思维与流程思维两种类型，并且这两种类型的流程设计会对流程质量产生根本性影响。

1. 职能思维

在职能思维的流程设计中，流程设计者的视野往往是局部化的，通常将流程局限在某个特定范围内，既可以是某个具体的职能部门，也可以是集团内部某个特定主体。

（1）局限于职能部门内部的流程设计。

局限于职能部门内部的流程设计，是指将职能部门内的工作划分为一个或多个流程，但是并不考虑本部门的工作与公司内其他部门业务工作的衔接。在职能思维的流程设计导向下，企业各个职能部门之间的目标不一致、缺乏沟通与协同，由此造成不同职能部门之间的壁垒较高，互相不了解对方的业务活动，从组织整体来看这是低效甚至是不合规的流程。因此，局限在职能部门内部的用职能思维设计的流程又称"段到段"流程。

以公司的差旅报销流程设计为例，在职能思维中，各个部门负责设计本部门的流程。业务部门的差旅报销流程主要涉及部门内的出差审批和差旅费用标准的审核，而财务部门则会负责票据的合规性审核、记账以及报销资金支付等流程。在职能化的流程设计中，业务部门无需了解财务部门的流程，财务部门也无需了解业务部门的相关流程，每个部门的流程发起点和终结点都在本部门，这就导致很多业务部门的报销票据不符合财务部门的规范要求，从而出现企业里常见的"报销难"现象，激化业财矛盾。

(2) 局限于集团内部特定主体的流程设计。

流程设计局限于集团内部特定主体，是指集团内部不同主体间的业务流程没有打通。与职能部门一样，每个主体在设计业务流程时，也是从该主体内部流程出发，缺乏与上下游企业之间的沟通与交流，由此造成主体与上下游企业之间互相不了解对方的内部流程，形成了所谓的"背靠背"流程。从整个集团的角度而言，"背靠背"流程大大降低了内部效率。例如，中国石油内部有油田板块、炼化板块和销售板块，从逻辑上，油田开采的原油销售给炼化企业进行炼化，再销售给销售公司进行销售，从原油开采到成品油销售应该有一个完整的业务流程，然而现有的流程由于板块主体的划分被人为割裂了。

2. 流程思维

与职能思维不同，流程思维是指在设计流程时从业务流程的起点到终点进行"端到端"的流程设计。流程思维要求流程必须是"端到端"的。对于一个企业而言，"端到端"就是从客户需求（流程发起点）到交付甚至是客户满意度评价（流程终结点）。图 3-1 是一个典型的"端到端"流程概念图。不管这个流程涉及多少部门、多少角色，都是一个完整的流程，流程中涉及的每个部门和角色都为了共同的目标协同合作。

同样以公司的差旅报销流程设计为例，业务部门的差旅审批或者财务部门的账务处理与资金支付都算不上"端到端"的流程。只有从业务部门提出出差申请开始，直到出差发生的费用结算为止，这样的过程才是完整的"端到端"流程。图 3-2 是差旅报销流程的"端到端"流程设计。

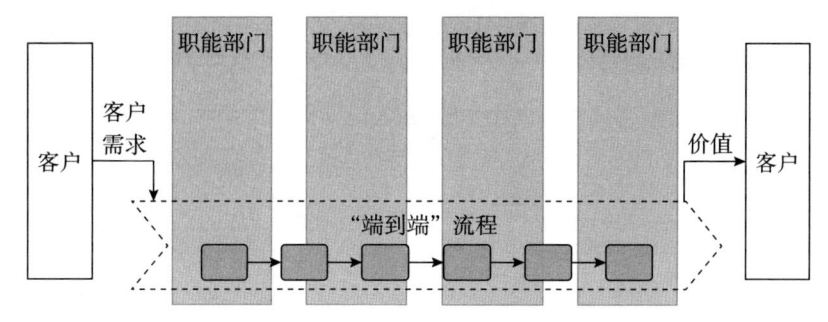

图 3-1 "端到端"流程概念图

图 3-2 "端到端"流程设计：差旅报销流程

再如，在薪酬支付的流程中，起点是薪酬计算，然后到财务记账以及薪酬支付。共享中心通过打通人力资源（HR）系统、财务管理信息系统（FMIS）、司库系统以及 ERP 系统中的财务会计（FI）以及控制（CO）模块间的会计核算和资金支付信息传输通道（见图 3-3），连通工资计提与发放业务流程，推动薪酬业务从人力到财务再到银行的全流程自动处理，减少人为参与，强化资金管控。

图 3-3 薪酬一体化的"端到端"流程设计

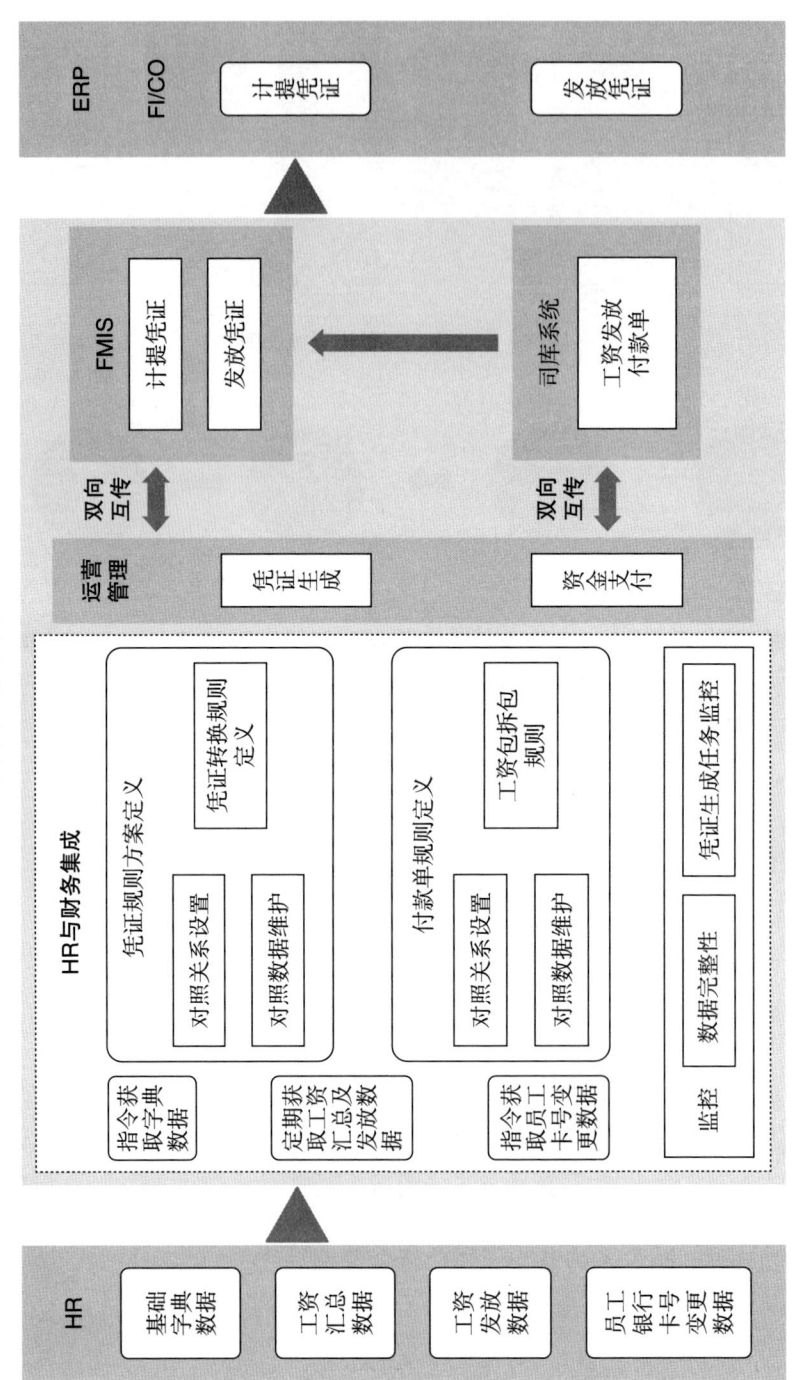

按照流程思维设计的"端到端"流程与按照职能思维设计的"段到段"或者"背靠背"等非"端到端"流程的差异主要体现在：

（1）"端到端"流程以客户价值为导向，而非"端到端"流程以管控任务为导向。

"端到端"流程关注流程最终为客户创造的价值，基于流程的价值和目的去定义流程环节与要求。而非"端到端"流程关注如何完成业务流程操作，输出的价值通常是为了满足内部管控要求，并非客户的真正需求。

（2）"端到端"流程横向拉通，非"端到端"流程分散割裂。

"端到端"流程涵盖从需求到需求得到满足的全价值链，各环节可实现首尾相连、全程贯通。非"端到端"流程通常以部门为导向，流程之间存在大量缺失、割裂、冲突，导致整体绩效表现不佳。

（3）"端到端"流程全局最优，非"端到端"流程局部最优。

基于"端到端"流程设计的绩效目标，可实现全局最优，而非"端到端"流程通常单独设计流程绩效目标，导致绩效之间不集成、不一致，最终只能做到局部最优。此外，按流程思维设计的流程更容易形成企业层面的一体化流程标准，并且有利于流程的持续优化。按职能思维设计的流程最后会沉淀为部门制度，无法上升为公司层面的制度，因此在流程优化时，不同部门的流程优化程度和步骤是不一致的，这会进一步导致不同部门之间的流程差异。按照流程思维来设计流程，可以形成企业层面一体化的的流程标准，且在流程优化时基于原先的流程与流程标准来进行，可以保证所有部门在流程优化中仍然保持统一步调。

相比于职能思维的流程设计，基于流程思维的"端到端"流程设计的价值体现在：

（1）建立战略与运营的对接关系，驱动战略落地。

为企业创造价值的是"端到端"流程，而不是企业中的部门或流程碎片。因此，企业应建立"端到端"流程，改变企业战略目标向部门分解的错误方法，将战略目标分解至"端到端"流程，将战略目标转化为流程目标，从而使战略落实至具体的业务中。

（2）增进跨部门协同。

跨部门协同是企业管理中最令人头疼的事，建立"端到端"流程后，设定"端到端"流程责任人，并赋予其职责和权利，辅助相应的考核机制，使各部门具备统一的资源协调者和统一的业务目标，从而增进跨部门的协同。

（3）提升企业运作效率。

"端到端"流程管理有助于提升流程设计的合理性以及流程执行的准确率，从而提升企业的运作效率，减少企业运行过程中的波动性。

很明显，以流程思维进行流程设计显著优于职能思维，因此在进行流程再造的过程中，应以流程思维来重新设计流程，通过"端到端"的流程设计，打造标准、合规、协同、高效的业务流程。

3.1.3 中国石油"端到端"的流程再造

共享中心全面梳理中国石油"端到端"的业务流程，形成覆盖采购至付款、销售至收款、总账至报表三大业务条线的中国石油"端到端"流程框架（见图3-4）。

采购至付款流程是指从采购寻源开始一直到付款的采购业务的"端到端"流程，销售至收款流程是指从定价到收款结算的"端到端"流程，总账至报表流程是指从总账业务到出具各类会计报表的"端到端"流程。以中国石油一级流程采购至付款流程为例，从图3-4中可以看到，采购至付款流程共包含9个二级流程、27个三级流程。其中，9个二级流程分别为寻源、采购订单管理、收货、应付核算、付款、应付关账、发票服务、供应商管理与主数据管理。

如果按照职能思维的流程设计思路，如图3-2所示的"端到端"流程设计图就不可能被梳理出来。按照职能思维设计的流程是对原有的流程进行优化，但是并不会形成"端到端"的流程。而在如图3-4所示的"端到端"流程框架下，流程再造并不是简单地对某一个具体流程进行优化，因为所有的二级流程之间都有关联，需要从整个"端到端"的流程来思考系统提升的方式与方法。

共享中心"端到端"的流程设计还体现了以下设计思路。

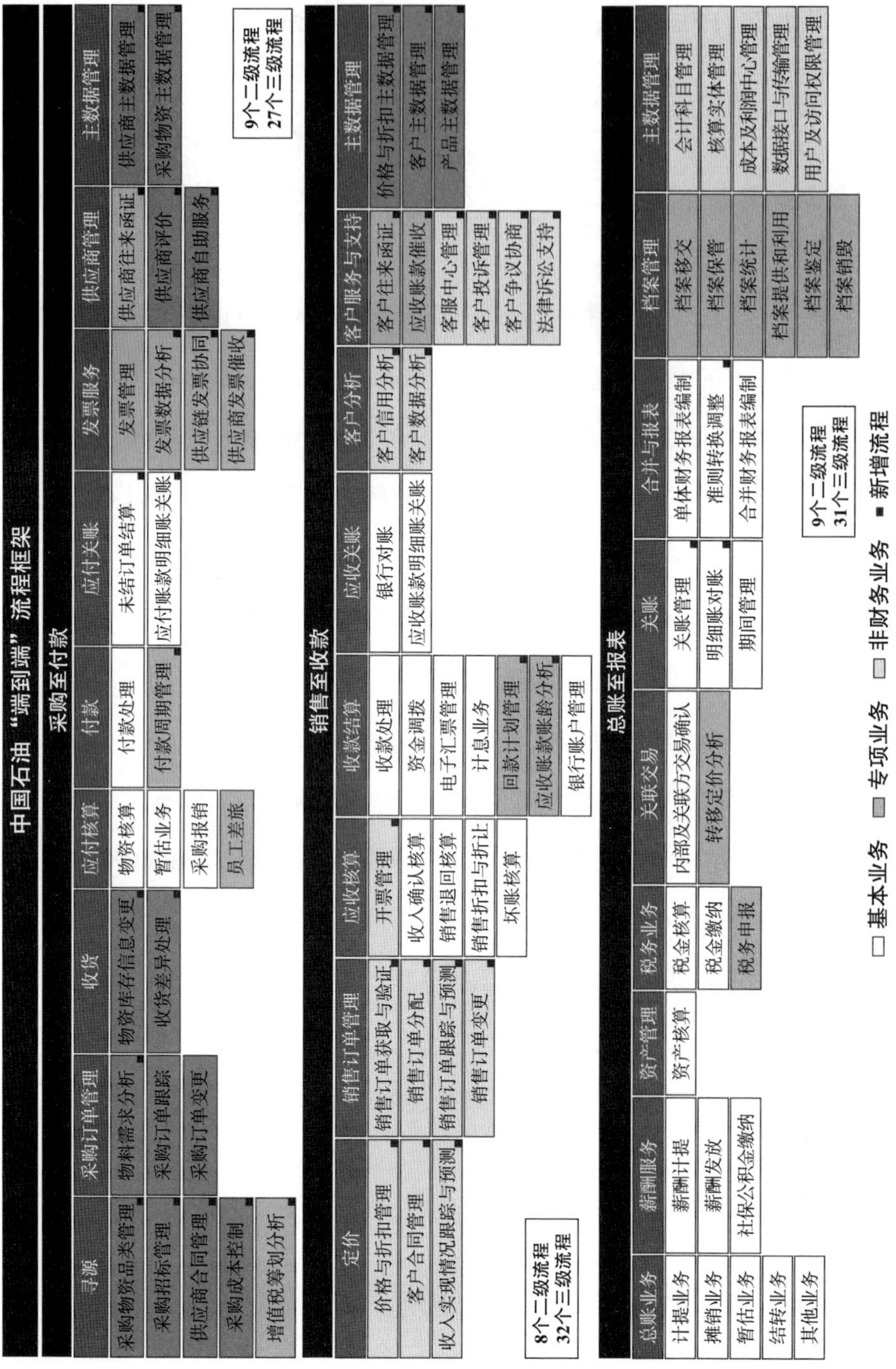

中国石油"端到端"流程框架

采购至付款

寻源	采购订单管理	收货	应付核算	付款	应付关账	发票服务	供应商管理	主数据管理
采购物资采管理	采购订单需求分析	物料库存信息变更	物资核算	付款处理	未结订单结算	发票管理	供应商往来函证	供应商主数据管理
采购招标管理	采购订单跟踪	收货差异处理	暂估业务	付款周期管理	应付账款明细账关账	发票数据分析	供应商评价	采购物资主数据管理
供应商合同管理	采购订单变更		采购报销			供应链发票协同	供应商自助服务	
采购成本控制			员工差旅			供应商发票催收		
增值税筹划分析								

9个二级流程 27个三级流程

销售至收款

定价	销售订单管理	应收核算	销售结算	收款	应收关账	客户分析	客户服务与支持	主数据管理
价格与折扣管理	销售订单获取与验证	开票管理	收款处理		银行对账	客户信用分析	客户往来函证	价格与折扣加主数据管理
客户合同管理	销售订单分配	收入确认核算	资金调拨		应付账款明细账关账	客户数据分析	应收账款催收	客户主数据管理
收入实现情况跟踪与预测	销售订单跟踪与预测	销售退回核算	电子汇票管理				客服中心管理	产品主数据管理
	销售订单变更	销售折扣与折让	计息业务				客户投诉管理	
		坏账核算	回款计划管理				客户争议协商	
			应收账款账龄分析				法律诉讼支持	
			银行账户管理					

8个二级流程 32个三级流程

总账至报表

总账业务	薪酬服务	资产管理	税务业务	关联交易	关账管理	合并与报表	档案管理	主数据管理
计提业务	薪酬计提	资产核算	税金核算	内部及关联方交易确认	关账管理	单体财务报表编制	档案移交	会计科目管理
摊销业务	薪酬发放		税金缴纳	转移定价分析	明细账对账	准则转换报表调整	档案保管	核算实体管理
暂估业务	社保公积金缴纳		税务申报		期间管理	合并财务报表编制	档案统计	成本及利润中心管理
结转业务							档案提供利用	数据接口与传输管理
其他业务							档案鉴定	用户及访问权限管理
							档案销毁	

9个二级流程 31个三级流程

□ 基本业务　■ 专项业务　□ 非财务业务　■ 新增流程

图3-4　中国石油"端到端"流程框架

1. 推动标准与统一

流程标准化设计强调：规范流程各环节的操作步骤、明确业财职责、强化审核标准等。规范操作步骤就是在兼顾业务差异性的基础上，设计不同板块可以共用的一套通用步骤。明确业财职责，就是要明确地区公司和共享中心的职责，消除职责不清、职责重复及职责缺失等情况。强化审核标准，就是要强化流程审核点，同时最大限度地统一不同板块下同一类业务的审核要点。

2. 实施精益管理，提升流程效率

流程精益化设计强调：消除流程冗余环节，优化简化流程，提高交易处理效率。企业需要识别出过度控制、非必要处理、重复录入和审核的流程步骤，去除非必要的审核和重复录入环节，以达到压缩流程步骤间的衔接用时、降本增效、平衡成本效益关系的精益优化目的。

3. 挖掘流程自动化机会

流程自动化设计强调：将能够在线上处理的流程业务尽量实现线上化、自动化执行。因此，在流程再造设计环节，企业应充分考虑每一个流程步骤的实现方式以及操作步骤间衔接是否存在进一步自动化的优化机会，着力引入共享运营领域最新的技术应用，提高流程自动化覆盖范围，尽量减少人工及线下操作。

4. 强化流程风险管控

流程强内控设计强调：固化管控规则，强化风险控制。在对标集团

管理规范的基础上，固化财务操作流程的关键控制点，明确控制措施、控制责任部门、控制频率等事项，设置流程不相容的职责控制、审核与对账控制、系统权限控制等核心控制点，最终形成一套关键控制流程化、控制措施系统化、复核机制合理化的共享流程。

5. 兼顾业务流程落地

流程易落地设计强调：要兼顾集团各业务板块的实际需求，并适当考虑个性化需求，减少对现有业务不必要的影响，确保新流程能实际落地，并有利于后期项目推广。特别是在流程试点时，要结合区域实际业务情况、人员情况、系统应用以及实际运营场所情况，对原设计方案进行微调，确保流程设计方案更接地气、可实施性更高。

3.1.4　流程再造的本质：组织变革

从表面或者执行层面来看，流程再造就是将流程设计思维从"背靠背"或者"段到段"的职能思维转变为"端到端"的流程思维。然而，从职能思维向流程思维的转变并不是简单的流程设计原则的变化，其本质上是一种组织变革。组织变革是指运用行为科学和相关管理方法，对组织的权力结构、组织规模、沟通渠道、角色设定，组织与其他组织之间的关系，以及组织成员的观念、态度和行为，成员之间的合作精神等进行有目的的、系统的调整和革新，以适应组织所处的内外环境、技术特征和组织任务等方面的变化，提高组织效能。如果没有相应的组织变革，那么流程再造不可能获得成功。虽然已经有不少企业通过流程再造获得了成功，但是据统计70%的流程再造项目在5年后归于失败。流程再造失败的最重要原因就是企业并没有将流程再造看作一个企业层面的组织变革，因此缺乏自上而下的统一领导来推动组织变革以适应流程再造。

流程再造要求流程设计的思维从职能思维转变为流程思维。然而，如果企业的组织结构是典型的职能式组织结构，那么基于职能思维的流程设计恰恰与职能式的组织结构相适应，而基于流程思维的流程设计则与职能式的组织结构格格不入。基于流程思维的流程设计要求打破部门间的职能边界，以流程将不同的部门聚拢在统一的目标之下。因此如果一个拥有职能式组织结构的企业基于流程思维进行流程再造，必将打破原先设定的职能边界与利益格局，甚至某些职能部门在流程再造的过程中会消失或者与其他部门合并，因此流程再造必然会遭到各个部门的强烈抵制，此时如果没有"一把手"自上而下的推动，并通过培训等方式来实现组织内不同层级、不同部门对流程再造的认同，那么流程再造肯定不可能成功。流程再造并不是一个简单的流程梳理和优化的过程，而是一个组织变革的过程。

共享中心在流程再造的过程中应严格遵守"三要三不"的原则，要按照国际先进共享标准优化业务流程、优化部门职责、优化组织结构，在流程再造中做到不迁就、不凑和、不妥协。"三要三不"的原则给共享中心的流程再造工作提出了明确的要求与标准，也明确了流程再造需要组织结构优化等组织变革的适配，为共享中心基于流程思维的"端到端"流程再造奠定基础。

3.2 流程优化的方法论

在"端到端"流程再造的过程中,共享中心形成了一套独特完整的流程优化的方法论,不仅明确了流程优化的方向、总结了流程优化的模型框架,还形成了一套完整的流程优化的闭环管理体系。

3.2.1 流程优化的方向

在决定流程优化的时候,有一个重要的问题,就是流程优化的目的或者方向是什么。这个问题的答案会直接影响流程优化所采用的方式。共享中心将流程优化按照优化方向分为两类,分别是面向支持经营管理决策的再造流程与面向提升业务质量效率的再造流程,并针对不同的优化方向采用不同的方式来实现相关流程的优化。

1. 面向支持经营管理决策的再造流程

该类流程的优化方向是:将现有流程向业务前端延伸,打通上下游业务与财务系统,建立标准数据传输通道,将预算、内控和制度规则嵌入系统各环节,有效防范经营风险,推动公司合规经营和精细化管理。共享中心可通过流程优化赋能经营管理。通过供应链协同实现物流、信息流与资金流的"三流合一",以及优化合同履约流程,将合同履约贯穿费用报销、业务审批、资金支付全流程,筑牢企业风险防控系统是面向支持经营管理决策的再造流程的两个典型。

（1）通过供应链协同实现"三流合一"。

信息流是业务经营过程的信息化体现，借助信息化技术的发展，大量的业务被线上化记录，信息流的准确及完善成为企业信息化经营的核心。物流是经营环节中实物流转的过程，伴随着物联网设备、数字孪生技术的发展，实物流转信息变得更为及时和准确，其与信息流的真正同步变得可能。资金流是企业经营过程中形成的财务价值变动过程，包括应收、应付、成本、资金流入流出等财务价值流信息。图 3-5 清晰展示了供应链系统通过打通上下游企业的 ERP 系统，实现了出库、入库等物流，合同、订单、发票等形成的信息流以及预付、结算等资金流的"三流合一"。

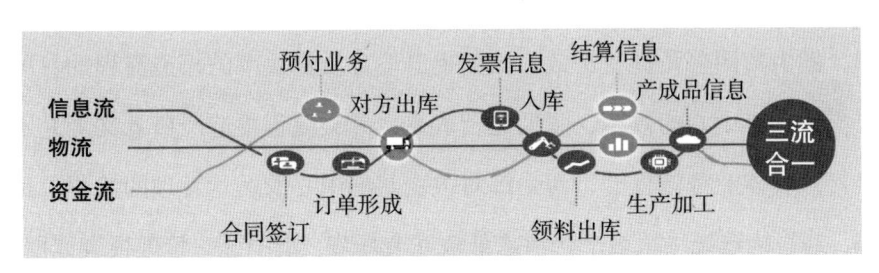

图 3-5 三流合一

（2）优化合同履约流程。

图 3-6 是共享中心优化的合同履约流程。该流程的优化采用"端到端"的流程设计思路，在流程优化中将 ERP 系统、合同系统和共享平台的流程都整合起来，将合同履约与履约申报、付款审批与资金支付等流程整合，从而实现了业务在合同履约流程中的一次操作，可使数据在 ERP 系统、合同系统与共享平台中共享，通过流程的优化有效实现了对合同履约流程的实时监控。

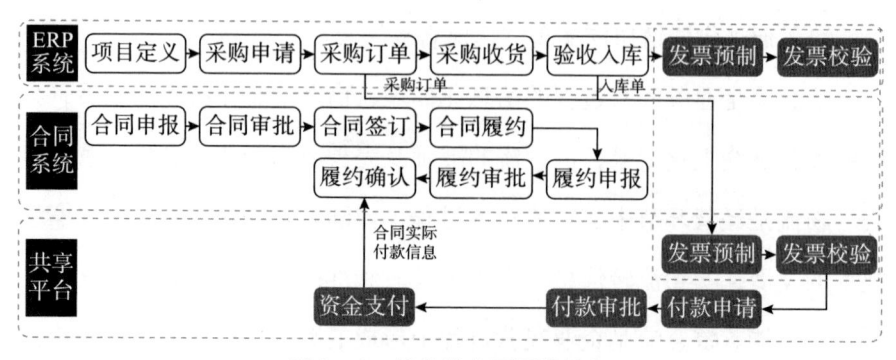

图 3-6 优化的合同履约流程

2. 面向提升业务质量效率的再造流程

该类流程的优化方向是：构建共享模式的财务运营管理平台，优化整合系统功能，统一业务处理流程，推动跨地域、跨系统的业务流程贯通，助力集团公司提质增效。面向提升业务质量效率的再造流程的目的是提升共享中心的效率、降低运营成本，此类流程再造严格意义上并不是针对具体业务流程的，而是针对改变共享中心的运营管理的流程。例如，通过构建统一报表平台消除低效冗余环节，集中统一管理报表数据，为股份公司月报提前奠定系统基础；通过构建统一交易平台自动识别、控制、匹配、记录各类内部交易信息，实现集团内部交易全过程动态管控；通过构建财务共享调度中心实现业财任务融合驱动、自动调用与实时交互，有力支撑各层级财务报告提质增效。

3.2.2　流程优化的模型框架

共享中心在流程优化时充分运用 SIPOC 模型，形成基于 SIPOC 模型的流程梳理方法论以指导流程优化工作（见图3-7）。

Supplier 信息提供与配合者	**I**nput 信息输入	**P**rocess 流程步骤	**O**utput 流程输出	**C**ustomer 流程成果使用者
●为流程提供关键信息、材料或其他资源的组织或个人	●流程所需的关键资源、信息或规则	●具体的流程操作步骤，例如，提交表单、编制凭证、审核凭证等	●流程输出的成果即产品，例如，经过验证的发票、经过审核的会计凭证等	●接受或使用输出成果的个人、组织或流程

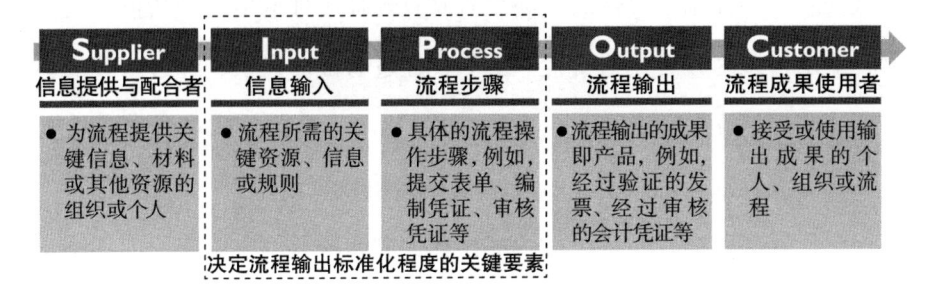

决定流程输出标准化程度的关键要素

图3-7 共享中心基于SIPOC模型的流程梳理方法论

1. SIPOC 模型

SIPOC模型是管理大师戴明提出来的组织系统模型，常用于流程管理和优化。SIPOC模型包括信息提供与配合者（supplier）、信息输入（input）、流程步骤（process）、流程输出（output）以及流程成果使用者（customer）五个维度。

（1）信息提供与配合者：为流程提供关键信息、材料或其他资源的组织或个人。之所以强调"关键"，是因为一个公司的许多流程都可能会有为数众多的信息提供者，但对价值创造起重要作用的只有那些提供关键信息的信息提供者。

（2）信息输入：信息提供与配合者提供的流程所需的关键资源、信息或规则。SIPOC模型通常对输入有明确要求。例如输入的某种材料必须满足的标准，输入的某种信息必须具备的要素等。

（3）流程步骤：使输入发生变化成为输出的具体的流程操作步骤。例如，提交表单、编制凭证、审核凭证等。

（4）流程输出：流程输出的成果即产品。SIPOC模型通常对输出也有明确要求，例如产品标准或服务标准。输出可能是多样的，但分析核心流程时必须强调主要输出，甚至有时只选择一种输出，判断依据就是哪种输出可以为顾客创造价值。例如，经过验证的发票、经过审核的会计凭证等都是流程输出。

（5）流程成果使用者：接受或使用输出成果的个人、组织或流程，不仅包括外部顾客，而且包括内部顾客，例如材料供应流程的内部顾客就是生产部门，生产部门的内部顾客就是营销部门。对于一个具体的组织的各个部门而言，外部顾客往往是相同的。

2. SIPOC 模型的优点

SIPOC 模型作为一种思想方法，对于一个组织来讲，重要的指导意义就在于，它将过去一直被人们当作组织以外的部分，即客户和供应商，与组织主体部分放在一起，作为一个整体来研究。具体而言，SIPOC 模型在组织进行流程优化的过程中具有以下优点：

（1）能展示出一组跨越职能部门界限的活动。

SIPOC 模型中的信息提供与配合者以及流程成果使用者这两个角色既可以存在于同一个部门内部，也可以不在同一个部门，也就是说 SIPOC 模型既适用于基于职能思维的流程设计，也适用于基于流程思维的流程设计，这取决于流程设计原则。如果组织的流程设计基于流程思维，那么利用 SIPOC 模型就能够清晰展示企业内部不同部门在某业务流程中各自的信息输入、输出以及相应的活动。基于 SIPOC 模型的这个优点，共享中心成功地运用 SIPOC 模型设计了图 3-1 所示的"端到端"流程概念图，实现了将流程优化从局部优化转变为系统提升。

（2）有利于评估同一流程在不同单位的标准化差异。

SIPOC 模型要求明确信息提供与配合者、信息输入、流程步骤、流程输出与流程成果使用者之间的信息流转过程，因此，利用 SIPOC 模型梳理业务流程有助于评估同一流程是否在各服务单位按照标准化方案落地。事实上，同一业务流程在落地过程中可能存在流程操作步骤不一致、操作角色不一致、核算规则不一致等情况。

例如，中国石油共享中心在推动核算规则标准化时发现集团内部不同单位同一业务事项存在核算规则不一致的情况，共享人员需要根据各个单位的个性化要求编写会计分录，这在一定程度上影响了业务的标准化推广。以房产税计提为例，在中国石油的会计手册中仅说明了房产税在一级科目"税金及附加（科目编码6405）"下核算，但该科目包括三个二级科目，分别是主营业务税金及附加（科目编码64050100）、其他业务税金及附加（科目编码64050200）以及其他（科目编码64050900），对于各单位具体如何核算并未进行详细规定，这就导致不同单位，甚至同一单位内部不同分公司之间也会存在会计科目使用的差异。在吉林油田，新目采油厂将房产税记到其他科目，而扶余采油厂将房产税记到其他业务税金及附加科目。会计记账的差异导致不同单位的会计信息不可比，大大影响了会计信息在企业内部管理中的作用。

3.2.3　流程优化的闭环管理体系

如3.1.4节所述，流程再造的本质是组织变革，仅有流程优化而没有组织变革无法保证流程优化的效果。共享中心在中国石油"端到端"

流程框架的构建过程中，认识到流程优化的背后是组织变革。因此，共享中心自上而下高度重视流程管理工作，应用 PDCA 循环构建了一套完整的闭环管理体系以保证流程优化的效果。中国石油共享中心流程优化的闭环管理体系见图 3-8。应用 PDCA 循环的目的是提升管理质量，将相关管理活动分为四个阶段，即计划（plan）、执行（do）、检查（check）和处理（act）。在管理活动中，组织要对各项工作作出计划、实施计划、检查实施效果，然后将成功实施的工作纳入标准，未成功实施的工作留待下一循环去解决。这一工作方法是企业管理各项工作的一般规律。

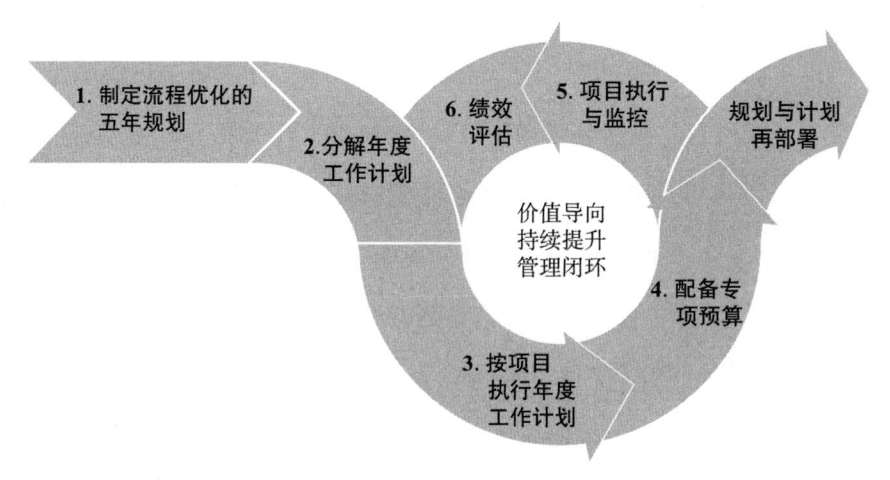

图 3-8 流程优化的闭环管理体系

共享中心以价值创造为导向，以流程的持续优化为目标，科学梳理持续提升举措，明确各项持续提升举措的里程碑目标和预期收益，并将其纳入规划、年度工作计划、财务预算、绩效考核的闭环，配备费用化或资本化的专项预算，对进度和预期收益实现情况进行过程监控，并最终落实到考核。该闭环管理体系包括六个步骤，分别是：制定流程优化的五年规划、分解年度工作计划、按项目执行年度工作计划、配备专项预算、项目执行与监控以及绩效评估。

3.3 流程的承载：标准化和系统化

经过优化、再造的流程需要通过一定的方式沉淀和固化。中国石油共享中心通过构建一系列标准体系和对信息系统的建设来实现对流程的承载。

3.3.1 规范统一的流程标准体系

中国石油共享中心通过统一标准体系、统一科目体系、统一表单体系、统一人力资源标准化业务模板构建了规范统一的流程标准体系，以确保经过优化的流程得以积累与沉淀，通过形成相应的制度、文件等载体让中国石油全体人员都能够学习和了解公司的相关流程。

1. 统一标准体系

共享中心对流程管理进行了系统梳理，形成了包括流程框架、流程内容、服务目录以及反馈机制在内的流程标准体系。

（1）流程框架。

共享中心将中国石油共享业务的流程框架划分为三个管理层级、六个流程管理层级，该流程框架既适用于财务共享业务流程，也适用于人力资源共享业务流程。中国石油共享业务的流程框架见图3-9。

图3-9　中国石油共享业务的流程框架

战略管理：用于流程体系管理。对于财务流程体系，由集团总会计师直接领导，按照中国石油"1359"的财务运行管控体系工作要求制定中国石油财务共享业务战略，作为共享服务一级流程。对于人力资源流程体系，人力资源共享认真贯彻集团党组关于共享服务体系建设的总体部署和要求，落实集团人力资源部总体工作部署，围绕"十四五"人力资源共享规划，制定中国石油人力资源共享业务战略，作为共享服务一级流程。

政策制定流程组：用于落实方针政策和满足管控要求。对于财务共享，由集团财务部、资金部等总部机关牵头管理，制定中国石油财务核算、资金管理、财税管理等财务核算制度及政策的流程组，以实现集团整体的战略意图，作为共享服务二级流程。对于人力资源共享，以"促进人力资源管理转型升级、配合三项制度改革实施、助力人力资源管理水平提升"为目标，在集团人力资源部的领导和支持下，制定中国石油薪酬核算、社会保险办理、企业年金办理等流程组，以实现集团公司整体的战略意图，作为共享服务二级流程。

业务流程：用于将流程要求落实到人（角色），由共享中心牵头组织，通过将流程细化到活动等具体内容，使总体战略与相关政策得到具体落实，作为共享服务三级至六级明细流程。

（2）流程内容。

共享中心根据优化再造的流程构建标准流程管理体系，将流程进行标准化并形成书面材料，便于中国石油和共享中心全体加深对流程的了解。2020年9月共享中心正式发布集团第一个财务共享标准操作（standard operation procedure，SOP）手册。SOP手册对中国石油共享业务流程进行了详细介绍，涵盖采购至付款、销售至收款、总账到报表这三个"端到端"流程的15个三级流程、70个四级流程、352个五级流程、3 134个末级操作流程，共计2 000余页，约110万字。共享中心同时也构建了人力资源共享服务标准作业流程管理体系，根据共享服务滚动实施情况，陆续编制形成人力资源共享标准操作（SOP）和作业指导书（working instruction，WI），统称SOP-WI手册，其中，人力资源共享标准作业流程包含业务流程图、节点输入、节点输出、责任人及节点说明5部分内容；作业指导书为辅助体系，是对标准作业流程节点的详细操作说明，包含what、why、who、when、where、how 6个要素。目前，中国石油已形成薪酬及员工服务、社保服务、职称评审服务、数据服务等4项服务的SOP-WI手册，后续还将陆续形成电子劳动合同服务、绩效薪酬服务、企业年金服务、技能等级认定服务、企业数据治理服务等 5 项服务的 SOP-WI 手册。

（3）服务目录。

共享中心为中国石油内部兄弟单位提供财务和人力的共享运营服务，因此需要让用户单位能够清晰地了解共享中心能够提供的服务，并能够将这些服务与 SOP 手册中的标准化流程相对应。共享中心通过协同优化业务承接范围目录、服务平台业务目录和 SOP 手册流程目录，实现三大服务目录一体化管理，为用户提供标准化服务指引。

（4）反馈机制。

共享中心通过设计手册反馈机制，形成标准"制定—执行—检视—持续优化"管理闭环，以促进流程的持续优化。

2. 统一科目体系

"端到端"的流程要求业务活动与财务核算一体化，然而在中国石油内部，不同层级的单位对于财务核算的要求是不一致的。对于中国石油总部而言，其主要需求是站在集团层面的，主要包括对外发布财务报告、对集团的经营情况进行分析和管控。对于各地区公司而言，除了向总部提供标准化的财务报告以外，各个地区公司还需要结合财务数据对各自的经营情况进行分析。然而，不同的地区公司的管理需求是不一致的，因此各个地区公司为了满足自己的个性化需求，需要对财务核算体系进行改造，从而导致不同的地区公司的财务核算体系与会计科目体系存在较大差异。

理论上，会计信息与业务信息应该是分离的。但是，为了从财务数据中挖掘出有价值的信息，在过去的实践中，中国石油的地区公司直接将业务信息添加到会计科目里，诸如将钻井作业费、检测费作为会计科目的二级科目，有时一个一级会计科目的二级科目就多达数十个；对于同一作业项目，不同二级单位使用的会计科目可能也不一致。地区公司的组织结构是传统的科层制，同时也设定了不同的业务单元。组织层级深、业务单元多会导致在会计信息自下而上的层层汇总上报中，即使是同样的经济业务，不同单位或业务单元的财务人员所做的会计处理也不一致，这大大影响了会计信息的可比性，同时也降低了业务执行效率。上述当前会计核算的方式无疑加大了财务人员的工作量，并且导致财务人员难以满足公司的精细化管理需求。业务语言标准化能够减少数据上报流程中的信息失真，提高信息的传递速度和传递质量。

基于中国石油和地区公司对财务信息的不同需求，共享中心按照"瘦总账、肥子账"的思路搭建"核算＋管理"标准会计体系，精练会计科目，丰富管理模型，满足各层级会计核算和财务管理需求，为统一业务处理标准、规范业务处理流程奠定标准化核算基础。

以中国石油某地区公司的会计科目体系构建为例。为了有效整合会计信息与业务信息，该地区公司建立会计科目和业务语言对照表，将财务语言转化为各专业、各层级清晰易懂的业务语言（即作业项目），彻底解决业财语言不通、业财数据口径不一致的问题。基于此，该地区公司共设计成本类作业项目487项、投资类作业项目335项、科研类作业项目95项。通过对公司基础财务核算情况进行梳理分析，将会计核算管理下沉到业务实际场景，确保会计被准确应用、业务被准确理解。成本类作业项目要求将具体的会计科目与相关的作业关联起来，例如装置年度检修、机泵维修等明细类作业项目都先统一到一级作业项目"检维修服务"，再在系统中将其与"运行维护服务"等一级作业项目一起归集到集团统一命名的"其他外包劳务支出——生产系统运行维护"会计科目。成本类作业项目与会计科目的关系如图 3-10 所示。这样的关系不仅实现了将业务语言标准化，更重要的是将业务信息与财务信息实现了有机整合，以"业务信息+会计信息"的方式来表达价值信息。

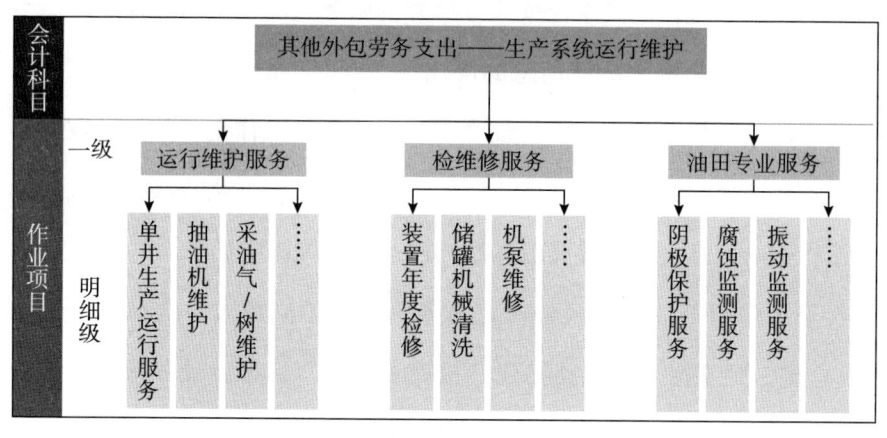

会计科目	其他外包劳务支出——生产系统运行维护		
作业项目 一级	运行维护服务	检维修服务	油田专业服务
明细级	单井生产运行服务 / 抽油机维护 / 采油气/树维护 / ……	装置年度检修 / 储罐机械清洗 / 机泵维修 / ……	阴极保护服务 / 腐蚀监测服务 / 振动监测服务 / ……

图 3-10　成本类作业项目与会计科目的关系

统一科目体系有效地满足了集团总部与地区公司对于财务核算信息的差异化需求。

在集团总部层面，为集团总部、专业公司和地区公司间的对标分析提供标准化核算基础，满足多维度财务分析、财务预测、财务决策管理需求，支撑多维度税务分析、税务预测、税务筹划管理需求。

在地区公司层面，支持地区公司按需扩展业务管理模型，满足多维度管理需求，为支撑经营决策提供数据基础。

在共享中心层面，共享中心需要进一步提升会计核算标准化水平，拓宽财务共享自动化、智能化的应用范围。

3. 统一表单体系

表单是业务活动的信息载体，同时也是信息流转、财务核算的基础，因此流程标准化也必然要求表单的标准化。共享中心从成立开始，就在优化流程的同时探索表单体系的优化，先后推出了表单1.0、表单2.0和表单3.0，使得提报表单回归业务本质，将内控和原始附件格式化、电子化，将业务处理全过程线上流转，形成电子档案归档保存，形成结构化数据资产，大幅提高流程效率，为管理分析等数据应用提供基础。

4. 统一人力资源标准化业务模板

结合业务要求和系统功能，制定符合人力资源业务特点的业务规范和系统标准，形成一套标准化业务模板，为人力资源业务实施奠定坚实基础。人力资源的标准化业务模板包括：关键信息核准、工资项目规范、工资范围精简以及流程表单优化。

（1）关键信息核准。

确定薪酬核算与发放需核准系统相关信息，其中员工信息20项，薪酬信息11项，确保员工信息准确完整。

（2）工资项目规范。

规范系统工资项目标准模版，确定通用工资项目70项，其中基本工资等项目38项、社保福利等项目32项。

（3）工资范围精简。

明确工资核算范围优化原则，与企业协商一致，删除冗余工资核算范围，合并发薪日相同、核算规则相同、人数较少的二级单位。

（4）流程表单优化。

确定薪酬、员工等业务流程模板41个，交接表单模板69个，建立统一规范的业务流程与表单模板。

3.3.2 流程的系统化实现

"端到端"流程再造需要通过信息系统建设来实现。在共享中心的"端到端"流程再造中，有两种方式的系统化实现：一种是通过将不同的信息系统整合来打通原来分属两个系统的流程，从而实现流程的优化与贯通；另一种则是当无法以信息系统来整合贯通流程时，依靠RPA等新技术来打通流程断点，实现流程的自动化。

1. 整合信息系统以实现流程贯通

中国石油各单位在原来的信息系统构建过程中，已经对流程进行了局部优化，但是从"端到端"的流程再造的角度，需要将不同单位或者不同系统的流程进行整合贯通。此时，通过对不同信息系统进行整合可以将流程有效贯通。

以商旅流程的"端到端"整合为例。中国石油2019年上线石油商旅和共享服务双平台，通过信息化的手段实现了出差事前审批、出行线上预订、制度标准落地、费用对公垫付，极大提升了财务经费管理的合规性和有效性，实现了财务报销从传统手工方式向信息数字流程方式转变的历史性突破。然而，石油商旅和共享服务双平台的业务流程没有完全打通，总部员工差旅业务的全流程体验还存在难点、断点和痛点。为此，按照以客户为中心的原则，共享中心围绕优化员工体验和提高总部工作效率两个重点目标，对以差旅费为重点的总部个人业务进行流程优化和功能扩展，将石油商旅平台与共享服务平台进一步整合。在方案设计方面，共享中心推出石油商旅平台对共享服务平台的全量数据承接方案，由共享服务平台为石油商旅平台提供全量数据。共享中心开发的共享服务平台拥有自动核对功能，可实现行程单和火车票影像智能化审核，影像数据核验完成自动推送到石油商旅平台开具发票，并将发票结构化数据回传至共享服务平台形成商旅结算单，经客户确认无误后通过集团交易平台办理托收付款。石油商旅平台与共享服务平台的整合，实现了差旅费财务报销制度规定数字化内嵌为系统规则，实现了报销事前和事中的自动控制，有效防控了风险；实现了差旅费财务报销凭证数字化，并在石油商旅平台和共享服务平台双平台流转，实现了数据智能识别和勾稽验证；实现了差旅费用财务报销资金支付自动化，员工报销从票据送出、领导审批、财务审核到资金付款从平均 2.5 星期缩短为最快 2 小时。

人力资源信息化改造也初步取得了成效，从数字化特征和行为出发，以先进技术赋能，固化人力资源管理转型成果，逐步搭建和完善平台化人力资源管理系统，形成了包括自助服务平台、业务处理平台以及共享服务平台在内的数字化人力资源共享服务体系。共享中心依托于财务与人力资源管理系统的集成，连通财务与人力资源管理两路业务流程，打通人力资源管理、财务、银行系统通道，实现工资发放线上运行；跨职能推进业务流程整合，薪酬发放流程节点由 12 个减少至 6 个。人力资源共享数字服务体系推动薪酬发放从人力到财务再到银行全流程自动处理，减少人为参与，强化资金管控，有效提升了员工的满意度。

2. 应用 RPA 等新技术打通流程断点

当然，共享中心在流程优化与再造的过程中，也面临一些特殊的流程节点，在以往这些流程节点都是通过人工来完成的，无法通过信息系统整合来实现。例如，在共享业务中，员工报销支付业务占支付总量的75%，占支付金额的8%，报销频次高、金额小、用工多，成为制约共享效率提升的堵点。报销周期长、财务人员工作量大、支付程序复杂，也影响着用户体验。

为了实现资金报销的批量化与自动化，共享中心利用 RPA 技术，开发了包括打包机器人、支付机器人、付款制证机器人、付款审核机器人、清算制证机器人、对账机器人在内的 7 个"小铁人"，以实现批量资金报销的流程自动化。图 3-11 显示了利用 RPA 技术实现资金报销流程优化前后的对比。在优化前，各地区公司按实际情况填写报销单；报销时共享中心先编制挂账凭证，然后将报销单拆分，依据支付明细自动生成付款单，每条支付明细形成一笔付款单；再由地区公司汇总资金计划，并按照资金计划控制规则，实行逐笔控制；共享中心根据地区公司的资金计划，使用各个二级单位分账户逐笔支付，逐笔处理对私付款，最后进行付款凭证的编制。该流程业务量大，同时对系统运行的压力也较大。在流程优化后，共享中心在进行员工报销时直接挂账内部清算科目，支付成功后次日自动生成清算凭证；每张报销单不再拆分，而是形成一笔应付款（一对一），采用额度管控模式，地区公司启用浮动计划，不受资金计划逐笔控制的要求，系统自动校验"周-日"浮动计划；共享中心使用总部账户集中批量支付对私款项。通过使用 RPA 技术，共享中心实现了集团总部账户批量支付、批量编制支付凭证以及自动生成清算凭证，有效地将原来需要人工处理的流程断点转化为自动化流程，并进一步推动了"端到端"流程的实现。

优化前

地区公司：填写报销单 → 汇总资金计划 ③

共享中心：编制挂账凭证 ① → 自动生成付款单 ② → 分账户逐笔支付 ④ → 编制付款凭证 ⑤

优化后

地区公司：填写报销单 → 自动检验浮动额度 ③

共享中心：审核表单编制挂账凭证 ① → 自动生成付款单 ② → 总部账户批量支付 ④ → 自动生成清算凭证 ⑤

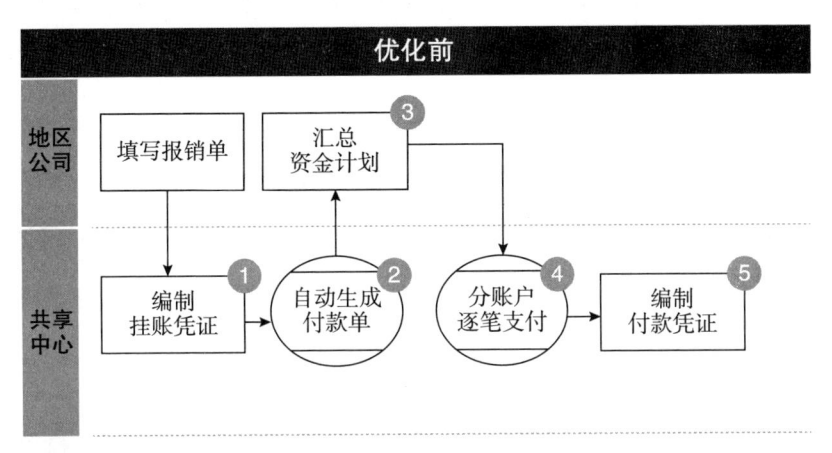

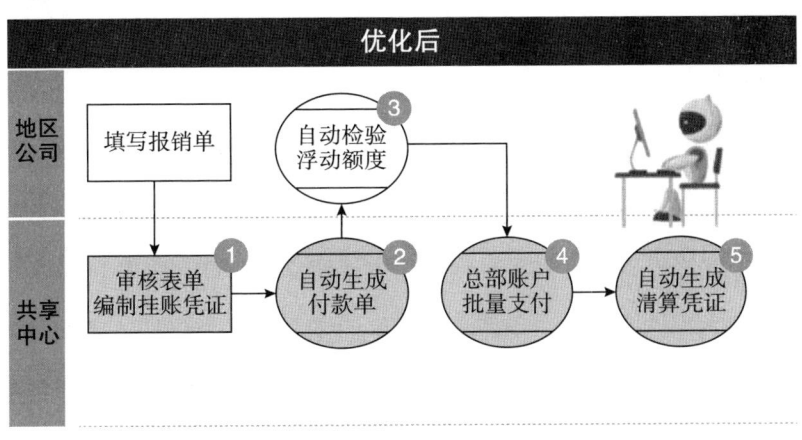

图 3-11 RPA 技术支持资金报销流程优化前后对比

共享中心将促进 RPA 技术的应用，深化自动化、智能化应用，探索自然语言处理、神经网络、深度学习、人机协同等新技术，打通流程断点，实现流程自动化，为集团提质增效贡献共享智慧。

3.4 流程的运营：从区域运营到全球交付

共享中心通过信息系统整合与 RPA 等新技术的应用实现了流程的贯通与优化，随之而来的问题是流程的运营。流程的运营是指通过系统承载并固化流程的运营方式，一般来说包括区域运营和全球交付中心两种模式。

区域运营是指在不同的区域内针对不同的服务对象分别运营同样的流程；全球交付中心（global delivery center，GDC）是指将不同区域的同样的流程进行有效整合，由一个中心来为不同区域的服务对象提供服务。相对于区域运营，全球交付中心可以更好地凝聚专业化的服务能力，并有效地降低运营成本。当前，全球交付中心已经成为不少专业公司的选择。例如，德勤在重庆建立了全球交付中心，目前拥有近 3 000 名员工，为德勤中国提供内外部客户服务，服务涵盖审计及鉴证、管理咨询、财务咨询、风险咨询和税务五大领域，同时也为财务部、资讯技术服务部、人力资源部、品牌与企业传播部和专业环境服务部提供优质的运营支持服务。除此之外，埃森哲等机构也在中国建立了全球交付中心。

对于共享中心而言，由于其顶层设计有三个区域中心，因此绝大多数的流程都采用区域运营的模式。对于中国石油这样规模庞大、业务复杂、分布范围广的大型集团公司而言，从共享中心建设开始就按照全球交付中心的模式来运营显然是不现实的。然而，如果共享中心有机会在某些流程上实现全球交付，那么这无疑会对共享中心未来进一步往全球交付中心发展提供有益的指导。

仍然以图 3-11 所示的资金报销流程优化为例。在优化后的流程中，资金支付使用总部账户，实行"集中、批量、直联"的支付模式。员工可以随时随地发起报销，经由西安、大庆、成都三大区域中心分别完成报销及凭证处理，由西安中心统一完成付款。因此，西安中心发挥了资金报销集中支付的"一点对全国"的全球交付中心功能，以"一点对全国"的模式集中运营服务集团所属 127 家企业，惠及百万员工。共享中心首次实现资金业务跨区域集中运营，有利于集团对资金进行集中管控，进一步降低资金头寸，提升集团资金管理效率。同时，项目的成功经验已拓展应用于票据集中、工资代发、上缴下拨、资金池清算等业务场景，集约效应显著，用工成本更低，共享价值充分彰显。具体的成效包括：

（1）付款账户更精简。共享中心使用集团总部 10 个账户集中办理所属企业员工的报销资金支付业务，不仅大幅减少了账户使用数量，还能减少账户核对工作，实现员工报销付款同步、批量、直联，付款效率大幅提升。2021 年员工报销资金支付业务的付款单数量减少 33%，支付指令减少 96.8%，付款凭证量减少 90.8%。

（2）资金计划更灵活。依据报销资金数量大、金额小的特点，将资金计划管控模式由逐笔控制调整为额度管控模式，减少了计划编制汇总频次，实现"当日提单，当日到账"，员工报销体验显著优化。

（3）业务处理更高效、智能。将 RPA 技术拓展应用于资金支付、会计核算、资金对账等流程节点，降低共享运营成本的同时提高了共享业务容积；全流程分段自动化处理，保证了业务处理的准确性。RPA 技术在资金结算业务中的应用助力企业提质增效，有效推动企业数字化转型；通过机器人集中处理，系统压力大幅减小，运行更为稳定。

（4）集约效应初步显现。报销资金集中支付的部分优化功能可直接复制应用于集团司库代发项目，将业务面覆盖至内部对私业务使用率高的商旅服务，进一步发挥业务价值。随着业务应用的不断推广、深入，降本增效效果将进一步显现。集团公司员工报销资金的支付、清算、核对工作可由共享中心 3 名人员全部承担，可节约人工 200 人以上，年可节约人工成本 4 000 万元以上；因凭证量减少、银行回单量减少，年可节约纸张 160 万张，节约办公费用 20 万元。

（5）风险防控能力不断增强。报销资金集中支付模式设计开发唯一标识，全流程追踪报销单、付款单、发放包支付明细，有效防重并执行清算校验。共享中心可通过管理、技术手段确保资金支付风险得到有效管控，保障资金安全；通过各共享区域中心业务互备，启用总部账户付款，有效应对地区公司系统、法律问题导致的支付风险。

（6）内部控制监督力度大幅提升。有效监督大额支付情况，运用大数据、智能化分析工具，增加内部控制风险的防范手段，进一步规范报销行为。逐步建立员工单笔额度管控、年度累计金额预警、报销频次分析等多维度的监控体系，减少个人报销业务潜在的审计、巡视风险点，促进集团公司整体合规性管理。

3.5　谁负责流程：全球流程责任人

从报销资金集中支付的实践来看，全球交付中心的模式相对于区域运营来说可以进一步提升运营效率、降低运营成本，并有效防控风险。随着区域运营的逐渐深入，共享中心未来的发展方向一定是沿着全球交付中心的模式运行，但是不同流程的全球交付中心并不一定集中在同一个区域，那么怎样促进全球交付中心更有效、更低成本地运营呢？在未来，由谁来负责流程呢？

3.5.1　GPO 的概念与意义

流程责任人（process owner）是指企业中对业务流程承担最终责任的人，负责达成流程绩效指标和保障流程履行，在权限范围内组织对流程的变革和优化并签发流程文件。在流程型组织中，流程责任人不是某一个流程的责任人，而是一个责任人体系，自上而下授权和行权，由一系列责任人组成，在一定的范围内制定业务流程和管理执行。全球流程责任人（GPO）则是指在全球范围内负责管理跨职能部门、业务单元及地域"端到端"流程的责任人。

流程责任人体系与部门责任人体系应当是两个体系，很多企业对此有误解。最常见的是把流程责任人体系与部门责任人体系等同，将 GPO 与部门责任人的级别对应起来，思考什么行政级别的部门责任人对应什么级别的 GPO，这样会引起较大的混乱。例如，采购到付款的 GPO 与采购部门的负责人的行政级别是一样的，但流程级别并不相同。采购到付款的 GPO 是采购到付款这条"端到端"流程的最高负责人，而采购部门负责人只能在不违背公司流程基本要求的前提下做适当的完善，所以他们二者在流程责任人管理级别上是不一样的，否则可能出现部门制度高于公司制度、公司相关制度形同虚设的情况。

GPO 是企业资源运作模式变革的产物。通过设立 GPO，企业从分设职能、以部门为核心来运作资源，转变为打破部门壁垒，以流程为核心来整合、运作资源。通过建立 GPO 体系，企业将流程管理责任分配给特定的角色，解决两个核心问题：一是从"端到端"视角开展流程管理与优化工作；二是打破部门壁垒，高效解决跨部门的流程管理和优化问题。图 3-12 是 GPO 模式与非 GPO 模式的对比。

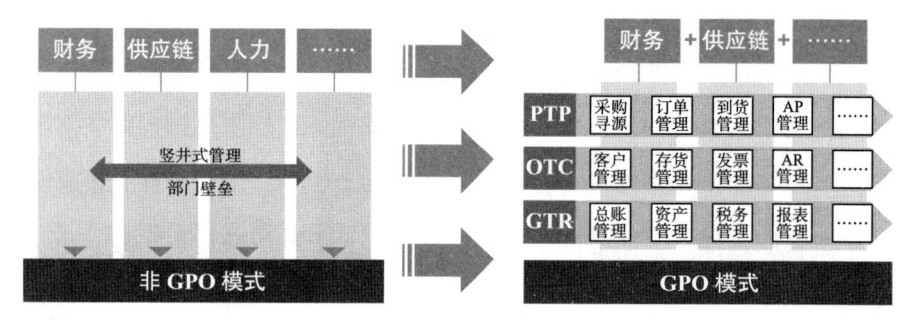

图 3-12 GPO 模式与非 GPO 模式的对比

以英国石油（BP）为例，BP 自 20 世纪 90 年代起一直采用流程外包模式，这导致 BP 面临流程标准不统一、内部控制失效、职责切分不清等问题。此外，BP 需要从区域化、业务主导的运营模式向流程驱动模式转变。BP 设立 GPO，将其作为 BP 流程治理委员会成员，进行企业级流程管理，以"端到端"的视角，进行流程优化和标准化。图 3-13 是 BP 的 GPO 模式示意图，公司按照采购到付款、记录到报告等"端到端"流程来设置 GPO，然后由各个流程的 GPO 向流程治理委员会、共享服务总裁以及相关的业务部门进行汇报。BP 的 GPO 的主要职责包括：

（1）"端到端"流程的管理，包括"端到端"流程的设计、实施与运营监控；

（2）推进流程标准化，包括流程标准政策制定、内外部流程标准统一管理等；

（3）流程的持续优化，推动内外部流程监控与优化，并推动流程优化项目实施；

（4）外包流程管理，加强流程外包方管理、外包流程管理以及内外部流程职责界面管理。

BP 通过设立 GPO 组织，有效推进了内外部"端到端"流程的整合优化，推动企业运营模式从职能主导向流程主导转变。

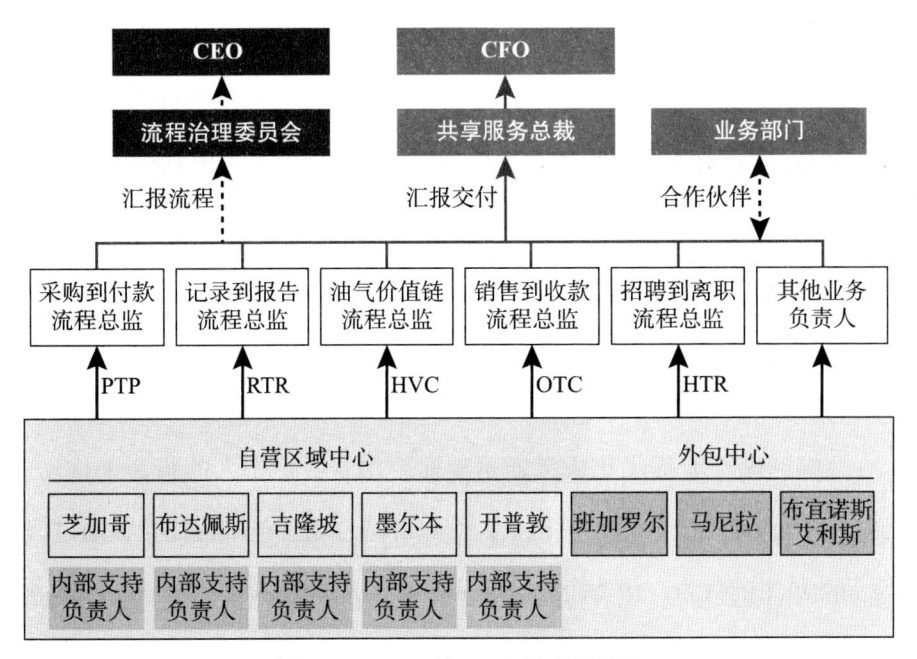

图 3-13 BP 的 GPO 模式示意图

GPO 可以从以下四个方面为企业带来价值：

1. 支持战略规划

GPO 管理"端到端"的流程，从产业链整体协同、效益最优的视角为资源整合和优化配置提供决策支持，同时根据前端业务环境的变化，提供战略调整建议。

2. 打通"端到端"流程

GPO 还可以推动各利益相关方形成跨部门的流程优化团队，各方协同推动实现公司整体效益最大化，为企业规划"端到端"流程提供基础，实现价值创造的目标。

3. 优化客户体验

GPO 通过打造以客户体验为核心的"端到端"流程，充分调动企业价值链上的资源，通过资源的高效整合提升市场敏捷度和产品、服务的质量，从而不断优化客户体验。

4. 塑造持续提升文化

"端到端"流程优化成果的落地需要由企业中个人的行为来推动，通过不断沟通、鼓励和授权让个人用户群体有效参与流程优化，通过改变企业员工的行为，塑造企业持续提升文化，加速优化后流程的落地。

3.5.2 GPO 组织运营模式

GPO 按照"端到端"流程视角来进行跨职能的组织运作。结合领先实践，考虑组织变革的难度及阻力，企业通常不会将 GPO 组织设置为实体部门或机构，而是按照柔性组织来组建团队。

GPO 组织运营模式通常可以分为三类，包括按职能设置模式、混合模式以及按流程设置模式。

1. 按职能设置模式

该模式按各职能线分别设置流程责任人，职能内部再按流程细化设置流程责任人。该模式的特点是分职能对流程进行管理，部分板块间差异较大的流程由各业务单元自行管理，然而该模式会导致"端到端"的流程再造存在难度。

2. 混合模式

在该模式下，部分成熟流程跨职能设置统一的流程责任人，其余流程仍分职能设置流程责任人。各流程责任人共同组建流程冠军团队，在不同流程团队之间分享领先实践经验。该模式的特点在于"端到端"流程与非"端到端"流程共存，部分成熟的、易协作的流程已实现"端到端"管理，其余流程仍由各职能部门或业务单元管理，按流程设置。流程冠军团队制度会促进不同流程团队进行领先实践经验分享，促进流程协同管理。

3. 按流程设置模式

该模式是严格按照"端到端"流程方法设计的，所有流程均跨职能设置统一的流程责任人，能够真正推动跨职能协同和资源整合运作效益最大化。

3.5.3 共享中心的 GPO 模式选择

结合中国石油业务现状，共享中心未来将选择混合模式设置 GPO 团队。在该种模式下，GPO 团队的角色可分为三个层级，包括治理层（leadership）、管理层（management）、执行层（working）。

1. 治理层

设立共享服务运营委员会，由共享中心领导、部门分管领导以及区域中心领导构成，负责 GPO 流程管理工作的治理与监督。

2. 管理层

管理层由流程责任人组成，包括"端到端"流程责任人以及分职能流程责任人。"端到端"流程责任人一般由共享中心、区域中心具备资质的、具备跨职能工作经验的部门负责人担任；分职能流程责任人一般由共享中心、区域中心具备资质的部门负责人担任。管理层负责相应流程的持续改进以及下属流程团队的管理。

3. 执行层

执行层由流程团队构成，其中包括：流程专家，一般由共享中心以及区域中心的相关流程专家或业务骨干担任，负责研究设计流程改进方案；流程管家，一般由共享中心以及区域中心的业务骨干担任，负责监控流程运营情况；流程销售，一般由区域中心的业务骨干担任，负责宣贯流程变革举措；流程伙伴，一般由共享中心以及区域中心的领导、部门负责人、业务骨干及专家人员担任，负责支持流程改进方案实施；流程工人，一般由共享中心、区域中心的业务骨干担任，负责执行流程中的各项任务。

第 4 章

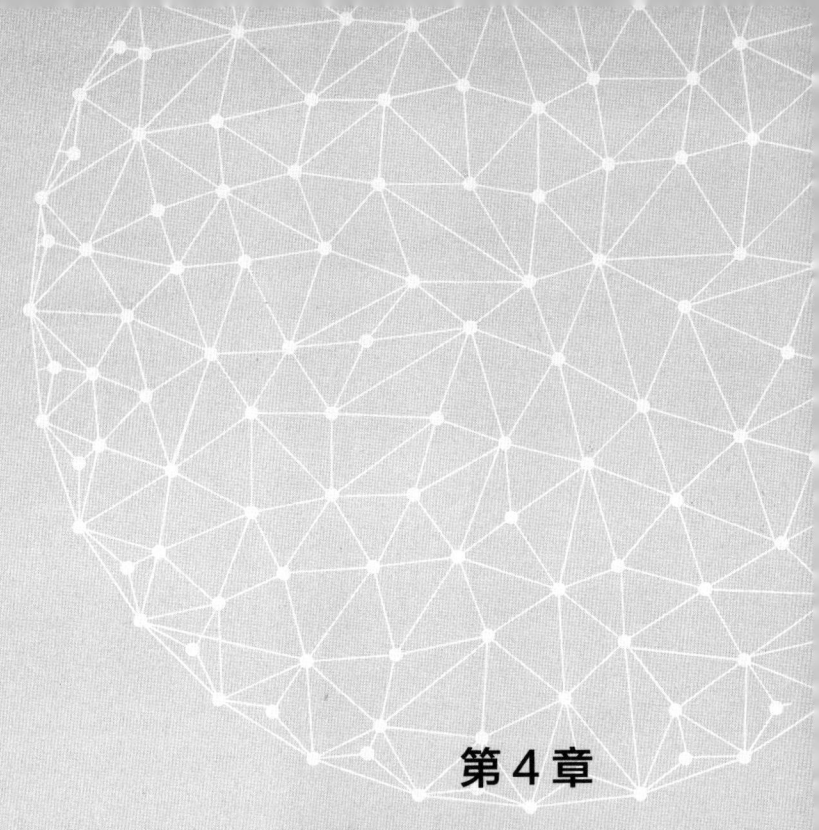

数据资产：
与流程共同进化的数据

国家将数字经济与实体经济的融合作为"十四五"期间的重要任务，同时随着人工智能的广泛应用，人们日益认识到数据的价值，因此也加强了对数据的管理。2020年，《中共中央 国务院关于构建更加完善的要素市场化配置体制机制的意见》正式公布，将数据确立为五大生产要素之一，数据要素市场化已成为建设数字中国不可或缺的一部分，数据资产时代已然来临。2023年2月中共中央、国务院印发了《数字中国建设整体布局规划》，进一步对数据要素的治理、安全等方面提出了明确要求，并强调要提升数据要素的价值。2023年，国家数据局成功组建，并以推动数字中国的愿景为核心工作目标。与此相对应，中国石油明确提出要运用数字化技术持续优化业务执行，提高运营效率，"十四五"时期末初步建成"数字中国石油"，实现中国石油的数字化转型。

4.1 共享是天然的数据中心

国资委在《关于中央企业加快建设世界一流财务管理体系的指导意见》中要求中央企业"积极探索依托财务共享实现财务数字化转型的有效路径，推进共享模式、流程和技术创新，从核算共享向多领域共享延伸，从账务集中处理中心向企业数据中心演进，不断提高共享效率、拓展共享边界"。正如国资委所要求的那样，共享中心具备成为集团级数据中心的天然优势。

4.1.1　什么是数据中心

在信息化时代，数据中心是处理和存储数据的地方。具体而言，数据中心是全球协作的特定设备网络，用来在互联网基础设施上传递、加速、展示、计算和存储数据信息，一般包括数据中心的物理场所（如机房）、供配电系统、制冷系统、网络设备、服务器设备和存储设备等。然而，上述数据中心仅仅是一个将各类不同的来源、类型和特征的数据简单处理和存储的场所，无法满足数据时代将数据转化成数据资产的要求，也无法实现对数据资产的管理以及利用数据资产提供价值创造服务等功能。在数字时代，数据中心已经从信息化时代的简单处理和存储数据的场所转变为生产数据、管理数据和提供数据服务的场所。数据中心从不同的来源汇聚和沉淀数据，并通过数据治理形成数据资产，构建数据资产的管理体系，并利用数据资产提供数据服务。

4.1.2　流程运营沉淀数据

数据与流程是密不可分的。数据是伴随业务活动产生的，只要发生业务则必然产生相应的数据。共享中心是"端到端"流程的拥有者，所有的流程产生的数据必然会沉淀到共享中心。中国石油共享中心承载了集团所有经营核算业务，实现了包括采购至付款、销售至收款、资金管理、关联交易等交易业务流程，以及资产管理、物资管理、税务、薪酬、总账、报告、档案等运营管理业务流程在内的所有经营业务以及对应财务数据的沉淀。

当然，在不同的业务节点上，也有部分数据并没有随着流程自动沉淀，而是用表单来承载。表单是业务活动的信息载体，同时也是信息流转、财务核算的基础，因此共享中心沉淀数据要求表单能够标准化、结构化，便于数据的沉淀。共享中心从成立开始，就在优化流程的同时探索表单体系的优化，先后推出了表单1.0、表单2.0和表单3.0，使得提报表单回归业务本质，将原始附件电子化，业务处理全过程线上流转，生成电子档案归档保存，形成结构化数据，大幅提高流程效率，为数据资产的产生提供基础。

以表单3.0为例来进行说明。表单3.0在表单2.0的基础上，构建组合式主表单，即"报销单+业务信息表"组合模式，将自制原始凭证电子化，按照与财务信息的关联度分为业务信息表和表单附件。以业务类型为索引，报销单承载票据信息、结算信息，业务信息表承载业务信息，表单附件承载管理信息。表单3.0具有如下特点：

（1）信息附表标准化。全面梳理支撑业务发生的关键附件，例如物品验收单、发放明细表等，形成标准化表单格式，支持在标准格式的基础上增加个性化业务字段，满足各类业务需求。

（2）表单语言标准化。从业务视角出发，对生产经营场景用业务语言进行标准化描述，实现情景式填单、规范化处理。

（3）业务处理标准化。将业务处理制度、规范固化在系统中，通过必填字段强控、数据逻辑校验等功能强化制度执行的有效性，确保业务处理准确合规。

表单3.0通过将纸质表单中的所有数据都变成结构化数据，将流程之外的数据进一步沉淀到共享中心。

4.1.3 共享中心作为数据中心的优势

相对于中国石油组织体系内的其他单位，共享中心在成为数据中心方面有着独特的优势。

首先，正如上文所说，在基础数据收集方面，共享中心作为"端到端"流程的所有者，通过对流程的标准化（统一流程、统一科目与统一表单）将企业内部所有的业务与财务数据沉淀在共享中心，使得原来分散在不同单位、不同系统中的数据得以汇总；同时共享中心打通了"端到端"的流程，打通了业务与财务之间的流程，实现了对企业所有交易事项的集中式记录和处理，使企业从源头上掌握集团内部各单位的真实交易数据。

其次，共享中心可以协调集团内部不同单位对数据的不同需求，作为第三方具有整合数据的组织优势。对于集团总部而言，关注的是对外按照会计准则披露的财务报告，因此集团总部并不关注各个单位的差异化需求，相反会进一步要求整个集团的统一与标准化；而对于地区公司和专业公司而言，其在管理上终归会存在差异，这就会导致不同的单位对数据和信息有差异化的需求。共享中心作为集团内的第三方，可以为集团总部和地区公司提供相应的服务以满足不同单位各自的需求。因此，共享中心作为第三方可以协调集团内不同单位对数据的不同需求。

再次，在基础数据规范方面，共享中心通过统一流程、统一会计科目、统一表单体系，将所有业务流程标准化、表单信息数据化，并通过"核算＋管理"的会计科目体系将业财信息结构化。如此，夯实了数据基础，促进了流程、管理、数据质量的规范，使企业从源头上获取真实规范的高质量数据，使得数据转变为数据资产成为可能。

最后，在数据中心建设路径方面，共享中心是企业信息化平台中最贴合数据中心建设要求的系统平台，它具备成为集团级数据中心的最佳条件。从当前集团级数据中心的建设路径来讲，无论是从管理层切入、从财务切入，还是从业务切入，都难以建成一个真正有用的数据中心。这是因为，尽管管理层有战略和管理高度，但往往缺乏基础数据支撑；财务大多不懂业务，也不懂IT，业务又大多不懂财务，也不了解管理需求。而共享中心可以提炼出管理者最关心的报告级数据，是管理者管控思想最基础的体现。

因此，在数据方面，共享中心既能够收集与产生数据，又能将数据转变为数据资产，还能够利用数据资产提供相关服务以支持管理决策（见图4-1），是数字化时代的一个天然的数据中心。

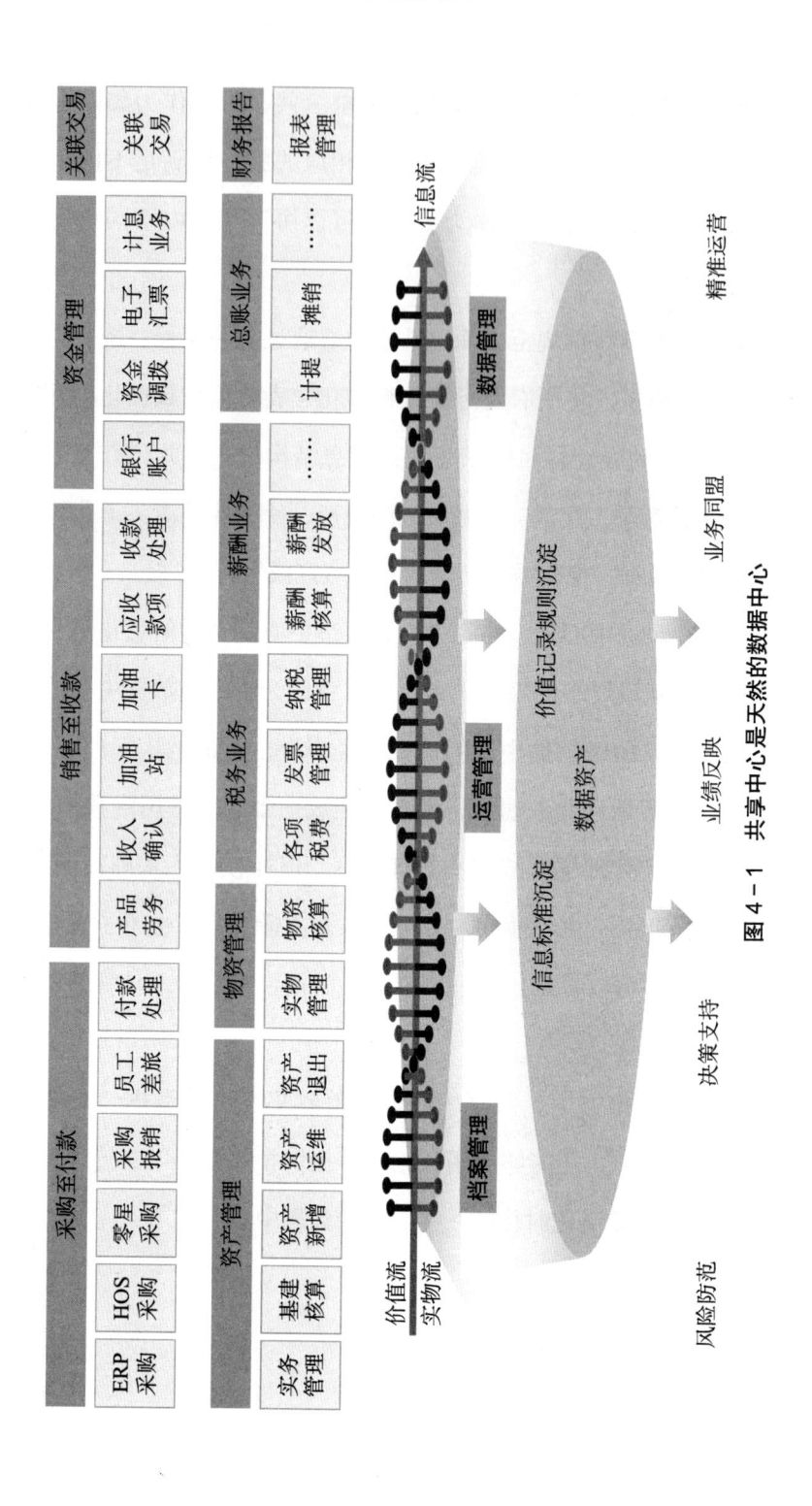

146 / 共享服务3.0：驱动企业数字化转型的源动力

图4-1 共享中心是天然的数据中心

4.2 数据如何成为数据资产

4.2.1 数据与数据资源

1. 什么是数据

数据，也称原始数据，是指对客观事件的记录，是对客观事物的性质、状态以及相互关系等进行记载的物理符号或这些物理符号的组合。数据是可识别的、抽象的符号，是用来描述事实的未经加工的素材。

数据不仅指狭义上的数字，还可以是具有一定意义的文字、字母、数字符号的组合，以及图形、图像、视频、音频等，也可以是客观事物的属性、数量、位置及其相互关系的抽象表示。例如，"0、1、2…""阴、雨、下降、气温""学生的档案记录""货物的运输情况"等都是数据。

随着信息化和数字化的推进，中国石油已建设 ERP、物资采购、电子招标管理、合同管理、加油站管理、天然气零售、电子销售、销售物流、客户管理、FMIS、企业资产管理（EAM）、司库等覆盖全业务、职能领域的信息系统，当前数据规模为 27PB，数据增长率为 100 TB/月。然而，由于数据仅仅是对事实的未经加工的描述与记录，因此在企业管理中这些原始数据并不一定能够被企业进行有效收集与管理，同时这些数据也不见得具备潜在价值，因此原始数据并不能直接成为数据资源与数据资产。

2. 数据资源

与原始数据是未经加工的素材相比，数据资源是指经过一定的加工后未来可能具有经济价值的数据。例如，企业的客户关系管理（CRM）系统建设完成后会有很多数据，存储在系统里的所有数据就是原始数据。如果经过分析发现 CRM 系统中的一些系统配置数据并没有管理用途，而一些行为日志数据可以用来完善客户画像，那么这些行为日志数据就从原始数据转化成了数据资源，因为这些数据存在潜在的经济价值。

4.2.2 数据资产

随着数据要素化已经得到了国家、社会和企业的重视，数据作为资产的理念正在形成共识。尽管数据资产已经成为业界的普遍提法，但是关于数据资产的定义，目前尚未有一致的说法。例如，学者朱扬勇、叶雅珍认为，数据资产是拥有数据权属（勘探权、使用权、所有权）、有价值、可计量、可读取的网络空间中的数据集。中国信息通信研究院认为，数据资产指由组织（包括政府机构、企事业单位等）合法拥有或者控制的数据资源，以电子或其他方式（例如文本、图像、语音、视频、网页、数据库）记录，可进行计量或交易，能直接或间接带来经济效益和社会效益。光大银行和瞭望智库认为，从企业应用的角度看，数据资产是企业过去的交易或事项形成的，由企业合法拥有或控制且在未来一定时期内会为企业带来经济利益的以电子方式记录的数据资源。

从会计学的角度看，数据资产必然也是资产的一种，因此也应符合资产的定义。会计学上对于资产的定义是"由企业过去的交易或事项形成的、由企业拥有或者控制的、预期会给企业带来经济利益的资源"。资产应具有三项核心特征：（1）资产应归某主体所有或控制，即权属明确；（2）资产能够产生既有的或预期的经济利益，且可计量；（3）资产是一种资源，可进行交易。2023年8月，财政部发布《企业数据资源相关会计处理暂行规定》，对数据资源及相关会计处理进行了定义。值得注意的是，其中并未用"数据资产"的概念，而用的是"数据资源"的概念，且认为数据资源包括两类：一类是可以被确认为无形资产或存货等资产类别的数据资源；另一类则是企业合法拥有或控制的、预期会给企业带来经济利益的，但由于不满足企业会计准则相关资产确认条件而未被确认为资产的数据资源。

当前，数据资产已经被实务界广泛认可。由于大量的数据资产之前并不符合资产的确认条件，很多以数据资产为核心的企业的市场估值远超其账面价值。例如，脸书上市时公司市值超过1 000亿美元，然而其账面价值仅为几十亿美元。该公司的市值与账面价值产生巨大差异的主要原因是当时数据资产未能入账。脸书在上市时，拥有8.45亿月活跃用户，每日产生27亿条评论，每日上传2.5亿张照片。国内企业的数据资产也日益得到重视。例如，国家电网上海市电力公司在上海数据交易所上线名为"企业电智绘"的数据产品，将企业用电数据与经营状况挂钩，赋能银行业对企业进行信用评价与业绩评价。该数据资产目前已经被中国工商银行购入。

4.2.3 原始数据如何转化成数据资产

根据对原始数据、数据资源和数据资产的定义与描述，将原始数据转化为数据资产需要经过两个步骤：数据资源化与数据资产化，见图4-2。

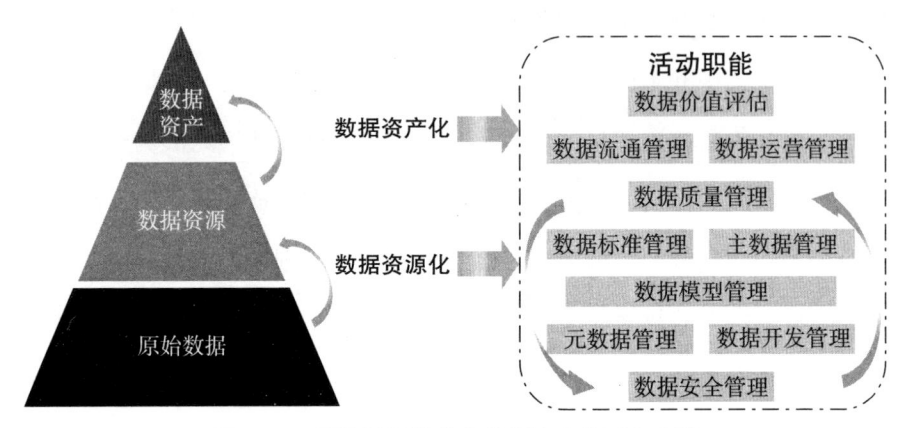

图4-2 原始数据转化为数据资产的两个步骤

1. 原始数据转化为数据资源

从原始数据到数据资源需要经过数据加工的过程，严格意义上这是数据治理的过程。数据治理是组织对数据使用的一整套管理行为，由企业数据治理部门发起并推行，涉及制定和实施针对整个企业内部数据的商业应用和技术管理的一系列政策和流程。数据治理的最终目标是提升数据的价值，从而使得原始数据转变为数据资源。在从原始数据转变为数据资源的过程中，元数据管理、数据标准管理、数据质量管理以及主数据管理是重要内容。

（1）元数据管理。元数据管理是指对元数据（metadata）的管理过程，包括元数据采集、访问以及分析服务等。元数据是关于数据的组织、数据域及其关系的信息。简而言之，元数据就是描述数据的数据。举个例子，元数据就好比户口本。户口本中有家庭各位成员的姓名、出生日期、民族、籍贯等信息，也有各位家庭成员的血缘关系，如父子关系、兄弟关系等信息。这些信息构成了对家庭成员的详细描述，因此这些信息就是每个家庭成员的元数据。

根据数据的性质特点元数据可以划分为三类：业务元数据、技术元数据以及管理元数据。业务元数据描述数据的业务含义、业务规则等。通过明确业务元数据人们更容易理解和使用业务数据，可以消除数据二义性，提高数据的一致性，避免"自说自话"，进而为数据分析和应用提供支撑。常见的业务元数据包括：业务定义、业务术语、业务规则、业务指标等。

技术元数据是对数据的结构化，方便计算机或数据库对数据进行识别、存储、传输和交换。技术元数据可以服务于开发人员，让开发人员对数据的存储、结构更明确，从而为应用的开发和系统的集成奠定基础。技术元数据也可服务于业务人员，通过使用元数据理清数据关系，业务人员能够更快速地找到想要的数据，进而对数据的来源去向进行分析，支持数据血缘追溯和影响分析。常见的技术元数据包括：存储位置、数据模型、数据库表、字段长度、字段类型、ETL脚本、SQL脚本、接口程序、数据关系等。

管理元数据描述了数据的管理属性，包括管理部门、管理责任人等。明确管理属性有利于将数据管理责任分配到部门和个人，是数据安全管理的基础。常见的管理元数据包括：数据所有者、数据质量定责、数据安全等级等。

（2）数据标准管理。数据标准（data standards）是进行数据标准化的主要依据，构建一套完整的数据标准体系是开展数据标准管理工作的良好基础，有利于提高数据底层的互通性，提升数据的可用性。简而言之，数据标准是指保障数据的内外部使用和交换的一致性和准确性的规范性约束。

简单而言，组织需要定义一套关于数据的规范，让所有的数据使用者都能理解这些数据的含义。比如在银行业，对于"客户"这个字段，往往不同部门的理解会出现偏差，可能客户部认为"客户"就是办了本银行的卡的人，而网银部认为"客户"是在本银行网站注册过或者通过本银行转账的人。如果没有统一标准，不仅会增加沟通成本，而且项目实施、交付、信息共享、数据集成、协同工作往往会出现各种问题，这些数据就体现不出应有的价值。数据标准管理就是使用数据标准通过各种管理活动，推动数据进行标准化的过程，是数据标准落地必不可少的过程。

（3）数据质量管理。数据质量管理（data quality management）是指对数据在计划、获取、存储、共享、维护、应用、消亡等生命周期的每个阶段里可能引发的各类数据质量问题，进行识别、度量、监控、预警等一系列管理活动，并通过提高组织的管理水平使数据质量获得进一步提高。数据质量管理是循环管理过程，其终极目标是提升数据在使用中的价值，并最终为企业获得经济效益。

（4）主数据管理。主数据（master data）是指组织内的会被不同数据使用者使用的一组核心数据。主数据往往代表着组织的核心商业对象或管理对象，企业的管理活动会围绕这些对象展开。常见的主数据是关于客户、员工、供应商、产品的。具体哪些种类的数据会被视为主数据，在不同的行业与组织之间存在较大差异。有一个简单的方法可以帮助判断某类数据是否可以作为主数据，即如果某类数据会被超过一个以上的信息系统或者应用使用，那么该类数据就可以作为主数据。

主数据管理是指企业使用一整套的用于生成和维护企业主数据的规范、技术和方案，保证主数据的完整性、一致性和准确性。主数据管理的目标是提供准确、及时、完整、相应的主数据来源，以支持业务流程和交易。

2. 数据资源转化为数据资产

数据资产化是指从数据需求侧出发将数据资源转化为数据资产的方式。一般来说，数据资产化需要经历七个步骤，分别是：

（1）定义数据资产化战略和业务需求。明确企业数据价值实现模式，定义可衡量的、能够产生收益的需求。数据资产价值实现方式有两种：一种是对内共享模式，利用数据资产赋能企业内部的业务运营，实现企业内部降本增效、风险预控、智慧决策以及优化上下游业务链的整体资源配置；另一种是对外流通模式，包括构建外部数字产业生态圈以及与数据交易所产生经济交易两种。构建外部数字产业生态圈是指构建以产业链为主线的行业同业和异业联盟的数据体系和平台，通过数据共享，促进企业外部的生态圈主体成员企业形成互惠互利的经济联合体。数据交易所则是将相关各方聚合到一个透明、高效的平台上，通过构建和经营生态圈促进数据流通，从而实现价值。例如，上海数据交易所是一个数据流通交易的准公共机构，企业可以将数据资产通过上海数据交易所进行交易以实现其价值。对于中国石油共享中心而言，从短期来看，希望实现数据资产的内部赋能；从长期来看，则希望使用数据资产探索新业务、构建新业态、探索新模式。

（2）选择数据源。需要明确数据源头、数据格式、数据元素代表的内容，如何连接其他数据以及数据的更新频率等。

（3）采集和提取数据资源。包括收集关键元数据、评估数据质量、存储和访问数据以及将不同的数据集进行整合。

（4）明确数据处理和分析方法。通过剖析、可视化和挖掘等手段，深度探索数据源，提高数据源质量，并进一步明确数据加工处理和分析的方法。

（5）数据集成与清洗。利用可靠的数据来源，应用适当的数据集成和数据清洗技术，提升预备数据集的质量和可用性。

（6）数据转化、处理与加工。通过业务关系和数据对象之间的关联，运用指标、多维模型、图模型、算法模型、标签等主题联接方式，赋予数据更高的价值。

（7）部署、监控和运营。将产生分析价值的数据模型部署到生产环境中，持续监控、运营、管理它们的价值和有效性。

4.2.4　中国石油数据资产化技术框架

图4-3是中国石油数据资产化技术框架。中国石油基于标准化数据治理体系，按照不同应用层级和业务领域将数据汇聚入湖，通过数据

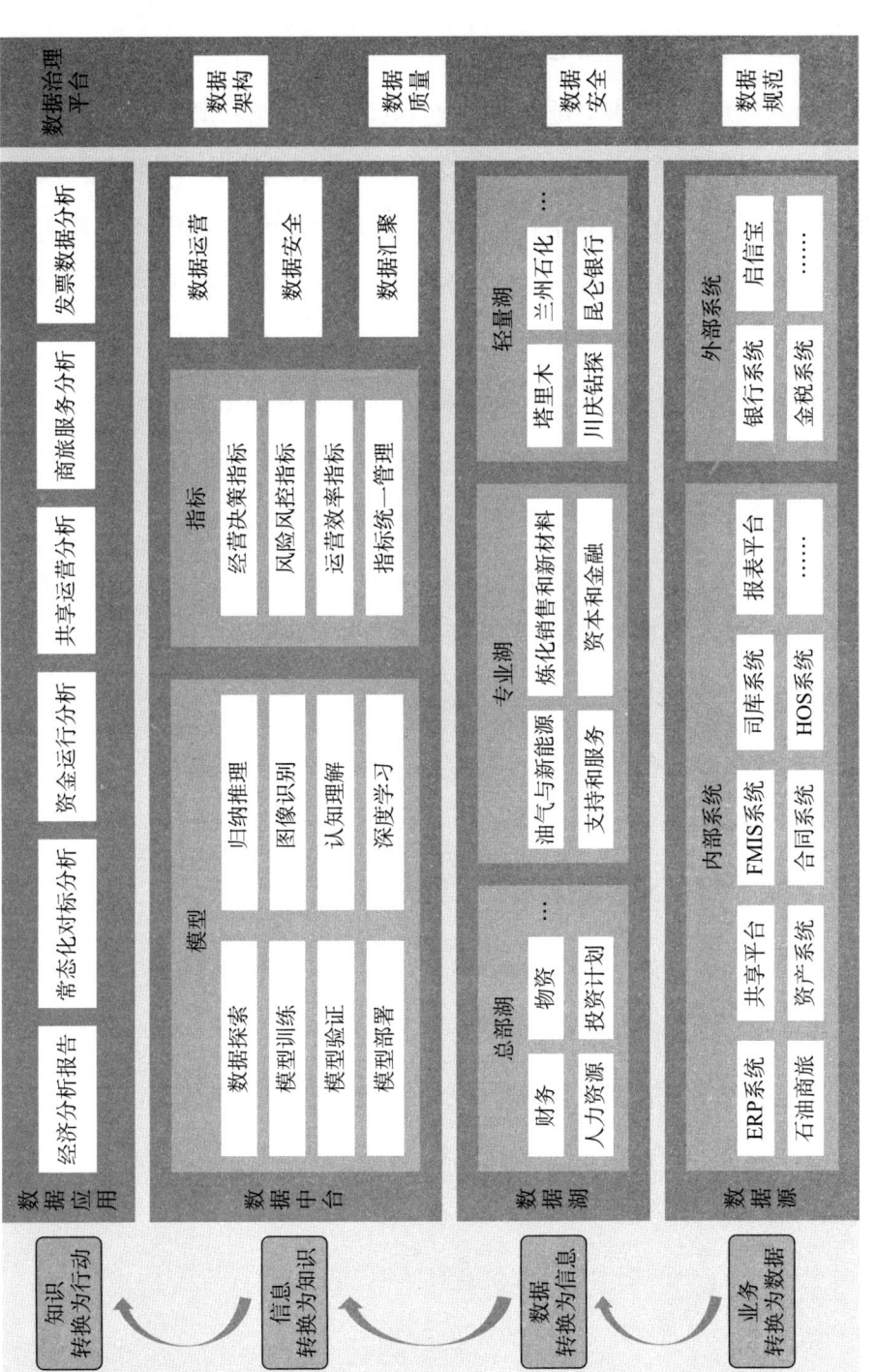

第 4 章 数据资产：与流程共同进化的数据 / 155

图 4-3 中国石油数据资产化技术框架

中台的数据汇聚、模型加工、指标体系管理等，形成可复用的数据资产，满足各类分析应用实时、准确、统一的数据服务需求。中国石油数据资产化技术框架包括数据源、数据湖、数据中台以及数据应用四个层次。数据源包括中国石油的所有内部系统，如 ERP 系统、共享平台、FMIS 等，以及所有的外部系统，如银行系统、金税系统等。这些内外部系统将中国石油的业务信息转换为公司内的原始数据，然后按照不同的应用层级和业务领域分别汇聚进入数据湖。例如，在总部湖中包括财务、物资、人力资源等数据，在专业湖中包括油气与新能源等数据。这些来自数据源的原始数据经过分类整理后形成数据湖中的数据资源。数据湖中的数据资源进一步经过数据中台的数据汇聚、模型加工、指标体系管理等，形成指标、模型等可复用的数据资产，进而满足各类分析应用实时、准确、统一的数据服务需求。

4.3　共享中心的数据资产产品

根据图 4-3 所示的中国石油数据资产化技术框架，中国石油共享中心的数据资产产品主要包括针对专业领域的主题域数据产品以及根据不同主题域数据产品构建的指标产品、模型产品以及相应的场景产品与应用产品。

4.3.1 主题域数据产品

中国石油共享中心根据来自内部和外部系统的不同数据，针对不同的主题对数据进行整理归类，形成不同专业领域的主题域数据。以财务领域为例，中国石油财务领域数据共分为财务核算、资金管理、预算管理、资本运营管理、资产管理、税价管理、财务报告、财务稽查以及筹融资管理共计9个二级主题域（见图4-4），每个二级主题域可进一步细分为三级主题域，一共设计了包括收入核算、应付核算在内的58个三级主题域，形成了中国石油财务领域中财务核算和资金管理两个子主题域下的业务对象设计结果。

1. 财务核算子主题域对象设计

依托共享财务核算流程，结合中国石油会计管理处职能范围以及现有的相关信息系统现状，共享中心为财务核算子主题域设计了9个三级主题域，包括收入核算、应付核算、资产核算、薪酬核算、存货核算、成本费用核算、总账核算、税务核算以及核算主数据。

收入核算主题域包括5个业务对象，分别是收入确认、销项发票、坏账核销、销售与支付日报以及坏账计提（转回）；应付核算主题域包括3个业务对象，分别是付款单、应付发票以及费用报销单；资产核算主题域包括4个业务对象，分别是工程项目暂估、工程项目减值计提、工程项目调整以及工程项目费用分摊；薪酬核算主题域包括3个业务对象，分别是工资保险计提、社保公积金缴纳单、工资薪酬发放单；存货核算主题域包括4个业务对象，分别是出入库核算、存货跌价准备、存货盘

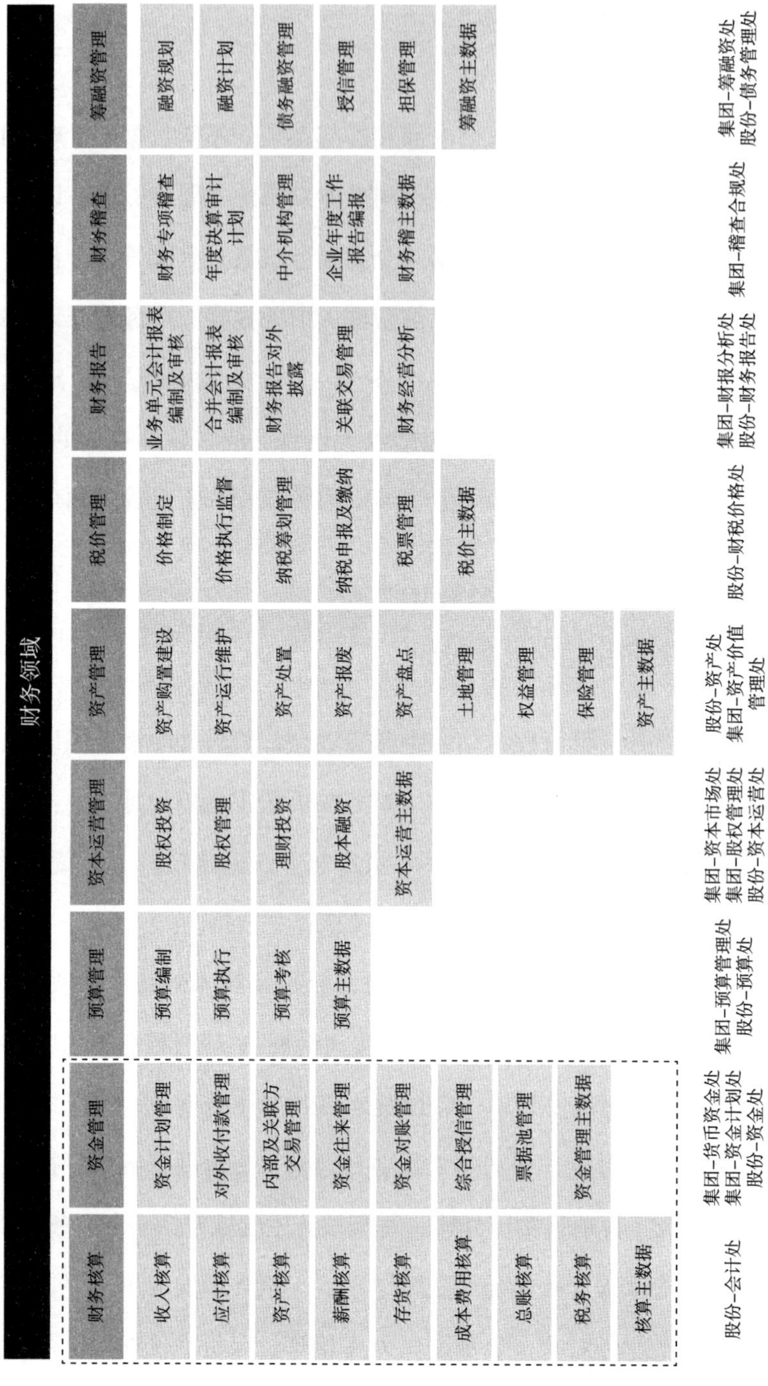

财务领域

财务领域									
财务核算	资金管理	预算管理	资本运营管理	资产管理	税价管理	财务报告	财务稽查	筹融资管理
收入核算	资金计划管理	预算编制	股权投资	资产购置建设	价格制定	业务单元会计报表编制及审核	财务专项稽查	融资规划
应付核算	对外收付款管理	预算执行	股权管理	资产运行维护	价格执行监督	合并会计报表编制及审核	年度决算审计计划	融资计划
资产核算	内部及关联方交易管理	预算考核	理财投资	资产处置	纳税筹划管理	财务报告对外报露	中介机构管理	债务融资管理
薪酬核算	资金往来管理	预算主数据	股本融资	资产报废	纳税申报及缴纳	关联交易管理	企业年度工作报告编报	投信管理
存货核算	资金对账管理		资本运营主数据	资产盘点	税票管理	财务经营分析	财务稽查主数据	担保管理
成本费用核算	综合授信管理			土地管理	税价主数据			筹融资主数据
总账核算	票据池管理			权益管理				
税务核算	资金管理主数据			保险管理				
核算主数据				资产主数据				

股份-会计处 | 集团-货币资金处 集团-资金计划处 股份-资金处 | 集团-预算管理处 股份-预算处 | 集团-资本市场处 集团-股权管理处 股份-资本运营处 | 股份-资产处 集团-资产价值管理处 | 股份-财税价格处 | 集团-财报分析处 股份-财务报告处 | 集团-稽查合规处 | 集团-筹融资处 股份-债务管理处

图 4-4　财务领域数据

点处理以及存货暂估；成本费用核算主题域包括成本归集控制表 1 个业务对象；总账核算主题域包括 18 个业务对象，分别是股利（债券利息）计提、成本（损益）结转、长期股权投资确认、利息费用计提、费用预提、投资性房地产摊销、内部上收下拨业务、递延收益摊销、研发支出结转、金融资产公允价值变动、其他应收款确认、外币汇兑损益、成本费用摊销、专项费用计提、营业外收入确认、记账凭证、其他所有者权益以及账务调整；税务核算主题域包括 4 个业务对象，分别是税费计提、出口退税、增值税月末结转以及税费及行政性收费缴纳单；核算主数据主题域包括 4 个业务对象，分别是台账类别、责任中心、会计科目与成本中心。

2. 资金管理子主题域对象设计

共享中心为资金管理子主题域设计了 8 个三级主题域，分别是资金计划管理、对外收付款管理、内部及关联方交易管理、资金往来管理、资金对账管理、综合授信管理、票据池管理以及资金管理主数据。

资金计划管理主题域包括 2 个业务对象，分别是资金计划与资金计划追加及调整；对外收付款管理主题域包括 2 个业务对象，分别是对外收款和对外付款；内部及关联方交易管理主题域包括 3 个业务对象，分别是集团内部结算、股份内部结算以及内部结算签认及托收；资金往来管理主题域包括资金划转 1 个业务对象；资金对账主题域包括 3 个业务对象，分别是银行流水、资金对账、银行余额调整；综合授信主题域包括 4 个业务对象，分别是授信额度、保函、信用证、汇票；票据池管理主题域包括票据池 1 个业务对象；资金管理主数据主题域则包括账户信息 1 个业务对象。

4.3.2 指标产品

指标是对业务结构、效率、质量等方面的度量，指标体系是业务数据标准化的基础，其对指标进行了统一管理，体系化是为了方便统一修改、共享及维护。指标体系可以全面支持决策、指导业务运营、驱动用户增长以及统一统计口径。共享中心可以基于财务多维指标体系架构规划衍生的指标目录——价值目录来构建指标类数据资产。依附多维指标目录层级，共享中心可以构建产品指标体系目录，其既可以直接服务于客户的产品，又是产品体系中模型、场景及主题产品的原材料。

共享中心围绕创造价值、支持战略、防控风险、精益财务及服务业务五个主题，不断优化、完善指标体系目录。在创造价值方面，共享中心将企业价值创造进一步分解为收入增长、成本降低、资产效率以及能力的提升；在支持战略方面，共享中心结合中国石油高质量发展的要求，进一步将战略支持分解为资源、创新、国际化、市场和绿色低碳；在防控风险方面，共享中心进一步将风险防控分解为涉税风险防控、资金风险防控、往来风险防控、资产风险防控、收入核算风险防控、成本费用违规风险防控以及小金库风险防控；精益财务则进一步被分为预算管理（包括预算编制、预算执行与预算绩效评价）、数字财务以及共享财务；服务业务则包括勘探阶段产生的业务数据指标，开发阶段产生的业务数据指标，生产阶段产生的业务数据指标，炼油化工阶段产生的业务数据指标，成品油销售企业设定的业务数据指标，天然气销售企业设定的业务数据指标，供应链环节涉及的采购、物流、仓储等业务数据指标，为主业产业服务的后勤保障业务数据指标以及与油田弃置相关的业务数据指标。截至 2022 年 12 月，共享中心共输出指标产品 3 000 余个。

4.3.3 模型产品

模型是对数据湖及数据中台获取的数据和指标,通过"规则+算法",得出可以支持经营管理决策的业务规则或算法模型,例如本量利分析或者收入预测的时间序列模型等。模型一般需要有数据输入,模型输出结果可以通过数据结果、图、表等表达形式呈现,模型也可以以API的方式提供服务。当前,共享中心共设计了以下四类模型产品:

(1)预警模型。对企业经营、管理、财务等状况进行实时监测,在风险发生的第一时间作出提示,例如加油卡套利风险模型、高风险发票模型。

(2)评价模型。对企业经营管理涉及的各项事务按照特定规则进行评价,区分优劣,例如供应商信用评价、客户信用评价。

(3)分析模型。对企业宏观战略、财务报表、生产销售等进行分析,支持经营决策,例如产品销售定价分析、偿债能力分析。

(4)预测模型。预测企业财务报表及其他经营管理中的重点,例如现金流量预测、"两金"预测。

以供应商风险模型为例。中国石油共享中心将企业招投标系统、合同系统以及企查查的相关数据作为数据源,利用数据汇聚和相关信息分析对供应商历史合作信息做筛查,在此基础上,利用大数据知识图谱构建关联关系,同时实时抓取外部舆情数据,运用逻辑回归构建供应商风险模型。模型针对风险规则定义权重,计算供应商的风险综合评分,输出具有高风险系数的供应商,并自动将其列为重点关注对象。图4-5是供应商风险模型构建流程与应用示例。

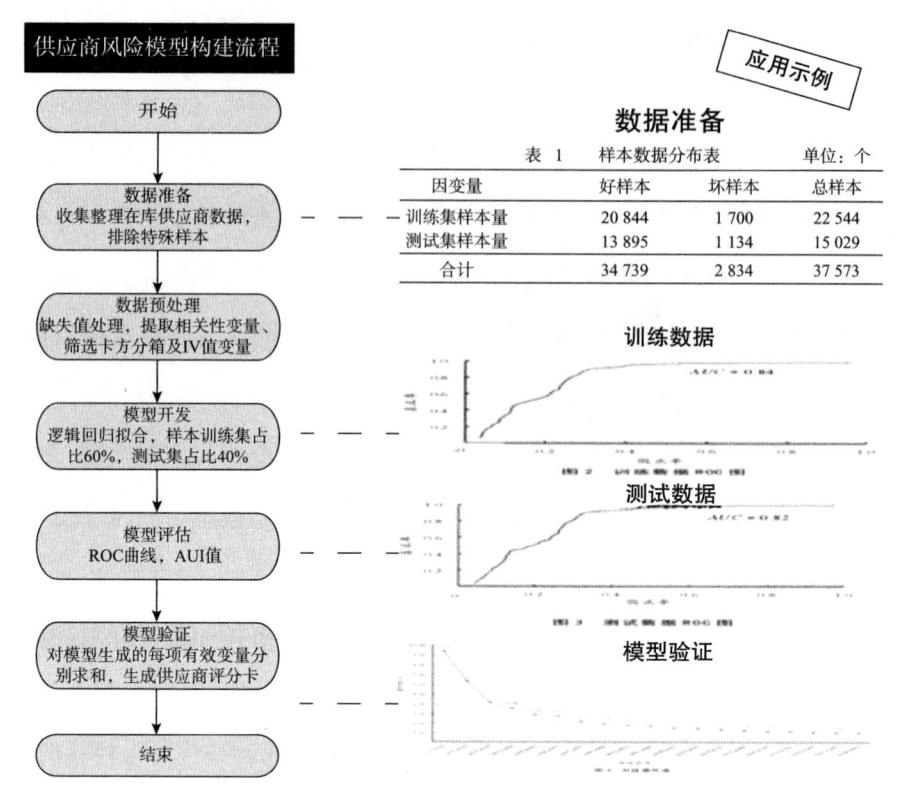

图 4-5　供应商风险模型的构建流程与应用示例

4.3.4　场景产品

场景产品指独立的、满足某种需求的数据分析页面或功能，是主题产品的组成部分，例如全面预算管理、资金管理、风险管控等。场景产品通过对数据、指标和模型进行提取和加工，运用分类汇总、结构占比、趋势预测、关联对标等数据分析方法，以图、表、大屏、文字等形式呈现数据分析结果，从而形成多个规范化、标准化、智能化的页面产品，是主题产品的基础模块。图 4-6 显示了场景中台是连接数据中台与主题产品的中转站。

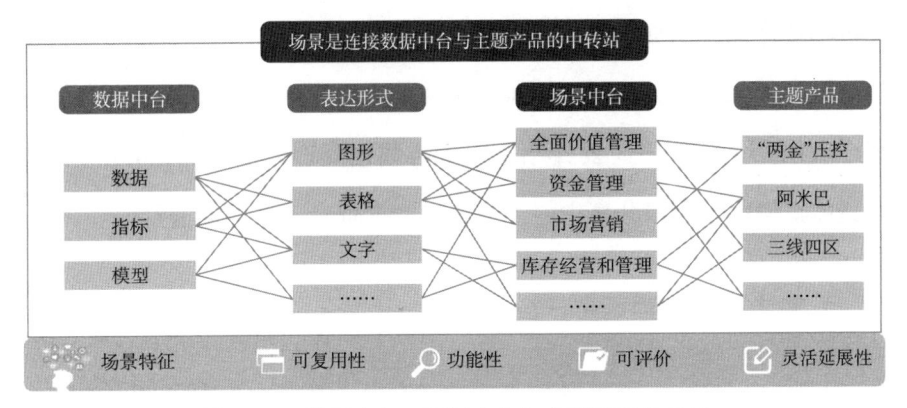

图 4-6 数据中台、场景中台与主题产品的关系

共享中心应基于集团数据湖及数据中台的能力，结合集团公司的管理重点，打造以价值为核心的财务管理、以效能提升为目的的运营管理，并综合考虑共享运营管理，构建贯穿全产业链的场景目录。场景目录是对场景功能的分类和归集，以达到产品复用、资产评价的作用。目前已经梳理的场景目录见图 4-7。

图 4-7 贯穿全产业链的场景目录

4.3.5 应用产品

应用产品是指完整的、面向最终用户的，满足特定管理目的的数据

分析综合产品。根据数据资产价值实现的方式不同，共享中心的数据资产应用产品又可以分为对内赋能类数据资产应用产品与对外流通类数据资产应用产品。这里简要介绍上述两类数据资产应用产品，4.5节将结合具体案例深入介绍共享中心如何通过数据资产赋能并创造价值。

1. 对内赋能类数据资产应用产品

共享中心对内赋能类数据资产应用产品主要面向中国石油内部各个层级提供数据应用，赋能主业，实现企业内部降本增效、风险预控、智慧决策以及优化上下业务链的整体资源配置。图4-8是共享中心数据资产应用产品对内赋能的模式架构。从层级来看，共享中心的数据资产应用产品赋能涵盖总部，勘探开发、炼化、销售等各业务板块以及各专业公司及所属单元等不同的管理层级。在不同的层级上，数据资产应用产品赋能的内容也存在差异。在总部层级，主要是针对集团公司和股份公司的经营活动进行分析以及智能展现；在各个业务板块，则主要针对板块特征进行相应的赋能，例如在油田勘探开发板块，共享中心的数据资产应用产品涵盖勘探对标、三线四区专题、天然气价值链分析以及吨油生产经营分析等产品类型；在专业公司及所属单元层级，则主要是符合专业公司特征的数据资产应用产品，例如阿米巴经营分析、经营分析报告等。

目前，共享中心已经形成了以下五大类比较成熟的对内赋能类数据资产应用产品。

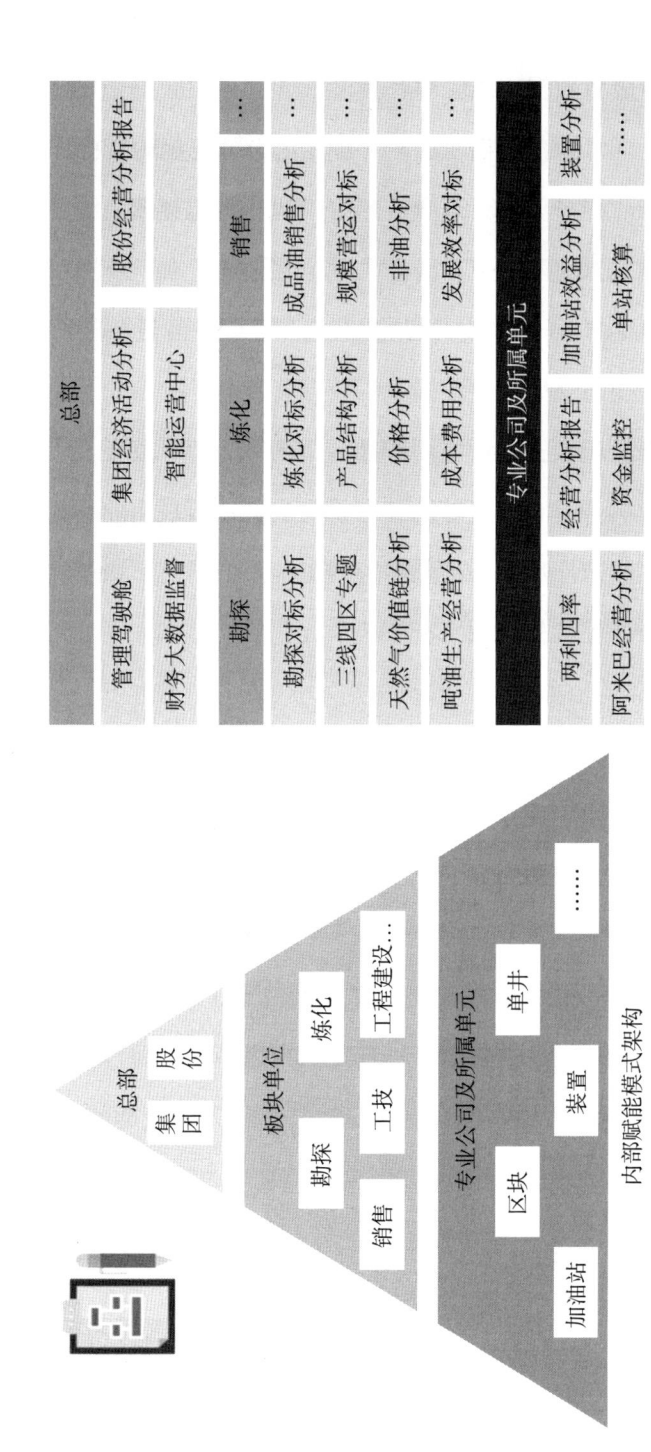

图 4-8 共享中心数据资产应用产品对内赋能的模式架构

（1）财务分析数据资产应用产品。

共享中心将积累 10 年的报表数据转化为可视化的指标体系，横向涵盖经营成果、财务状况、现金流量等模块，纵向穿透集团公司、股份公司、专业公司及地区公司，辅助财务分析工作，服务经营管理决策。目前财务分析数据资产应用产品已经应用于集团公司和股份公司财务部，有 50% 的单位登录使用。

借助财务分析数据资产应用产品，集团财务部可以全面了解集团及所属单位重要的经营数据，辅助经营管理决策；板块企业，如华油集团可以借助数据资产应用产品的数据穿透功能及时了解下级单位的经营情况，提高财务数据的使用效率；板块单元公司，例如大港油田，则可以快速查看 10 年的历史数据，辅助财务分析及专项工作汇报。

（2）报表全流程分析数据资产应用产品。

共享中心以事前准备、事中监控和事后评价为管理闭环，建设报表全流程可视化平台，助力报表质效提升和规范管理。通过该平台，企业可以实时掌握各单位的报表报送进度，并对单个报表的质量进行评估。2022 年 7 月起，差错率和标识完整度指标在股份公司财务部的财务月报情况通报中得到应用，这有助于精准定位问题，客观评价报表质量，发挥对地区公司的激励约束作用，优化报表工作。例如，2022 年 7 月，股份公司的报表退改 120 张次，差错率达 0.64%；到了 8 月，股份公司的报表退改 71 张次，差错率下降至 0.37%，报表质量得到了有效提升。

（3）商旅分析场景数据资产应用产品。

商旅分析场景数据资产应用产品以差旅全量数据为基础，以差旅业务全流程为主线，为企业各层级管理者提供差旅数据管理工具，展现数据价值，推动企业精细化管理，助力商旅服务升级，实现降本、增效、合规的管理目标。共享中心通过向集团财务部提供商旅预订率统计表，推动集团、财务部门下发关于因公出差的财务报销文件，落实董事长、集团综合管理部的要求，通过按月进行通报，帮助集团公司落实对文件的执行。

（4）发票分析场景数据资产应用产品。

为充分挖掘发票信息，防范业务风险，优化采购行为，实现提质增效，共享中心围绕全局概览、发票信息、采购流程、自查分析构建4大主题场景、16个子场景，打造发票分析场景数据资产应用产品，为集团公司管理层和各层级管理者的经营决策提供数据支撑。共享中心借助发票分析场景数据资产应用产品，输出成品油内外部采购分析数据，按月向板块报送《油品采购分析报告》，协助销售公司掌握油品资源在系统内部的使用情况，加大油品内部供销力度。2022年1月至6月，集团内部采购油品总金额占比从89.95%提升至97.53%，保障了集团油品供销产业链利益最大化。

（5）资金风险监控数据资产应用产品。

共享中心以问题导向为主，以及时发现资金业务各环节的潜在风险，通过报销单防重、付款单防重、托收单防重、银行交易防重以及会计凭证防重"五个防重"层层把关，实现风险实时预警。例如，2022年6月24日，共享中心智慧共享大屏发现2份疑似重复的股份托收单，收付款单位名称、时间、金额等主要信息完全一致，一份由共享中心人员填写，一份由服务单位人员填写。资金风险监控系统自动发出预警提示，10分钟后就发现上述情况是未取消共享中心的客户单位的系统填单权限造成的。

2. 对外流通类数据资产应用产品

共享中心积极探索数据资产的对外流通模式，力争让数据资产为全社会创造更多的价值。目前比较成熟的对外流通类数据资产应用产品是基于中油E链的供应链金融数据产品（见图4-9）。

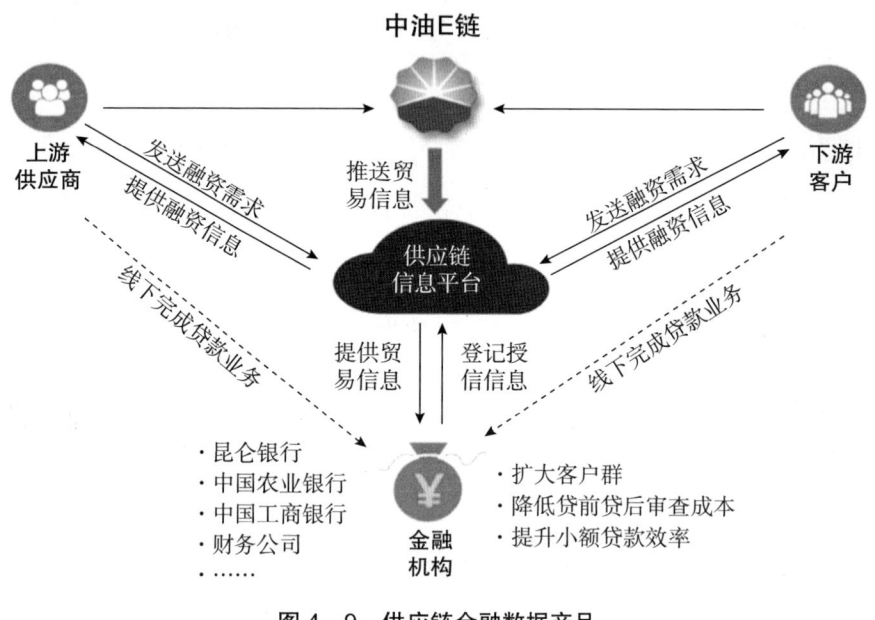

图4-9 供应链金融数据产品

在图4-9中，中国石油是行业内的核心企业，将本集团与其上游供应商和下游客户的所有贸易信息都集中在中油E链，进而推送到供应链信息平台，供应链信息平台则将有融资需求的上下游企业的贸易信息数据资产应用产品提供给金融机构，以便于金融机构更准确地对上下游企业的风险和业绩进行评估。目前，合作的金融机构包括昆仑银行、中国农业银行、中国工商银行等。供应链金融数据产品可以有效地帮助金融机构扩大客户群、降低贷前贷后审查成本、提升小额贷款效率。

4.4 数据资产的管理机制

为了保证数据资产的规范化和标准化，中国石油共享中心构建了一套完整的数据资产管理机制，包括明确数据资产属性，建立完善的数据资产化制度体系、组织架构，形成一套完善的数据资产全生命周期管理流程。

4.4.1 数据资产属性

针对主题域数据、指标、模型、场景与应用等五大类数据资产，中国石油共享中心为数据资产赋予了不同的属性，包括基础属性、业务属性、管理属性与技术属性。

（1）基础属性。基础属性反映数据资产的身份信息。以指标类数据资产为例，其基础属性包括指标编码、指标一级分类、指标二级分类、指标三级分类、指标曾用名以及标准化指标名称等。

（2）业务属性。业务属性是数据资产反映或关联的业务信息。以指标类数据资产为例，其业务属性包括业务定义、计算逻辑、指标类型、应用类型、计量单位、关键值、分析维度等。

（3）管理属性。管理属性是指数据资产管理方面的信息。以指标类数据资产为例，其管理属性包括指标层次、认责部门、指标启用日期、指标修订内容、修订人等。

（4）技术属性。技术属性是指数据资产技术方面的信息。以指标类数据资产为例，其技术属性包括数据源、模型表、数据来源表等。

通过对数据资产属性的梳理，五大类数据资产都按照统一的数据结构被整理起来，实现了数据资产的结构化。

4.4.2 数据资产化制度体系

中国石油的数据资产化制度体系包含规范流程类制度、标准规范类制度以及实施细则类制度。规范流程类制度主要对数据管理的机构、职责与流程进行规范管理，例如已经出台的《中国石油天然气集团有限公司数据管理规定》，其中包括数据管理总则、数据管理机构与职责、数据管理规划与架构、数据管理采集与管理等。标准规范类制度是对数据标准管理的具体规范和要求，目前已经出台了《元数据管理规范》《数据质量管理规范》《数据安全与共享管理规范》《数据湖管理规范》等。实施细则类制度则是数据资产化在各个专业领域内的具体实施方案，例如目前已经出台的《勘探业务领域实施细则》《炼化业务领域实施细则》《销售业务领域实施细则》等。

4.4.3 数据资产化组织架构

中国石油建立了全方位、跨部门、跨层级的数据资产化组织架构（见图4-10），这是落实数据资产管理责任的保障。中国石油的数据资产化组织架构包括决策层、管理层和执行层三个层次。

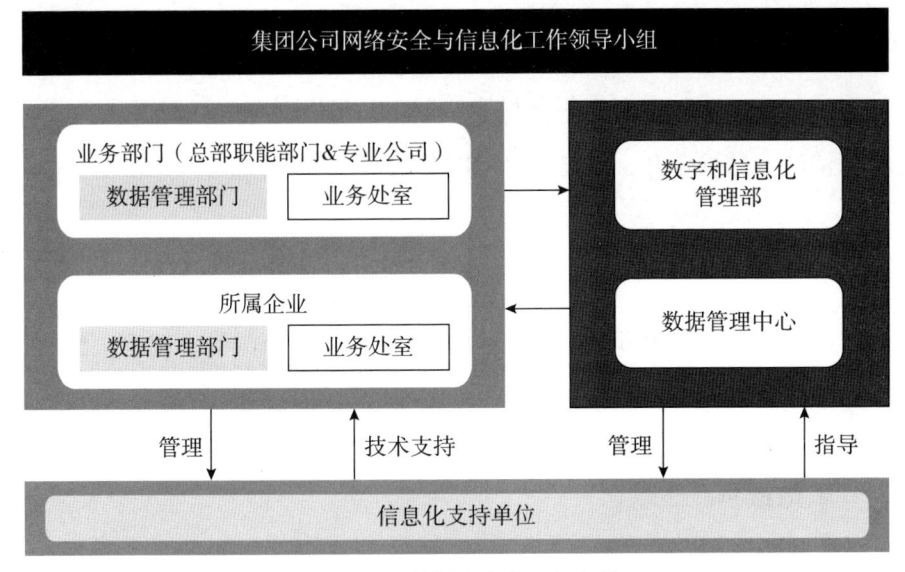

图 4-10 数据资产化组织架构

（1）决策层：公司级领导在集团内部成立的网络安全与信息化工作领导小组，负责制定数据资产化战略、统筹管理和协调资源。

（2）管理层：集团公司数字和信息化管理部负责组织和制定数据资产的管理制度和机制，定期开展数据资产质量评估、资产盘点和维护，并定期向决策层进行汇报。

（3）执行层：数据管理中心根据公司既定战略和商业模式落实数据资产管理工作。

4.4.4 数据资产全生命周期管理流程

共享中心进一步构建了数据资产全生命周期管理流程，包括数据资产获取、数据资产分类、数据资产失效与数据资产变更。

1. 数据资产获取

通过多渠道的数据采集获得原始数据，之后对原始数据按标准进行数据清洗、数据合并，最终获得可用数据。

2. 数据资产分类

将确认可用的数据经过可监控的流程进行整理归类、编目、编码，便于使用方进行引用。

3. 数据资产失效

甄别无价值数据，在数据资产数据库中进行删除等操作，提高数据资产的质量。

4. 数据资产变更

甄别错误、不合理、不真实的数据，在数据资产数据库中进行修改、变更等操作，提高数据资产的质量。

4.5 创造价值的数据资产

数据资产的意义在于能够创造价值。共享中心经过不断探索，已经在财务与人力资源管理这两个共享领域的数据资产应用方面取得了一定的成果。本节主要结合实际案例介绍阿米巴经营模式、薪酬对标以及人才队伍画像三个典型的数据资产产品的应用与价值创造。

4.5.1 黑龙江销售公司的阿米巴经营模式

数字经济正在驱动新一轮的全球变革,企业数字化转型已成为焦点。近年来,成品油销售企业的竞争日趋激烈,经营能力、创效能力、管控能力面临着巨大考验,如何通过新一代信息技术以及"互联网+"、大数据助力企业提质增效、精细管理、转型升级成为新阶段亟需解决的难题。中国石油戴厚良董事长指出,"销售企业要对每座加油站、油库的经营情况进行分析,学习借鉴稻盛和夫的阿米巴经营模式,以小核算单元去经营,既要宏观分析,又要微观分析,通过全员参与来促进销售经营业绩的提升"。黑龙江销售公司也提出,"要研究如何将阿米巴经营模式与现有的经营模式进行有效融合,形成一套符合中国石油销售企业生产经营实际和长远发展目标的新管理模式,让阿米巴经营模式融入中国石油的文化中"。

1. 销售企业的现实需求

随着财务共享业务全承接持续推进,原有财务管理模式彻底颠覆,客户单位财务管理转型迫在眉睫,但现有系统无法及时、准确获取业财数据,企业急需能够向业务端延伸的管理工具,为建设销售企业管理会计体系提供有力支撑。如果在销售企业构建阿米巴经营模式,当前存在以下问题:

(1)存在数据壁垒,易形成信息孤岛,同时数据颗粒度不够精细,分析不够准确。

(2)数据加工低效,手工统计工作繁重;数据获取不及时,不能快速决策。

(3)管理者无法全面、及时了解经营,机关与基层管理脱节。

(4)员工工作量难以准确统计、分配,员工参与经营的意识淡薄。

（5）加油站点多、面广，经营风险管控难度大、风险高。

（6）加油站层级对标统计口径、标准一直未明确。

上述问题导致灵活多变的阿米巴经营模式很难在中国石油的销售企业中实施。

中国石油集团与销售企业也对阿米巴经营模式建设提出了具体的要求，要集中力量聚焦单站核算，走"专而精、精而强"的道路，充分发挥"后视镜""仪表盘""导航仪"作用，具体包括：

（1）要实现多系统数据有效衔接和资源优化共享，力争实现系统功能的可复制、可推广，最后形成板块层面的单站核算标准体系，将数据资源变为数据资产，助力决策，辅助经营。

（2）不仅提供传统财务指标，还要从财务角度来评判企业经营发展状况，发挥经营评价的"后视镜"作用。

（3）要解决财务指标时间上滞后的问题，随时掌握了解企业经营的动态情况，发挥及时获取生产经营数据的"仪表盘"作用。

（4）要对经营管理提供决策支持，为经营者顺利实现目标提供参考建议，发挥经营预测分析的"导航仪"作用。

2. 销售企业的现实需求

基于上述背景，2020年，大庆中心与黑龙江销售公司开始合作，探索在黑龙江销售公司应用阿米巴经营模式。

（1）总体建设思路。

黑龙江销售公司的阿米巴建设的总体思路是建设紧紧围绕阿米巴经营理念、以加油站为单元的核算和管理体系，培养具有经营意识的管理者，实现全员参与经营，提高创效能力，具体通过"3个实现"来完成，分别是：

1）实现系统间数据衔接及共享。系统可提取加油站管理系统的管理系统（BOS）和总部级系统（HOS）、卡系统、ERP系统、电子券平台、FMIS、司库平台、发票系统中的业务、财务系统数据，设计各项业财指标，贯穿加油站经营各业务环节，从时间维度、架构维度层层穿透，为管理者提供可视化管理工具。

2）实现多层级多维度指标展示。系统设置加油站及省市公司等不同展示层级，可实现对比比较、显示投入产出关系、评价考核、风险提示等功能，各层级管理者和经营者可及时掌握经营成果，发现风险点，找出不足，实施改进措施，提高运营能力和价值创造能力。

3）实现量化考核、激发员工动力。通过该系统的推广和运用，将阿米巴经营管理理念植入员工内心，实现经营成果与员工业绩考评挂钩，明确绩效考核导向，激发员工热情，使员工成为主角，主动参与经营，提升竞争意识。

（2）系统架构设计。

为了保证"3个实现"的顺利完成，黑龙江销售公司综合使用系统接口、数据库连接、RPA等方式提取BOS、HOS、销售ERP等8个业财系统的数据，实现多系统数据有效衔接和资源优化共享，解决数据滞后问题，可随时掌握企业经营动态。黑龙江销售公司的阿米巴经营管理模式架构见图4-11。

（3）数据集成方案。

图4-11中非常重要的环节就是将业务端不同业务系统的数据整合到阿米巴经营管理模式中，这样方能利用阿米巴经营管理模式的各类报表和分析工具。因此，数据才是阿米巴经营管理模式的核心。黑龙江销售公司利用可扩展商业报告语言（XBRL）给不同业务系统的数据打上

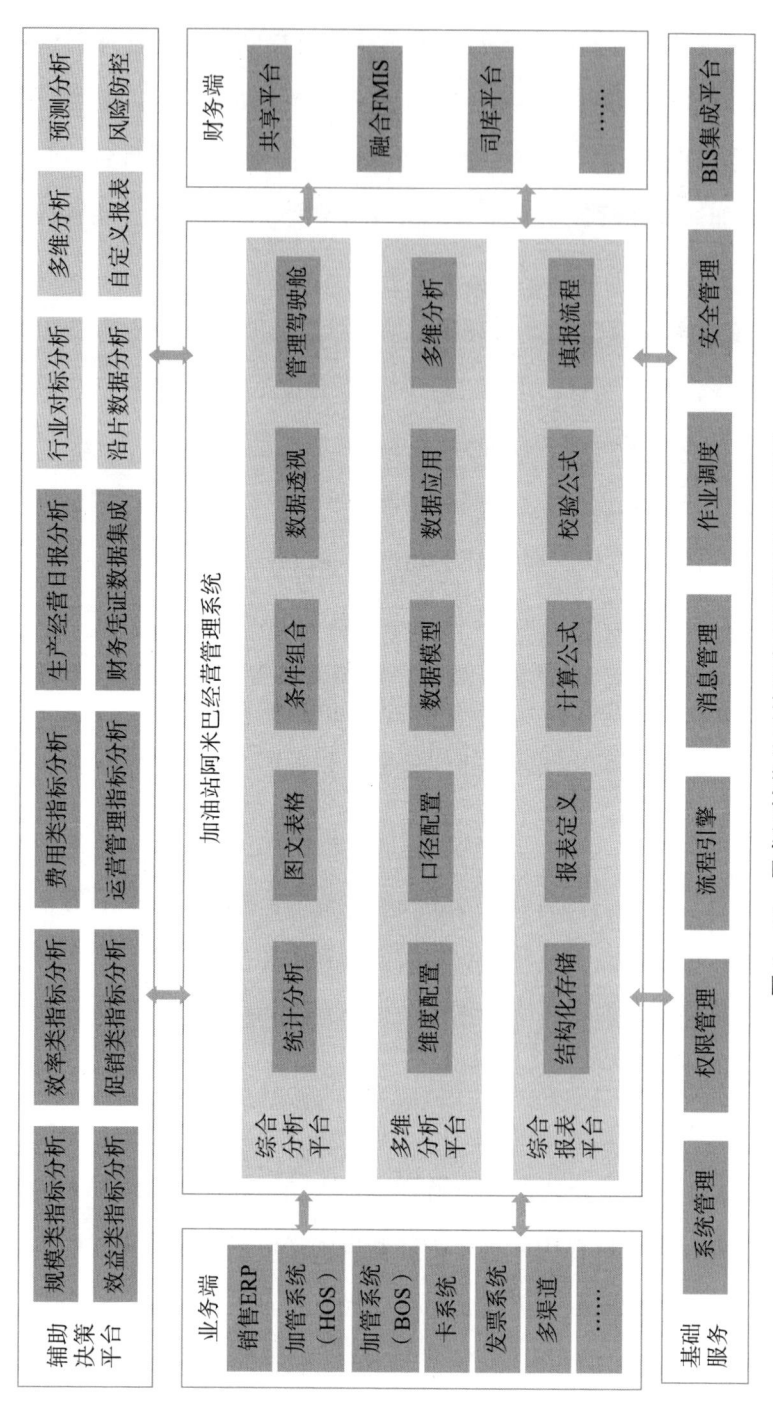

图 4-11 黑龙江销售公司的阿米巴经营管理模式架构

标签，这些标签都是根据分析和管理的需要而设计的。通过给数据打上标签，构建标准、灵活、开放、共享的数据分析平台，企业才能利用阿米巴经营管理模式的各类模型提供报表，进行分析。

（4）阿米巴经营管理模式的功能。

黑龙江销售公司的阿米巴经营管理模式共有7大主题功能，分别是经营成果主题、经营指标主题、促销活动主题、对标对表主题、业绩考核主题、风险防控主题和电子券共享集成。结合7大主题功能，黑龙江销售公司进一步细化了176项指标。

1）经营成果主题。经营成果主题的核心是覆盖生产全过程，感知业务微变化，洞察经营增长点。紧密围绕加油站生产经营，精心提炼油品销量和毛利、非油收入和毛利、利润总额、费用总额、油品损耗、绩效兑现、到位率、进销存等10大指标看板（见图4-12），通过灵活、多维度、全方位的分析，不同管理层、决策者可灵活定义专属驾驶舱，为更好、更快的经营决策提供有利支撑。

2）经营指标主题。经营指标主题的核心是推动加油站经营赋能放权，激发全员效益意识。通过设置规模、效益、效率、费用等4大类30项指标（见图4-13），将加油站作为一个完整独立的利润中心，将加油站员工作为一个最小单元，科学确定加油站毛利水平，明确各项成本费用的分摊口径，准确反映加油站油品、非油业务的费用水平和盈利能力。

3）促销活动主题。促销活动主题强调精准把握市场动态，实行加油站核算精细管理。建立预算、支出、评价等全流程实时促销分析体系，包括自建电子券非油、自建电子券油品、卡消费折扣、油非互动、统建电子券、加油卡积分、中油优惠、加油卡返利等主要指标，科学评价促销效果，可针对市场及销量变化，及时调整促销策略，破解量效平衡难题，提升经营效益。促销活动主题示例见图4-14。

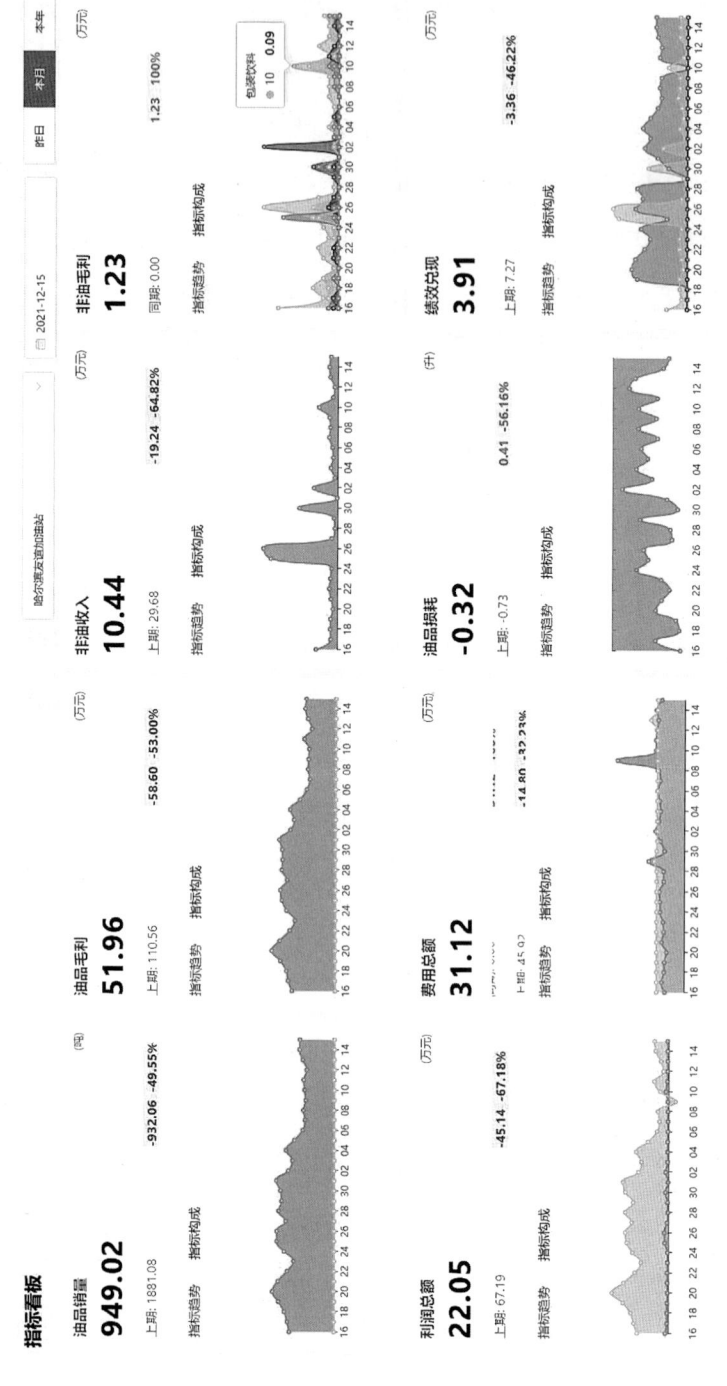

图 4-12　指标看板示例

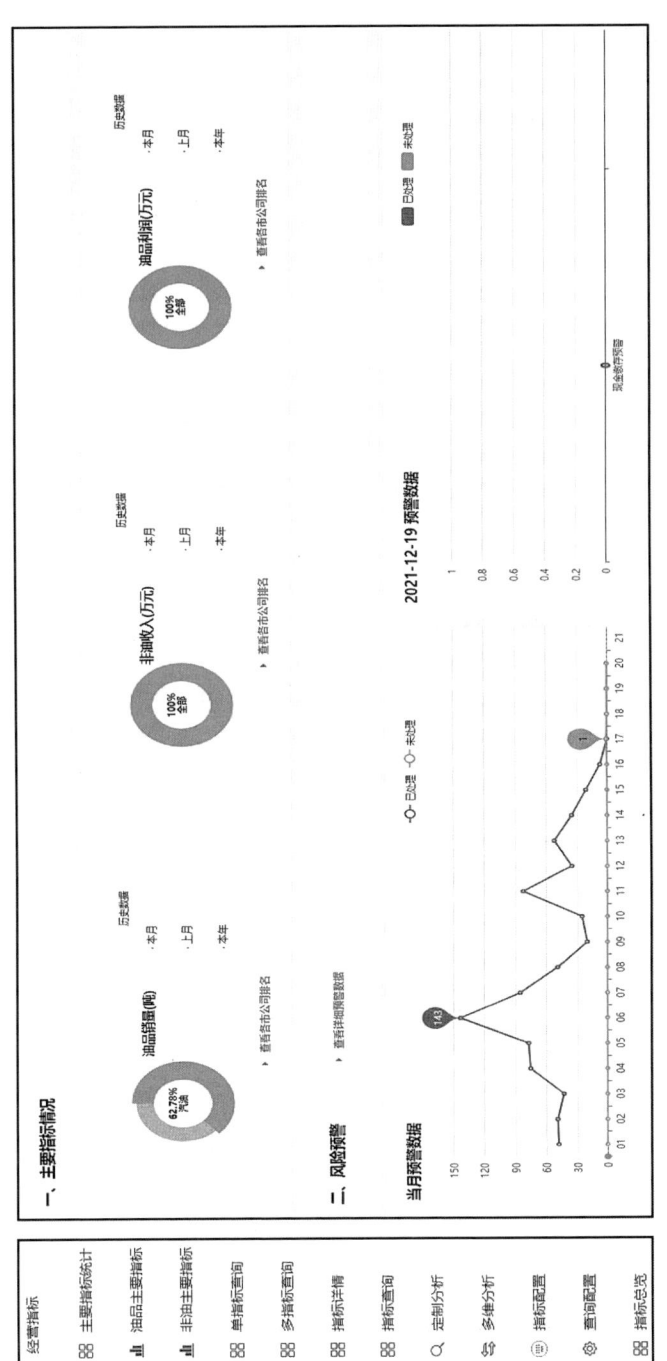

第 4 章　数据资产：与流程共同进化的数据　/　179

图 4 - 13　经营指标主题示例

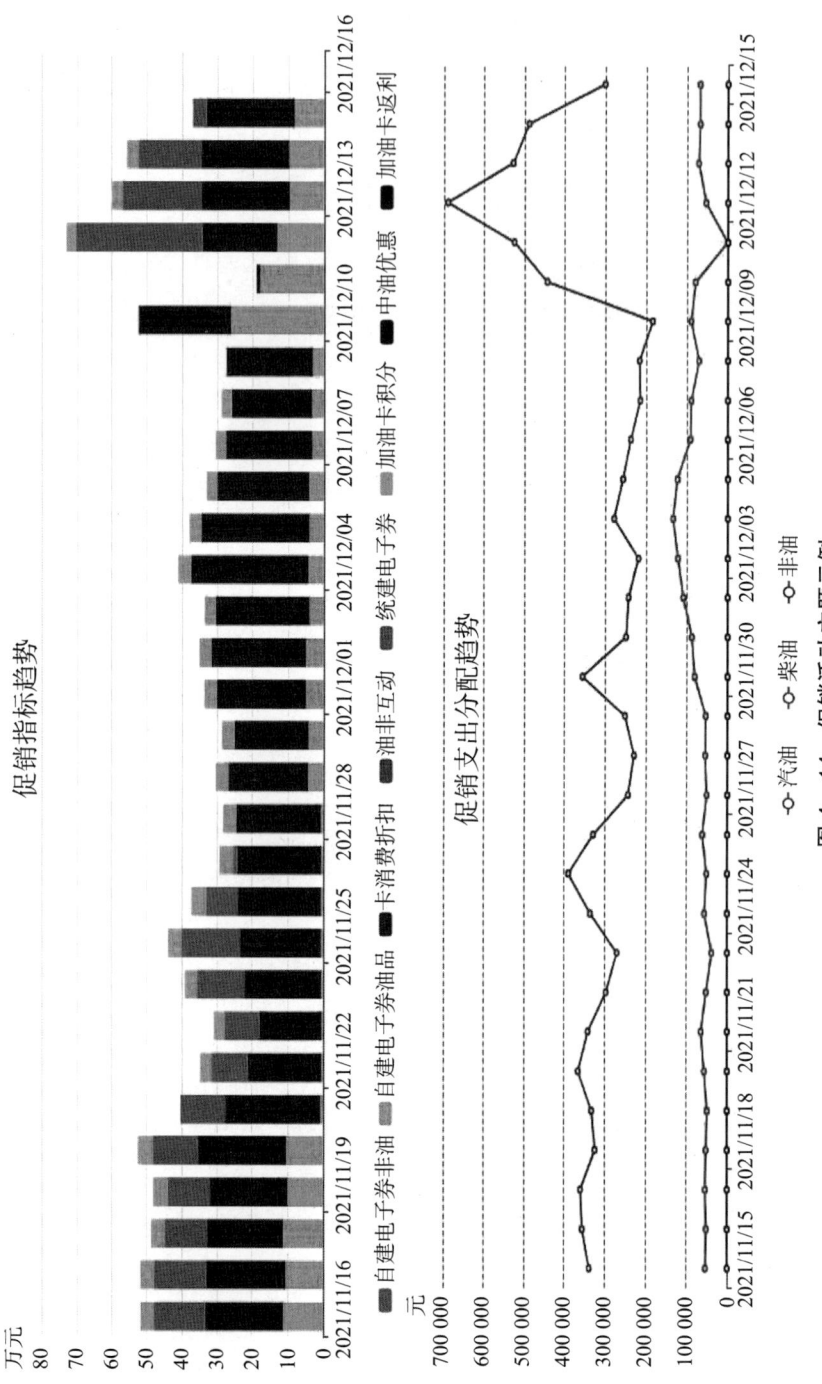

图 4-14 促销活动主题示例

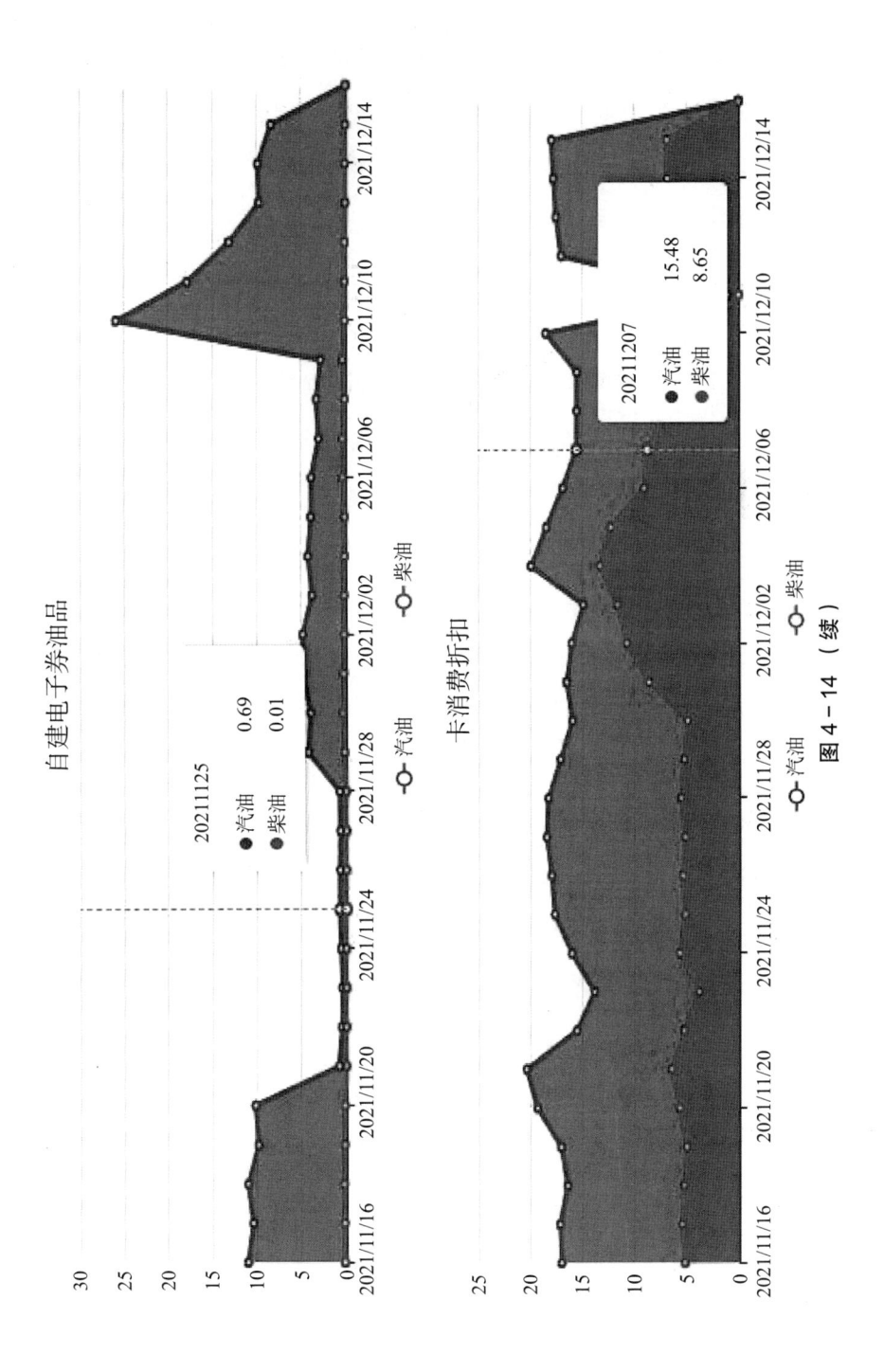

第 4 章 数据资产：与流程共同进化的数据 / 181

图 4-14（续）

4）对标对表主题。对标对表主题主要是搭建数据测算模型、对标对表分析差距。以量效兼顾、效益优先为原则，以销量为标尺，建立11梯次站级的对标管理体系，设置油品零售销量、利润总额、人均利润、非油营业收入、非油毛利总额和人均油品零售销量等关键指标，在相同梯次内差法打分，全面反映自身优劣势，在与标杆站对比中找差距、补短板、扩优势。对标对表主题示例见图4-15。

5）业绩考核主题。业绩考核主题强调明确薪酬提升渠道，有效激活一线员工活力。设置站级绩效兑现规则，自动计算油品和非油绩效，实现经营成果与员工业绩考评挂钩，员工绩效工资实时透明展示，使得业绩考核更加公平、公正、透明，激发一线员工的积极性与创造性。

员工绩效工资由油品绩效工资、非油绩效工资和专项奖励组成。绩效工资按班组、个人进行数据展示，每名员工每天工作完毕后即可看到自己的绩效工资情况，绩效工资及时量化。通过班组排名和个人排名有效提高加油站员工工作的积极性。

6）风险防控主题。风险防控主题是防控经营风险，助力企业管理升级。通过"预设清单、风险识别、风险查证、问题整改、模型优化"的管理闭环，管控站级资金、发票、电子券等6大类32项经营风险，实时推送异常数据，为各层级管理人员落实内部风险防控和管理升级提供技术甄别手段，建立"人防+技防"监督格局。

● 在资金风控方面，针对加油站资金风控难点，设计现金缴存、应收应缴、延迟支付等六大风控方法，通过提取HOS、卡系统、司库系统、BOS数据比对预设阈值，识别延时缴存、延时到账、应收应缴差异等风险点，防范资金风险，确保资金安全；按照系统预设审批流程，自动推送预警信息至相关岗位，由相关岗位核实是否存在风险及采取相应治理措施，强化风控成效。

#	指标编号	计量单位	权重
1	油品零售销量	吨	20%
2	利润总额	元	35%
3	人均利润	元	10%
4	非油营业收入	元	6%
5	非油毛利总额	元	9%
6	人均油品零售销量	吨	20%

梯次名称	开始值	结束值	操作
第一梯次	1101	20000	编辑 明细
第二梯次	901	1100	编辑 明细
第三梯次	801	900	编辑 明细
第四梯次	701	800	编辑 明细
第五梯次	601	700	编辑 明细
第六梯次	501	600	编辑 明细
第七梯次	401	500	编辑 明细
第八梯次	301	400	编辑 明细
第九梯次	181	300	编辑 明细
第十梯次	91	180	编辑 明细
第十一梯次	0	90	编辑 明细

图 4－15　对标对表主题示例

- 在发票风控方面，针对发票管理过程中的风险环节，建立发票系统、ERP 系统、卡系统之间的数据关联，将各系统的开票信息按日比对，对于异常信息按专票、普票进行分别预警。

- 在加油卡风控方面，分设单卡类、TOP 类、黑名单卡类预警，每日根据单位卡和个人卡消费情况进行综合分析，对消费超阈值的排名前 10 的单位和客户进行预警提示，同时建立白名单机制，对正常交易的单位和客户不予预警提示。

- 在电子券风控方面，针对统建电子券、自建电子券两大类进行预警，通过区分会员号、手机号等身份信息，筛查多频次、多时段、连续多日消费的异常交易，通过监控预警，降低电子券套现风险，使电子券促销惠及真正的终端消费者。

- 在非油商品风控方面，对非油商品的销售、扫码等信息进行筛选与分析，并且对每种商品的信息按照销售情况进行统计，对每种商品集中扫货、滞销时间过长、销售毛利为负等情况进行预警，有效管控非油商品风险。

- 在损耗风控方面，设定途耗损耗率、零售损耗率预警阈值，针对途耗和零售损耗异常情况进行监控，及时消除隐患因素，降低运输过程、零售保管等环节跑冒滴漏的风险。

7）电子券共享集成。电子券共享集成主要关注一键对账自动集成，释放人力提质增效，解决营业日切割、自动对账、承担方分拣分摊等问题，实现了电子券业务与共享系统集成和凭证的自动推送，单月推送 40 万条交易明细，减少业务人员和财务人员的月末数据加工量，月结释放

2个FTE[①]，大幅提升工作效率。

4.5.2 薪酬对标

为持续健全中国石油内部激励机制，深度配合推进三项制度改革，实现高质量发展，按照集团公司人力资源部要求，自2020年开始由共享中心承担劳动力市场价位对标专项工作，围绕集团公司薪酬效能数据开展多维度深度分析，为中国石油集团总部管理决策提供数据支撑。

共享中心通过明确需求导向、践行用户有感以及夯实用户信赖这三个方面进行薪酬对标工作。

1. 明确需求导向

共享中心聚焦用户个性化需求，优化用户体验，提高用户满意度，具体包括：

（1）需求调研与分析。共享中心与集团公司人力资源部进行多轮深入研讨，聚焦用户最关注的关键指标，充分发挥共享业务的数据优势，紧密结合中国石油企业特点，借鉴中国石化等兄弟单位的做法，构建了更具中国石油特点的薪酬效能对标体系，最大限度满足用户业务需求。

（2）模型构造与搭建。按照"优化体系，明确范围，精准对标，多维分析"的思路，基于效益效率与薪酬分配联动对标业务场景，结合业务实际设计了薪酬对标、薪酬与效能匹配、效能对标3类7组对标分析

---

① FTE（full-time equivalents，FTE）指全职人力工时，用于将总的工作时间转化为等量的全职工作时间。一般来说，一个人就相当于一个全时工作量。

模型，同时增加了模型有效性检验，验证模型推演结果与业务判断结论的一致性，确保分析结论的高可用性。

（3）内容持续迭代完善。在人力资源部薪酬与考核处的指导下，2020年前后共享中心对报告内容进行了12轮修订，单份报告最多修改39版，持续丰富报告内容，重点更加突出。最终产出1份集团公司总报告和9份分报告，累计超过22万字。

2. 践行用户有感

在对标过程中，共享中心推进数据与业务深度结合，提高对标结论的可理解性及可用性。

（1）深挖数据业务价值，增强报告可读性。坚持"业务与数据融合分析"的思路，重构总/分报告框架，透过数据现象看业务本质，善用多种业务语言描述数据分析结果，方便用户快速掌握结论要点。

（2）采取"先分后总，以点带面"的编制模式。首先打磨形成油气田业务分报告，在此基础上快速推广完成各业务分报告的撰写工作，完成分报告后集中精力重点攻关总报告，在确保报告编制效率的同时兼顾报告质量。

（3）完善分析方法，优化展现形式。运用企业"归堆"对标方式，进一步提高分析的精准度；丰富对标指标与维度，更直观了解趋势变化与差异程度；薪酬效能"拉通看"，集中展示薪酬与效能整体情况，提高关键指标的可理解性；加强业务提炼，设计4个特征标签描绘企业画像，实现"一图胜千言"的展示效果。

3. 夯实用户信赖

为了提高用户对薪酬对标的信赖程度，共享中心强调规范数据处理工作标准，通过构建"三步走"的数据安全管理体系，守好数据安全防线。一是数据获取同步去噪。收集企业薪酬与效能数据，同步开展多轮数据清洗工作，确保分析结论如实反映业务实际。二是数据审核双重校验。设计"逻辑校验＋业务校验"双保险，内外部数据均须校核，摸清并核准薪酬与效能数据，在开展数据对标分析的同时完成基础数据的校核和工作流程的再完善。三是模块化数据处理分析。共享中心人力资源数据分析团队自主设计了7套数据处理模板，用以处理并分析数据，有效提高了数据处理分析能力和工作效率。

薪酬对标为集团公司薪酬管理提供了强有力的数据支撑和具有较高可行性的政策建议，凸显出共享战略决策支持的价值；实践探索了以业务为主导，总部业务处室、公司高效协同，内部专业化团队提供数据咨询增值服务的全新模式；初步孵化出"劳动力市场价位对标"产品线，积累了内外部对标数据资源，推动了数据资源向数据资产的转化；加快了专业人才梯队建设，初步为公司培养了一支术业有专攻的数据分析人才队伍。

共享中心薪酬对标工作也得到了集团总部人力资源部的高度认可，在未来集团总部人力资源部将继续委托共享中心协助开展集团公司职工薪酬调查及劳动力市场价位对标等工作，这标志着共享中心与集团公司长期合作关系的建立，共享服务业务范围得到进一步延伸。

4.5.3 人才队伍画像

为探索重点群体岗位及人才画像在人力资源管理活动中的创新应用，共享中心以中国石油操作技能班组长为研究对象，以业务为驱动，结合中国石油人才发展战略及人才强企工程行动方案，通过中国石油人力资源管理系统、调研问卷、调研访谈获取主要数据，从数据分析的全新视角，应用多种分析方法，开展多维分析，设计出班组长任职资格模型、优秀班组长任职资格模型，从资质、能力与素质三方面描绘出明晰的班组长群体画像，为提高技能人才质量、促进技能人才队伍建设赋能。2021 年，为达到对技能人才固本强基的目的，根据集团总部人力资源部员工培训处的需求，共享中心人力资源数据分析团队对操作技能人员开展了现状调研，并围绕班组长群体的岗位任职要求、岗位胜任力、成长发展等核心指标做进一步深入分析，逐步构建班组长任职资格模型，为班组长选育提供重要依据。2022 年，团队基于业务处室提出的"1+4"能力框架，持续迭代完善班组长、优秀班组长任职资格模型，探索操作技能班组长群体画像分析在人力资源管理活动新业务场景中的实践。

1. 梳理构建整体思路

以"群体识别—群体划分—群体调研—群体分析"为路径，结合集团公司主营业务、工种类别等进行群体分类，多渠道获取所需数据，建立多组分析模型，选取匹配的分析方法，分析显性的资质特征及隐性的能力特征，最终构建任职资格模型，模型设计思路见图 4-16。

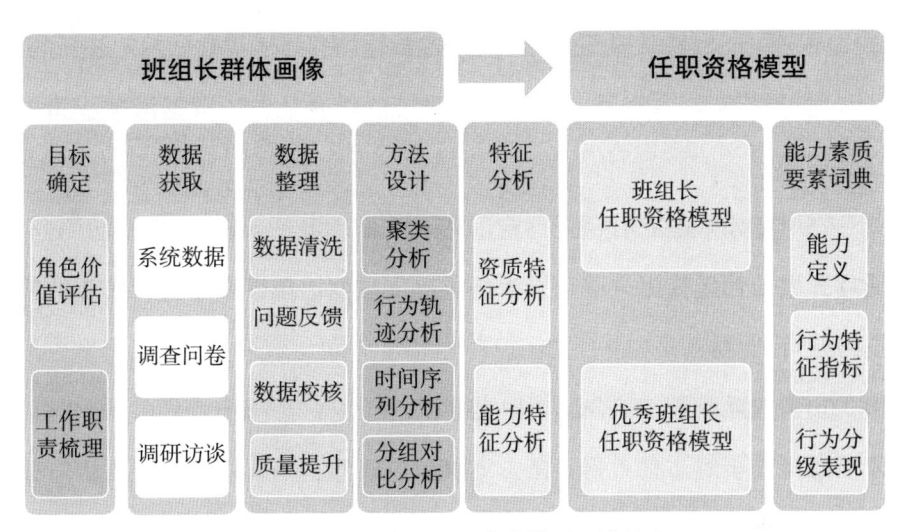

图 4-16 班组长任职资格模型设计思路

2. 明确细化分析步骤

将分析过程进一步细化为 7 个分析步骤，分别是：需求分析、分析内容设计、数据获取、数据处理、数据质量提升、数据分析以及成果产出。

（1）需求分析。与总部处室对接业务需求，明确资质、能力、素质模型三类典型特征，确定以勘探开发专业班组长为试点。

（2）分析内容设计。结合需求对接结果，设计专题分析报告框架和样表。

（3）数据获取。通过系统数据、手机调查问卷与电话调研访谈相结合的方式获取所需信息。自主设计调查问卷、调研访谈模板，准确获取所需的系统外数据，共回收有效问卷 19 580 份，能力、素质模型中隐性非量化数据与系统数据相辅相成，获得总部处室认可。

（4）数据处理。"检验式"清洗样本数据。累计清洗数据约458万条，查出问题数据97 633条，形成问题清单反馈企业，为数据治理积累了经验。

（5）数据质量提升。"咨询式"提升数据质量。与总部处室密切配合，循环开展5轮质量提升活动，为企业提供数据治理咨询建议，90%的数据问题得到解决。

（6）数据分析。综合运用聚类分析、行为轨迹分析、时间序列分析、分组对比分析等多种分析方法，为群体打标签；与算法团队配合构建算法模型，得出分析结果佐证结论；提炼前期获取的调研结果，对比各组信息，分析典型特征差异变化。

以成长分析模型为例，说明数据分析模型的运用，见图4-17。

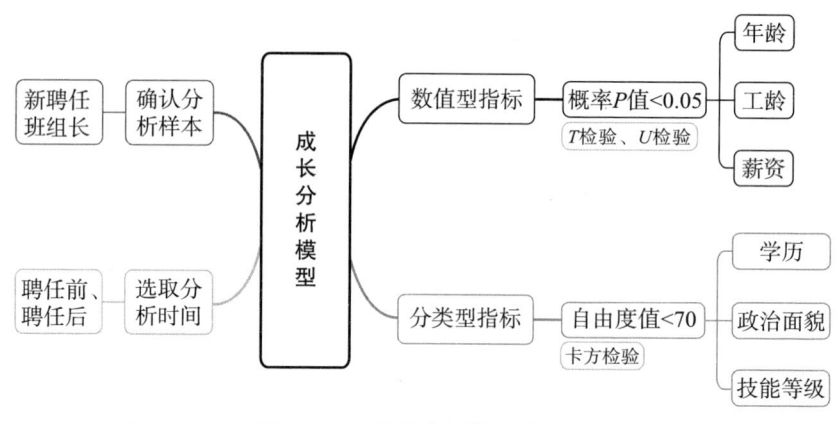

图4-17 成长分析模型的运用

（7）成果产出。结合"业务+数据"重新审视并构建出班组长、优秀班组长任职资格模型（见图4-18与图4-19），以及班组长、优秀班组长能力素质要素词典，并持续迭代完善，使产出更具创新性、科学性。

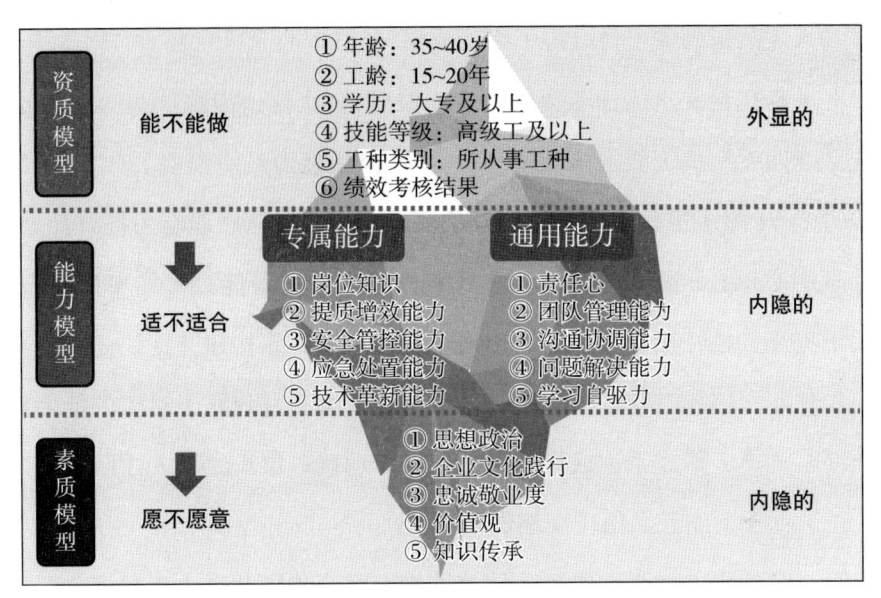

图 4-18 班组长任职资格模型

资质模型 — 能不能做 — 外显的
① 年龄：35~40岁
② 工龄：15~20年
③ 学历：大专及以上
④ 技能等级：高级工及以上
⑤ 工种类别：所从事工种
⑥ 绩效考核结果

能力模型 — 适不适合 — 内隐的

专属能力：
① 岗位知识
② 提质增效能力
③ 安全管控能力
④ 应急处置能力
⑤ 技术革新能力

通用能力：
① 责任心
② 团队管理能力
③ 沟通协调能力
④ 问题解决能力
⑤ 学习自驱力

素质模型 — 愿不愿意 — 内隐的
① 思想政治
② 企业文化践行
③ 忠诚敬业度
④ 价值观
⑤ 知识传承

图 4-18 班组长任职资格模型

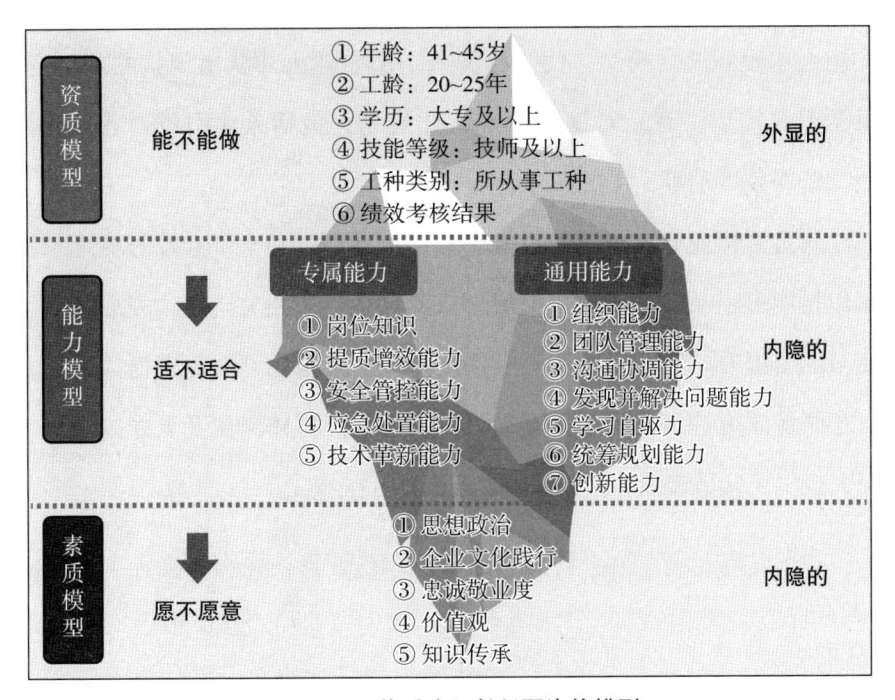

图 4-19 优秀班组长任职资格模型

资质模型 — 能不能做 — 外显的
① 年龄：41~45岁
② 工龄：20~25年
③ 学历：大专及以上
④ 技能等级：技师及以上
⑤ 工种类别：所从事工种
⑥ 绩效考核结果

能力模型 — 适不适合 — 内隐的

专属能力：
① 岗位知识
② 提质增效能力
③ 安全管控能力
④ 应急处置能力
⑤ 技术革新能力

通用能力：
① 组织能力
② 团队管理能力
③ 沟通协调能力
④ 发现并解决问题能力
⑤ 学习自驱力
⑥ 统筹规划能力
⑦ 创新能力

素质模型 — 愿不愿意 — 内隐的
① 思想政治
② 企业文化践行
③ 忠诚敬业度
④ 价值观
⑤ 知识传承

图 4-19 优秀班组长任职资格模型

人才队伍画像项目取得了以下成果：

一是构建并迭代任职资格模型。根据《中国石油天然气集团有限公司"十四五"员工教育培训规划》《人才队伍能力素质模型》（中油党组〔2019〕91号）等相关要求，以及集团公司人才梯队履职能力提升计划，共享中心依托班组长群体画像，深挖班组长资质及能力素质典型特点，归纳提炼共性特征，逐步勾勒出班组长轮廓，探索构建并迭代完善出班组长任职资格模型与优秀班组长任职资格模型，并建立了对应的能力素质要素词典，形成系列成果产出，有助于明确基层班组长人才队伍角色定位，便于班组长队伍靶向培养。

二是建立并加强与集团公司培训中心的合作。共享中心根据总部处室要求，与铁人学院开展交流分享，输出全套研究成果，助其构建操作技能人才履职能力模型，便于在深入了解企业人才队伍现状的基础上，根据组织需要，有针对性地拟定人才规划，包括人才引进、晋升、流动、培养、激励等，形成人才管理行动纲领。

三是聚焦业务需求，积极推进数字化转型。共享中心及时梳理总结操作技能班组长画像成果，提炼形成典型案例及相关论文，完成知识沉淀与能力提升。团队凭借业务敏锐度抢先一步自主开展重点群体岗位及人才画像研究探索，为企业开展人力资源重点群体岗位及人才画像课题研究提供了实践经验及人员储备。

第 5 章

技术引领:
共享服务的智能化升级

数字技术的发展给各行各业带来了巨大的变革和机遇，通过应用大数据、人工智能、移动互联、云计算、物联网、区块链等数字化技术，中国石油共享中心构建了以客户为中心的智能运营体系，实现了业务和管理的持续优化。在这个智能运营体系中，流程和技术起到了关键作用，通过流程、技术的"双轮驱动"，共享中心不断优化、再造流程，提升价值输出能力，实现质量效率的提高、运营成本的降低、风险防控的强化、管理转型的推动以及用户体验的持续提升。

5.1 共享即 IT：数字技术驱动了管理变革与创新

共享服务是一种新型的组织管理模式，通过集中管理各类业务支持服务，向企业内部各业务单元提供服务，实现资源的优化配置和共享。按照功能定位的差异，中国石油共享中心将技术分为智能技术、连接技术和洞察技术三类。其中，智能技术实现了自动化、智能化的业务流程，提高了服务效率和质量，降低了成本。通过智能技术的应用，企业将传统的人力资源管理、财务会计、采购等业务自动化，进而提高效率，降低人力成本，并且更好地保证了数据的准确性和可靠性。连接技术实现了各业务单元之间的连接，促进业务协同和数据共享，加速决策制定。通过连接技术的应用，企业可以更好地整合各个业务单元，共享各类业务支持服务，实现业务流程的协同和优化，解决各业务单元的信息孤岛问题。洞察技术帮助企业更好地理解业务运营和市场变化的趋势，提供决策支持。通过洞察技术的应用，企业可以深入了解各个业务单元的运营情况，更好地把握市场变化的趋势，及时调整战略和决策。

5.1.1 智能技术助力共享中心客户体验升级

客户体验的升级是共享服务的重要环节，可以帮助企业提高品牌价值和市场竞争力。

在客户体验方面，共享中心在提供服务过程中可能存在信息沟通不畅、服务效率低下、服务质量不稳定等常见问题。

（1）信息沟通不畅。共享中心与客户之间的信息流通存在瓶颈。客户的需求往往需要经过多个部门和环节才能得到满足，导致客户的等待时间较长、沟通成本较高。

（2）服务效率低下。人工服务可能需要在同一时间解决来自多方客户的问题，客户需要花费较长的时间等待。此外，由于部门之间的沟通不畅，客户的问题往往得不到及时解决，影响了客户的满意度和忠诚度。

（3）服务质量不稳定。尽管共享中心全体人员均已经过系统化的业务培训，但不同人员仍存在性格、能力及知识体系等差异，服务质量存在波动，不同的客户体验到的服务质量不一致。这与共享中心人员的技能水平、流程规范程度等因素有关。

为了解决以上问题，中国石油共享中心以数字技术为基础，通过构建全球统一的共享服务平台，以及广泛应用新兴自动化、智能化、移动端技术，打造了智能连接的共享信息系统，有效提升了服务水平与效率。其中，较为具有代表性的技术包括自动化流程技术、智能识别技术、智能语音技术和智能推荐系统等。

（1）自动化流程技术。自动化工具已成为现代企业管理和生产流程中的关键技术，可以代替人工执行重复性的任务。自动化流程技术是其中一种重要的工具，可用于处理大量数据、完成标准化报告和流程、更新系统和管理电子表格等任务。此外，工作流程管理软件可以协调和跟踪工作流程，使流程标准化并减少重复操作，优化信息共享和协作等。这些工具的使用能够有效地减少人工干预，从而提高效率、降低成本和减少错误。

（2）智能识别技术。智能识别技术应用于增值税发票、火车票、机票、汽车票等8类票种，将用户手工录入发票信息变为自动提取发票信息。知识图谱实现了表单中业务信息、管理信息、财务信息的自动填充，减少了填报工作量。智能填单使费用报销表单手工填写信息量下降了62%，差旅费表单手工填写信息量下降了64%。

（3）智能语音技术。共享中心引入智能语音技术，实现了客户与共享中心之间的语音交互。客户只需要简单地描述问题，智能语音系统就可以通过自然语言理解技术自动识别客户需求，并自动搜索数据库，找到相应的答案并向客户提供解决方案。同时，智能语音系统还能够与客户进行自然语言对话，实现更加自然的交流，从而减少了客户的等待时间和沟通成本。

（4）智能推荐系统。智能推荐系统能够利用大数据分析技术对客户数据进行分析，从而了解客户的喜好和偏好，为客户提供更加个性化的服务。例如，当客户使用共享中心的应用时，智能推荐系统会分析客户的使用习惯和行为数据，推荐符合客户需求的服务或产品。

通过优化共享服务的界面设计，简化共享服务的使用流程，以及24小时在线客服、智能客服、一键投诉等智能技术的广泛应用，共享中心为客户提供了更为个性化、高效和便捷的服务，实现了客户体验的优化，提高了客户的忠诚度和市场竞争力，为企业创造了更大的商业价值。

5.1.2　连接技术提高共享中心业务处理效率

连接技术是指可以将不同的应用程序、数据源和系统连接在一起，实现数据和信息的共享和交互，从而提高业务流程的处理效率的一类数字技术。在传统的业务处理过程中，存在着许多流程断头的问题，例如不同系统或应用程序之间的信息无法有效传递，数据格式不兼容导致信息丢失或解析错误，不同流程之间需要手工干预和数据转换等。这些问题会导致业务流程出现延误、错误和低效率等问题，影响企业的生产效率和用户的体验。连接技术通过将不同系统、设备或应用程序之间的数据交换和流程协同自动化，实现了"端到端"的业务流程的连接以及不同系统中数据的连接。

1. 流程连接

连接技术可以通过自动化流程调度和协同，将业务流程中的各个环节进行无缝衔接，实现业务流程的自动化执行和管理，减少手工干预和数据转换，提高生产效率和质量。例如，在采购流程中，连接技术可以将不同的采购系统、财务系统和物流系统进行无缝连接，实现采购订单的自动化下单、供应商的自动化选择和物流配送的自动化管理。同时，连接技术还可以实现采购订单的实时跟踪和数据分析，帮助企业实现更精细化的管理和决策。

2. 数据连接

共享中心通常涉及多个业务单元和系统之间的数据交换和共享，如果没有有效的连接技术，这些业务单元和系统之间可能存在信息孤岛，数据难以流通和共享。连接技术将不同业务单元和系统进行连接，构建一个"端到端"的数据流通和共享网络，从而提高数据的可用性和效率。例如，在物流业务中，连接技术可以将不同的物流系统进行连接，从订单管理到库存管理和配送管理，实现全流程自动化和信息实时共享。

5.1.3 洞察技术赋能共享中心业务创新发展

洞察技术主要是利用各种数据分析工具和技术，从大量的数据中发现隐藏的规律和趋势，提供有价值的信息和建议。洞察技术不仅可以帮助共享中心更好地了解客户需求和市场趋势，预测未来发展方向，制定更加有效的业务战略和计划，而且能够为客户提供价值挖掘的业务服务。

1. 数据分析和挖掘

数据分析和挖掘工具和算法能够从共享中心的大量数据中提取有用的信息和趋势，帮助企业了解客户需求、行业发展趋势等，并有针对性地调整业务战略和计划。中国石油共享中心上线的商旅数据分析产品，以差旅全量数据为基础，以差旅业务全流程为主线，为企业各层级管理者提供差旅数据管理工具，展现数据价值，推动企业精细化管理，助力商旅服务升级，实现降本、增效、合规的管理目标。

2. 智能化决策支持

人工智能、机器学习等智能化决策支持技术可以对业务数据进行预测、优化和提供决策支持，帮助企业快速、准确地做出决策，提高业务运营效率和质量。如中国石油共享中心将 14 年的报表数据转化为可视化的指标体系，横向涵盖经营成果、财务状况、现金流量等模块，纵向穿透集团公司、股份公司、专业公司及地区公司，辅助财务分析工作，服务经营管理决策。

3. 个性化服务和定制化产品

洞察技术可以通过对客户需求和偏好的深度挖掘，为客户提供更加个性化的服务和定制化的产品，提高客户满意度和忠诚度，增强企业市场竞争力。为充分挖掘发票信息，防范业务风险，优化采购行为，实现提质增效，共享中心围绕发票信息、采购流程、自查分析，打造发票数据分析产品，为集团公司管理层和各层级管理者经营决策提供数据支撑。

三类技术的应用从不同维度为共享中心的客户体验、业务处理效率与质量以及业务赋能提供了有力的支持和解决方案，驱动着共享服务的管理变革与创新。

5.2 可视化技术改变了认识规律的方式

数字技术的应用能够积累并深度挖掘和分析大量数据，帮助企业更好地了解市场和客户的需求，为企业决策助力。数字技术的可视化分析工具，如数据可视化图表、交互式仪表板等，可以帮助企业将数据变得更加易于理解和分析，从而更好地发现数据的价值。这为企业提供了一种全新的业务赋能方式，使企业更具竞争力和创新力。

5.2.1 智能分析平台

共享中心不是单独存在的，它可以发挥中心枢纽的作用，联动内外部各机构，从而为集团各个层级提供多方面的职能支撑。如图5-1所示，共享中心的智能分析平台通过处理不同企业及企业内部的数据，进行有针对性的合并与整合，形成大数据中心，为企业数字化转型和智能化发展提供数据基础，深挖客户数据资源，激活数据价值，并为后续的管理决策提供支持，助力企业数字化转型和智能化发展。智能分析平台的数据来源有两类：一类是企业财务系统；另一类是企业业务系统。企业财务系统通常包括报表系统、司库系统、报销系统等；企业业务系统通常包括 ERP 系统、HR 系统、HOS 系统等。

基础功能　　主数据管理　　即席分析　　增值服务　……

运营平台
销售业务
业务对账
发票业务
司库业务
账务处理
报表业务
……

服务平台
预算业务
员工报销
资金管理
资产管理
税务业务
关联交易
……

财务共享平台

报表系统
司库系统
报销系统
……
财务系统

ERP 系统
HR 系统
HOS 系统
合同系统
……
业务系统

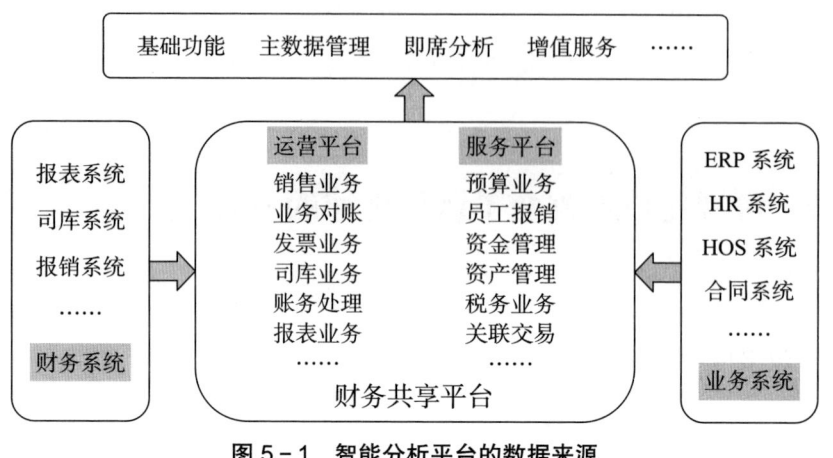

图 5-1　智能分析平台的数据来源

数据资源经过数据资产化过程形成数据资产，嵌入整个业务流程，经过云计算、大数据和人工智能技术加工整合最终展现。在这个过程中，具体数据选取操作如下。

1. 统一数据标准

在数据选取过程中，对于企业分散的、标准不一的各种数据，需要制定涵盖数据输入、处理和输出全流程、各阶段统一的数据标准。建立统一的数据标准有助于规范管理数据资产，打破部门间数据壁垒，方便共享数据资源，提升业务流程的规范化程度。

2. 数据加工处理

智能分析平台通过数据采集、清洗、处理，从大量原始数据中抽取、推导出对信息使用者有价值的信息作为其行动和决策的依据，并借助计算机技术科学地保存和管理数据。这个过程是基于数据体系在物理层面完成元数据抽取、主数据填充和数据标签设置等工作。元数据抽取，即根据业务关系抽取经过标准化的相关元数据，是获取数据维度、数据指标、数据口径的过程；主数据填充，即根据元数据的字段进行主数据写入，是保证数据准确性和完整性的过程；数据标签设置，即详细说明数据内容的应用领域、使用时效等方面信息，是保证数据准确性、一致性、及时性的过程。

3. 数据整理入库

在数据资产化过程中，智能分析平台通过分类、整理、加工，使分散、庞大的数据成为有价值的数据集，利用数据建模将其进行规范化整理，通过建立资产管理目录，将其加载到统一的数据仓库中，并提供数据的业务、技术解释，使之成为业务人员找得到、看得懂的数据，完成企业数据的标准统一。

智能分析平台立足于对财务系统与业务系统数据的深度挖掘，在大数据平台对数据进行适度集成汇总及转换，完成数据采集、数据存储、数据整合，形成数据目录，通过数据集成和分析，对外提供数据服务，最终依托分析主题如产品主题、客户主题提供数据分类汇总下的多指标、多场景的分析成果，并以灵活多样的可视化方式呈现出来，最大化满足决策支持需求。具体如图 5-2 所示。

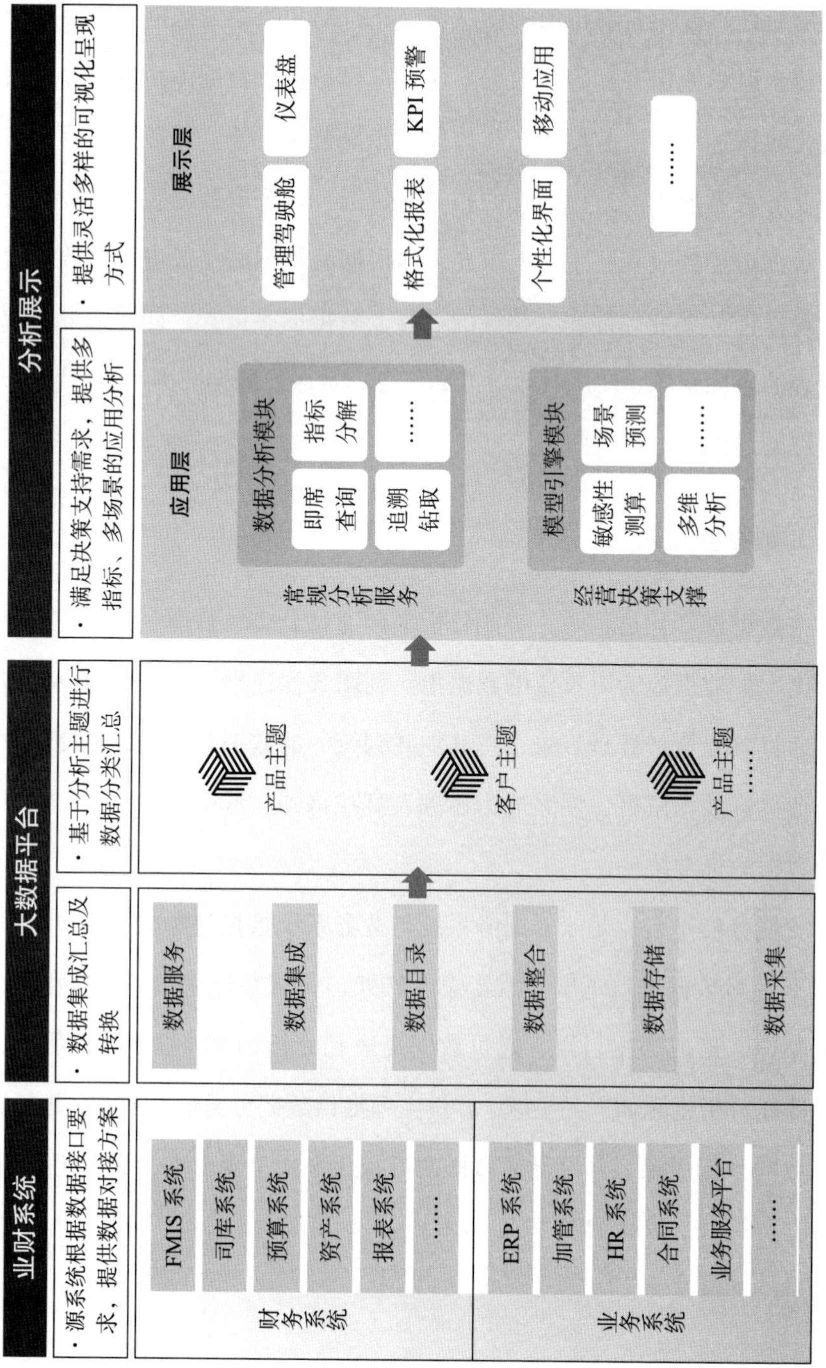

204 / 共享服务 3.0：驱动企业数字化转型的源动力

图 5-2 智能分析平台与分析展示

智能分析平台的构建是企业实现自身数据驱动发展的重要途径，必须与企业价值地图指标建立相应的关联关系。智能分析平台的构建过程包括以下四个步骤：

（1）结合企业价值地图中的数据主题框架细化衡量价值指标，快速有效获取及整合数据信息。比如，利用 Mircrosoft Query 或 VBA 直接与开放数据库互连（ODBC），从外部数据库采集数据，并对数据资产进行适当加工分析。

（2）明确指标定义、计算方法及公式、系统来源、取数逻辑、数据管理权限等。比如，依托数据挖掘技术、回归分析模型等评估企业筹资需求，依托关联模型对融资渠道、融资方式进行分析，挖掘企业最理想的融资方式和渠道。

（3）匹配指标适用的分析方法和分析维度。分析方法包括但不限于同/环比分析、趋势分析、多维分析、预实对比、结构分析、建模分析、对标分析等。分析维度包括但不限于期间、组织、板块、产品、项目、客户、供应商、员工、设备、账户、币种等。

（4）在具体交付每一项增值服务产品时，按照客户需求选取相应的指标、分析方法、分析维度，三者交叉后形成多种满足决策支持需求的应用场景（如"两金"压控、联合清欠等），并提供灵活多样的数据可视化呈现方式。

5.2.2 智慧共享平台

中国石油依托集团公司的云资源，利用先进技术建设构建了对标分析平台、发票数据分析平台、供应链信息平台、资金项目平台等智慧共享平台，完成了运营分析、进项发票分析、销售对标、供应商分析、勘探对标等 7 项数据服务产品的上线应用，为集团公司 / 股份公司、共享中心及各地区公司的经营决策提供了支撑。

决策分析智能化须将丰富的数据和决策支持结合起来，这就要求财务信息系统需要具备实时数据可视化的功能。在财务大数据平台中应用可视化技术，就是利用计算机将海量数据形成图表，让信息使用者从纷繁复杂的数据中快速掌握信息内涵，同时积极应用交互技术，让信息使用者通过触屏以及其他交互操作，获得各种准确、详尽的目标信息和数据。在信息可视化的基础上，强调人机交互，利用决策支持系统的交互特点，将可视化的呈现优势体现出来。通过对财务大数据平台实时数据可视化的利用，企业能够对智能技术、互联网技术和各种其他先进的技术进行充分利用，从而将按需定制的具有更高可靠性、安全性的财务信息提供给企业的决策者。

1. 对标分析平台："做经营者的眼睛"

中国石油为深挖数据资源，激活数据价值，围绕"对什么、跟谁对、怎么对"，研发对标分析平台，为公司各板块业务精细化管理提供有力支撑。大量业务数据和财务数据存储在多套异构信息系统中，不易于融合及多维度评价业务运营状态，这也是目前业财融合迫切需要解决的难题之一。财务共享模式拥有业财融合的信息系统，能够充分识别客户的各类行为，做到从不同系统、软件平台、应用与硬件等多维渠道中，实时获取真实准确、口径一致、全面完整的大数据客户信息并加以整合。

对标分析平台是基于海量数据采集、汇聚、分析的服务平台，包含数据总览、对标分析、专题分析、数据管理、商业智能即席分析5个专题，共13个功能界面。依托财务共享数据平台，对标分析平台通过与业务、财务系统及外部建立接口，搭建财务分析模型，应用大数据分析技术，全面展示各类业务、主要指标的排名变动，快速直观对标标杆企业，提供对标分析支持。该平台具有以下特色：

（1）指标数据自动获取。该平台通过ERP、制造执行系统（MES）、FMIS等跨系统数据集成，形成一套完整的对标指标数据库，实现对标指标及企业间财务指标的数据共享；同时增加外部数据导入功能，可实现一次录入多次运算，多年数据快速查找、汇总，提高数据获取的灵活性。

（2）系统模型共享应用。该平台以业务板块对标需求为模板建立标准对标模型，同时支持用户建立个性化对标模型；实现商业智能指标拖拽自建模型应用、多用户间模型协同应用，如协同建模、模型共享。

（3）展示形式灵活多样。该平台在平台建设中应用商业智能，实现财务指标自由拖拽、组合和展示模型的多样化选择；通过业务类型选择及数据筛选功能，自由组合展示企业财务经营指标，同时设置穿透查询功能，实现多维度对标穿透分析。

（4）对标分析报告自动生成。该平台根据对标模型分析结果，可自动生成对标分析报告；提供导出和修改条件，用户可根据实际需要调整报告整体顺序，也可加入更多个性化需求数据，满足板块专业公司和地区公司的对标分析需求。

2. 发票数据分析平台：挖掘发票数据价值

中国石油财务共享基于进项税发票池与财务核算数据，充分考量实际业务中的难点痛点，依托共享中心平台与 ERP、合同系统等的集成，结合财务核算数据，深挖数据价值，构建发票数据分析产品，促进业务处理效率和财务管理质量的提高。现已搭建供应商分析等 4 大主题场景，实现 16 个应用场景的系统功能，为降低采购成本、规范发票行为提供了有力支撑。发票数据分析产品通过对税务风险、选商风险、合同风险等多种风险进行定位，采取及时、有效的措施规避风险；通过优化采购管理，扩大选商范围，整合零星采购，发挥集采优势，有效降低采购成本；通过多维度整合信息，将海量发票化繁为简；通过将业务、财务和发票信息有机融合，有效提升发票管理和内部稽核效率。中国石油发票数据分析具有以下特色：

（1）建立发票数据分析平台。选取客户单位或其下属单位的供应商、采购产品、供应商省份分布热力图和采购商品金额占比等关键指标，便于管理者直观了解企业进项发票开具情况。根据对各指标进行统计与分析比较，对企业单位的采购行为进行描述；通过对比分析追溯探索企业的运行状况，观察可能存在的企业业务变化以及经营风险。

（2）提供多维度供应商分析服务。基于非代开供应商交易信息及主数据管理（MDM）系统供应商基础信息，利用已建立的推荐模型和风险评价模型，利用大数据分析技术，为供应商刻画高度精练的特征标识，形成七大维度立体供应商信息库，按照多种个性化需求指标对供应商进行优先推荐。

（3）深度挖掘发票数据。深度挖掘和分析进项发票池中的数据，可以为企业的财务管理、税务管理、供应链管理、成本控制和风险控制等业务提供有力的支持和帮助。如深入挖掘进项发票数据，分析企业各种业务活动的税务属性和特征，从而为企业税务筹划提供数据支持，指导企业制定税务策略和方案，降低企业税收负担等。

3. 供应链信息平台：提升产融协同价值

中国石油财务共享基于发票、合同、结算等应收应付信息资源，搭建供应链信息协同平台，广泛收集分析供应商、银行和客户的需求信息，提供真实有效的信息服务，实现多方共赢，提升整体效益。供应链信息服务是向金融机构发送供应商融资需求及融资全生命周期的信息，依托供应链一体化协同平台建立供应链金融数据服务平台——供应链信息平台（见图5-3）。供应链信息平台扩大了客户群，提升了企业之间的业财协同水平，提高了工作效率，降低了工作量和沟通成本，利用核心企业的授信额度，线上开展供应链金融数据服务业务，发挥了供应链的金融价值。主要体现在：一是上游供应商通过与核心企业的交易数据进行融资，解决中小企业担保难的问题；二是核心企业凭借与金融机构的合作良好历史和金融机构对其未来持续诚信经营的良好预期获取贷款；三是上游供应商通过核心企业获得优惠的融资利率，核心企业获得合理的利息分成；四是贷款流程智能决策、批量化处理、风险动态监控；五是流程网络化运作和自金融模式重构传统信贷制度。

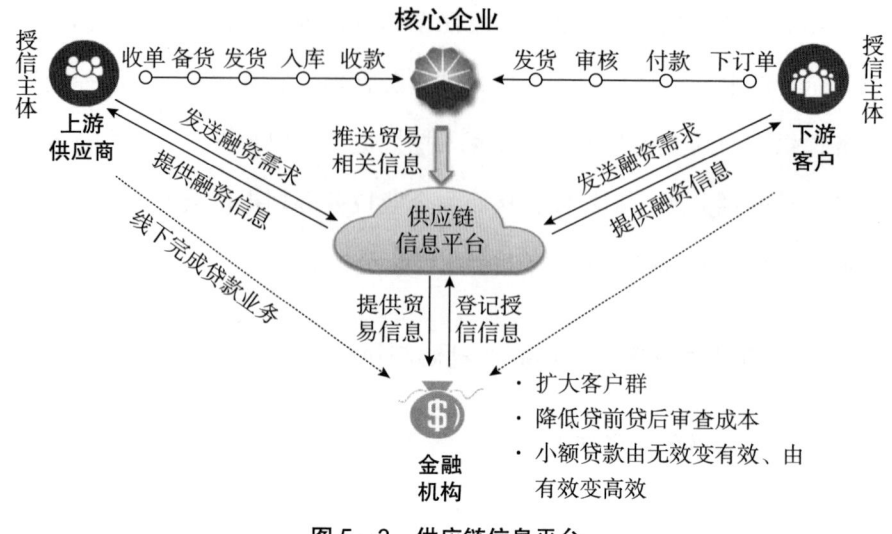

图 5-3　供应链信息平台

中国石油通过建立供应链信息平台，在实现中国石油所属企业资金与票据业务集中管理的基础上，拓展推广集团公司、股份公司票据池贴现，中国石油销售企业与中国石化销售企业油品串换、票据贴现以及昆仑银行线上秒贴业务（昆仑快贴），实现共享中心、金融机构、核心企业、客户、供应商多方共赢。中国石油供应链信息平台具有以下特色：

（1）构建共赢价值链条。中国石油通过整合信息、资金、物流等资源，达到提高资金使用效率、为各方创造价值和降低风险的效果，并构筑银行、企业和商品供应链互利共存、持续发展、良性互动的产业生态，提供定制化金融服务。

（2）应用大数据分析技术。运用全流程网络化运作技术和自金融模式，重构传统信贷制度。利用交易数据对融资人进行分析，用数据决策替代财务报表对融资人进行评价、授信。构建创新型融资体系，实现贷款流程智能决策、贷款业务批量化处理、资金风险动态监控。

4. 资金项目平台：资金信息高效应用

由于员工报销集中支付、司库收款、对公付款和资金池归集等业务逐步优化，自动化率大幅提升，2022年企业司库系统直连金额呈增长趋势，但是笔数却同步减少。资金项目平台积累了大量的数据，也为共享中心挖掘资金信息价值提供了契机。中国石油共享中心坚持以用促建、以用促治的建设思路，在质量、效率、风险、数据四个核心领域持续挖掘业务场景，保持项目生态体系的生命力。

（1）质量：内部往来核对优化。通过实时逐笔自动化核对，满足集团公司内外部往来及时清算的需求。内部往来核对优化有效提升了对账效率和降低了业务处理差错率；通过建立分析模型，形成债权债务关系可视化展示，为各单位提供清收、清偿建议。当前，中国石油共享中心已承接106家单位的核对业务，涉及9 982个往来单位，对账总耗时28 623.2小时。

（2）效率：资金结算业务运行指挥中心。资金结算业务运行指挥中心实现了资金结算各类业务、全部节点的可视可控，解决了资金结算业务缺乏智慧工具的问题（见图5-4）。资金结算业务运行指挥中心能够对人工岗位效率进行实时、科学分析，全程监控资金结算业务RPA运行状态并作出科学评价，极大地提高了共享中心的运行及管理效率。

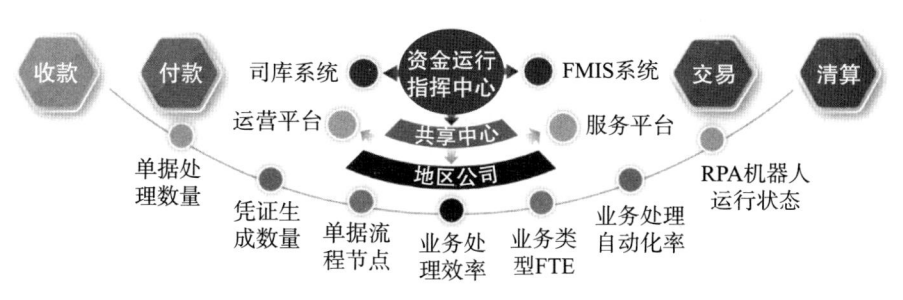

图5-4 资金结算业务运行指挥中心

（3）风险：资金结算风险防控分析。通过解决风险排查工作量大、自动化程度低等问题，严守资金结算"零差错"底线。资金结算风险防控分析通过全流程风险监控，排查不安全因素，将风险防控从事后监督转变为源头管理，实现风险防控过程可视化；通过防患于未然，提升整体资金管理水平。资金结算风险防控分析系统于2022年已筛查单据7万余张，排除重复风险1次。

（4）数据：资金运行分析。为了充分发挥资金结算的数据和技术优势，中国石油共享中心构建了面向不同层级的资金业务场景，如资金运行、资金存量、票据运营、现金流量、风险防控、运行效率、银行对账效率等，通过价值呈现为经营、管理、决策提供支撑。其中，前4种资金业务场景聚焦实时、准确、有价值的数据资源，把收付实现制的优势与经营管理理念有机结合，实时反映企业生产经营现状，赋能企业数字化转型，提升公司资金管理水平。风险防控场景着重打造自动识别、智能管控、标准报告的风险防控体系，实现了风险防控从事后监督向源头治理转变，守住资金结算零差错底线。运行效率及银行对账效率场景则关注实时、科学分析人工岗位效率，全程监控资金结算业务RPA运行状态，并作出科学评价。

（5）数据：内外部债权债务分析。内外部债权债务分析是对数据资源的深度利用，通过建立分析模型，形成债权债务关系可视化展示，为各单位提供清收、清偿建议，实现提质增效，如图5-5所示。

（6）数据：现金流分析及负息资金研究。现金流分析及负息资金研究为探索数据资源价值发挥了辅助决策的作用，主要解决了资金计划管理规范性问题、自动化问题、业务单元现金流实时管控问题、提高各管理层级资金头寸预测准确性问题、资金使用效率和利用效率问题以及企业应对风险的能力问题等。现金流分析及负息资金研究为总部及管理层级提供了准确的资金头寸预测，建立了科学的资金配置政策，如图5-6所示。

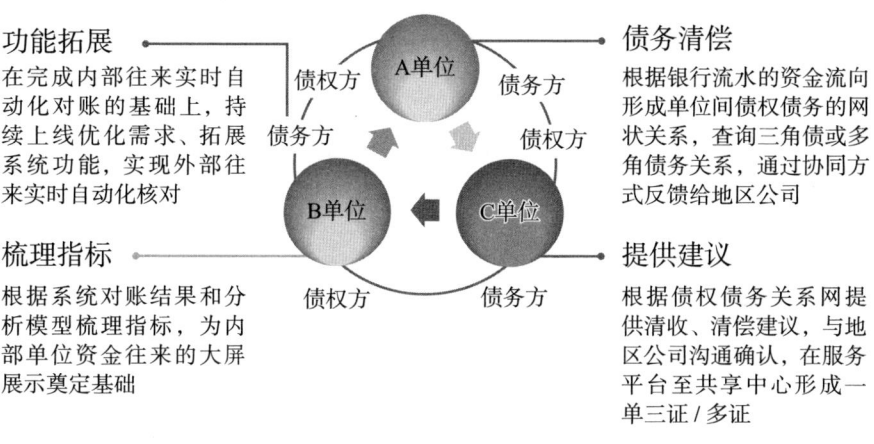

功能拓展
在完成内部往来实时自动化对账的基础上，持续上线优化需求、拓展系统功能，实现外部往来实时自动化核对

债务清偿
根据银行流水的资金流向形成单位间债权债务的网状关系，查询三角债或多角债务关系，通过协同方式反馈给地区公司

梳理指标
根据系统对账结果和分析模型梳理指标，为内部单位资金往来的大屏展示奠定基础

提供建议
根据债权债务关系网提供清收、清偿建议，与地区公司沟通确认，在服务平台至共享中心形成一单三证/多证

图5-5　内外部债权债务分析

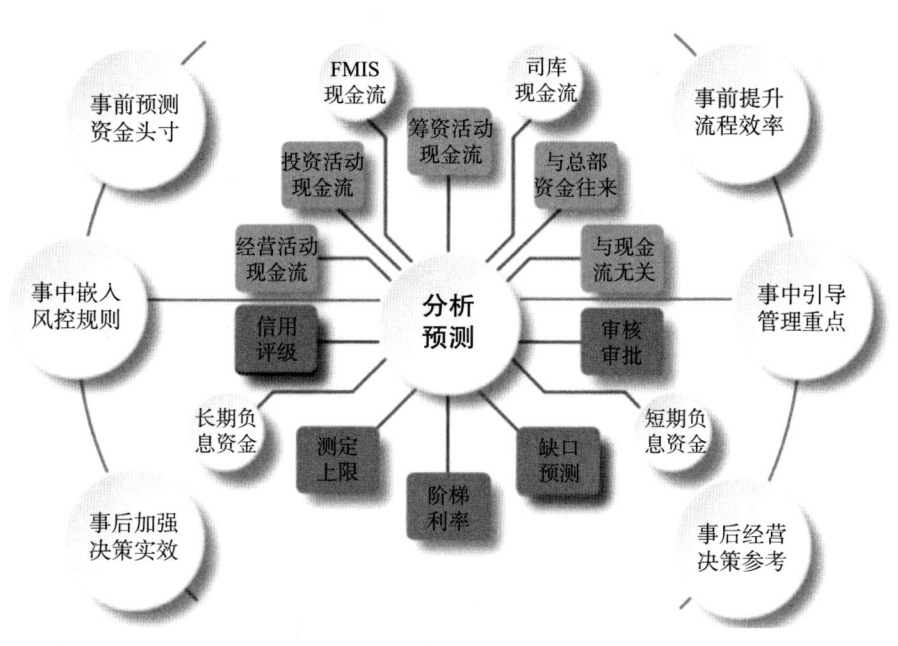

图5-6　现金流分析及负息资金研究

5.3 自动化技术提高了工作效率

自动化技术可以代替人工执行重复性的任务。如使用 RPA 技术来处理大量数据、完成标准化的报告和流程、更新系统和管理电子表格等。自动化技术的使用实现了业务处理的自动化与智能化,有效地减少了人工干预,提高了服务效率,降低了成本和错误率。

5.3.1 RPA 技术的基本逻辑

机器人流程自动化（robotic process automation，RPA）技术作为一种新型自动化技术,已经引起了越来越多企业的关注。RPA 技术的核心思想是让机器人代替人工完成重复性、低价值、规范化的任务,进而实现效率的提高、成本的降低、精准度的提升,并将员工从烦琐的工作中解放出来,专注于高价值的工作。

RPA 技术的核心是用自动化和智能技术代替人力,完成重复、固态、无需人工决策的任务。总体上,RPA 技术主要有以下几个特点:

（1）自动编程代替手动操作,可以实现每天 24 小时不间断工作;

（2）机器人执行代码程序,可高效完成任务,工作效率相当于人工的 15 倍,并且几乎没有差错,可以避免手动操作带来的风险;

（3）优化财务处理和分析,有助于公司降低运营成本;

（4）机器人可以在虚拟或物理环境中工作,无须打开与系统的接口,可以通过用户界面与各种应用系统进行交互,自动执行日常工作中密集和重复的任务；

（5）RPA技术可以完成财务管理任务，包括高容量数据和高频交易处理，并且可以自动触发和执行流程，帮助公司释放劳动力。

除了上述特点之外，RPA技术还具有较高的多样性和灵活性、较强的自适应学习能力，易于部署和维护，能够实现可视化界面操作，实现人机协作。

5.3.2　通过RPA技术实现系统内外部贯通

RPA技术可以通过数据共享、协同工作等方式，帮助组织实现系统内外部的贯通，从而使得不同系统、部门、团队之间能够更加高效地协作和协调。通过将数据从一个系统传输到另一个系统，RPA技术实现了不同部门之间的数据共享和协作，从而使组织内部的流程更加高效。同时，RPA技术可以使不同部门之间的沟通更加顺畅，通过自动化流程和任务的执行，提高了协同工作的效率和准确性，使得组织内部的合作更加紧密。

中国石油共享中心人力资源共享包括入职调转信息维护、工资套算、工资数据维护、社保数据维护、系统工资核算、绩效薪酬核算和数据分析7大关键环节。共享中心对应开发了15款RPA机器人（见图5-7），可以自动完成员工信息的录入和维护、社保公积金数据的更新和核对、工资计算和核算，以及各种数据分析和报告的生成等任务，从而实现人力资源共享环节的"端到端"全自动化。

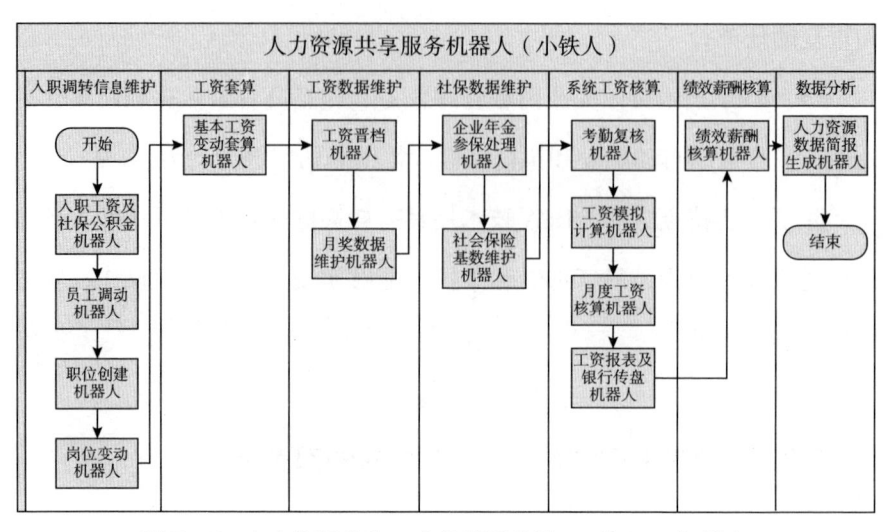

图 5-7　人力资源共享 7 大关键环节的 15 款 RPA 机器人

RPA 机器人可以在短时间内完成大量的重复性工作，减少人工干预和错误，提高数据的准确性和安全性，从而使得人力资源共享更加高效和可靠。同时，RPA 机器人还可帮助组织节省人力成本，提高业务响应速度和质量，为组织创造更多的价值和效益。RPA 技术在人力资源业务的应用落地、采购管理、销售管理、库存管理等方面发挥重要作用，能加速实现广大石油员工"人手一个机器人"的美好愿景。

5.3.3　RPA 技术让机器替代人工

RPA 机器人不仅可以替代人工完成重复、烦琐的工作，还可以实现自动编程，不受时间限制，具有高效执行、降低错误率等优点，显著提高了业务流程的效率和准确性。中国石油共享中心积极应用 RPA 机器人等智能化技术，推动服务升级，将 RPA 机器人统一命名为"小铁人"。2017年12月，共享中心上线第一款RPA机器人，截至2022年5月，财务共享累计上线了6类395个机器人，用于制证、审核、发票认证、资金支付、银行回单分拣、电子会计档案归档等多类业务。"小铁人"及时、高效、准确地完成了业务，平均处理效率是人工的20倍，完成工作量占整体工作量的50%以上，年节约共享人工成本约1.6亿元（800人），同时形成了一套具有中国石油特色的机器人流程自动化应用运行框架及开发模式。"小铁人"的应用帮助共享中心完成从人力密集型向技术密集型的转变，实现低成本、高质量地服务。中国石油财务共享RPA机器人分类如图5-8所示。

凭证制证机器人
· 自动判断制证业务类型
· 自动匹配相关费用要素
· 自动匹配科目完成记账

凭证审核机器人
· 自动校验表单各维度与凭证辅助核算的一致性
· 自动校验表单金额、税额与凭证相应科目金额的一致性
· 自动校验表单费用类别与总账科目的一致性

资金支付机器人
· 自动核对收款单位名称、开户名称等信息
· 自动汇总日资金计划并推送额度
· 自动检查支付金额与报销金额

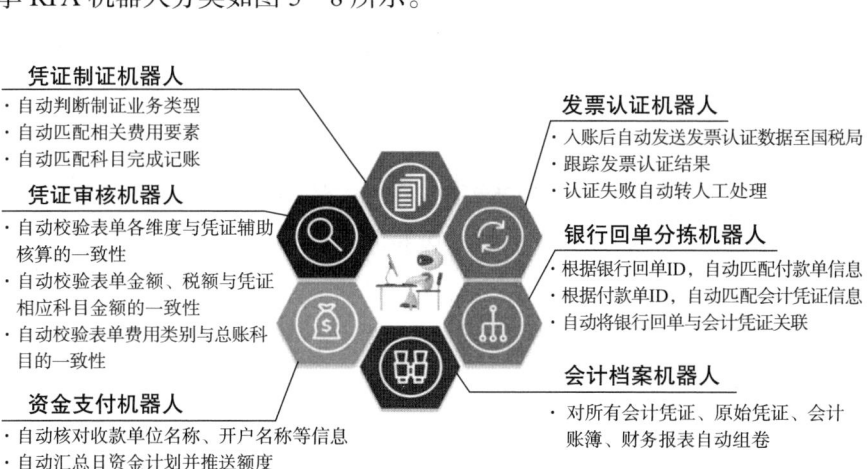

发票认证机器人
· 入账后自动发送发票认证数据至国税局
· 跟踪发票认证结果
· 认证失败自动转人工处理

银行回单分拣机器人
· 根据银行回单ID，自动匹配付款单信息
· 根据付款单ID，自动匹配会计凭证信息
· 自动将银行回单与会计凭证关联

会计档案机器人
· 对所有会计凭证、原始凭证、会计账簿、财务报表自动组卷

图5-8　中国石油财务共享RPA机器人分类

1. 凭证制证机器人

凭证制证机器人主要完成会计凭证制证任务。会计核算是财务共享服务的核心业务之一，中国石油核算单位多、层级深、业务广，共享中心以服务目录接收各单位提交的服务请求，基于统一的规则引擎、凭证

引擎、调度引擎，分别为不同服务目录设置了不同的"小铁人"，以满足不同业务场景下的核算内容、派工方式、机器人管控要求。对于各种业务场景下的凭证制证需求，凭证制证机器人都先按系统化的审查规则对凭证进行自动校验，全部通过后调用凭证引擎完成制证。目前，共享中心在员工报销、收款、付款、转款、销售公司非油核算等业务方面都实现了自动化制证。

2. 凭证审核机器人

凭证审核机器人主要完成会计凭证审核任务。在财务共享模式下，每个业务场景被拆解到不同岗位，凭证制证机器人完成凭证制作后，任务将流转至凭证审核岗，凭证审核机器人依赖已系统化的人工审查规则进行自动校验，全部通过后完成凭证审核工作。目前，共享中心在员工报销、收款、付款、转款、销售公司非油核算等业务方面实现了自动化审核。

3. 发票认证机器人

发票认证机器人主要完成增值税专用发票的自动认证任务。发票通过进项发票通道与国税局系统对接，员工提报报销业务时，系统获得发票的结构化全票面信息，在完成会计制证后，系统会自动记录业务表单与发票、凭证之间的关联关系。在会计凭证完成审核后，系统自动将与凭证对应的增值税专票信息推送给发票认证机器人，发票认证机器人按系统配置的规则（如认证单位、账期与税期的关系、税号管控等）通过进项发票通道，发送发票认证指令，并跟踪发票认证的返回状态，在获得发票认证成功的信息后完成发票认证任务。

4. 资金支付机器人

资金支付机器人主要完成个人报销款项支付任务。中国石油财务共享资金支付业务流程为先挂账后付款，付款流程采用先款后证模式。在核算报销业务时，系统已完成对事项的真实性、发票及其他支持性附件、收款账户信息等的审查。在资金支付业务处理过程中，涉及的资金支出账户、支付方式、账务处理方式等均按默认规则预设，资金支付机器人主要完成收款人账户信息的校验、付款指令的发送、付款指令的跟踪等任务，在检测到银行付款成功后完成资金支付任务。

5. 银行回单分拣机器人

银行回单分拣机器人主要建立银行回单信息与会计凭证信息的对应关系。基于中国石油司库系统提供的与中国石油财务公司和商业银行的线上直联功能，以及会计档案电子化管理功能，银行电子回单通过中国石油财务公司流转至司库平台，银行回单分拣机器人通过查询司库平台、中国石油交易平台、中国石油财务公司系统、商业银行等的付款单、付款报文中的线索，完成银行回单信息与会计凭证信息的自动匹配、电子化归档，取消了电子回单打印，极大地减少了回单分拣与核对的工作量。

6. 会计档案机器人

会计档案机器人主要完成会计档案电子化后的自动组卷工作。中国石油推广施行会计档案电子化管理后，在财务共享系统上线前，仍由各单位财务人员通过系统完成会计档案的电子化归档操作。在财务共享系统上线后，通过梳理业务流程及业务规则，会计档案机器人负责完成所有会计凭证、原始凭证、会计账簿、财务报表的自动组卷工作，它将区分地区公司、档案机构，在月末或年末自动组卷，节省了大量档案管理员的手工组卷时间。

中国石油财务共享"小铁人"如同共享运营公司的员工，有明确的岗位、清晰的职责，每天 24 小时高质量完成本职工作，极大提高了共享运营公司的运营效率。在共享运营管理体系下，"小铁人"的工作可管理、可控制、可扩展、可监控，每位"小铁人"的工作动态可实时掌握。

5.3.4 运用 RPA 技术赋能资金集中支付

中国石油共享中心自成立以来，始终将技术创新作为核心驱动力，积极运用新技术促进质量提升、效率提高和成本降低，推动组织转型，提高中国石油整体运行效率和管控能力。2017 年 12 月，中国石油财务共享 RPA 机器人"小铁人"诞生，正式开启了财务共享智能时代，以共享模式下的报销业务为实践场景，通过优化再造业务流程，组合应用 RPA 机器人，实现资金支付集中、集约管理，增加了中国石油在智能财务研究领域的影响力。

在共享业务中，员工报销支付业务占业务总量的 75%，占支付金额的 8%，报销频次高、金额小、用工多，成为制约共享业务效率提升的堵点。报销周期长、财务人员工作量大、支付程序复杂，也影响着用户体验。

为打通共享服务中的"端到端"流程，提高服务效率，共享中心借鉴应用集团公司的司库管理理念和实践，结合财务共享建设推进情况，按照资金集中管理政策要求，采用高度集中化、自动化管理，实现对私支付资金统一配置。业务运行以信息化平台和风险控制为基础，以周－日资金计划和总部账户体系为保障，对员工报销业务集中运营管理。在资金支付、会计核算、资金对账等流程节点设计应用RPA机器人，实现全流程分段自动化处理。通过优化系统流程、提高自动处理能力等方式实现资金的安全高效运行。

1. 资金计划管控优化

为提高员工报销资金支付效率，缩短员工报销从上报资金计划到付款到账的时间，资金计划采用额度管控，通过确定报销资金支付规模，确定相应的资金额度，在额度范围内，分（子）公司可依据实际需要安排员工报销业务。

2. 资金支付环节优化

资金支付使用总部账户，实行"集中、批量、直联"的支付模式。百万员工随时随地发起报销，经由西安、大庆、成都三大区域中心分别完成报销及凭证处理工作，由西安中心统一完成付款。司库系统运用预设规则进行精密分析，精确定位个人收款终端，自动扫描并识别待付单据，按照同行归类原则自动形成加密数据包，发送至总部五大商业银行的10个支付账户，机器人分析支付平台付款状态，即时反馈支付结果。

3. 资金清算环节优化

报销资金支付成功后，按照集团分层级核算，不改变费用归属的原则，自动获取成功付款数据，自动完成集团总部与分（子）公司间的资金清算和资金往来对账。资金清算数据在付款成功后自动汇总支付明细，自动形成总部至地区公司及地区公司内部的资金往来清算凭证。同时，在司库系统相应查询模块开通集中支付付款状态查询和对账功能，满足服务单位和共享中心双方的管理需求。

4. 资金集中支付风险防控

资金管理的重点是确保资金安全，企业应结合报销资金集中支付流程中存在的潜在风险，采取切实可行的防范措施。

（1）建立健全制度，合规运行。制定集中支付管理办法及业务操作手册，规范操作流程，明确职责界面。针对集中支付过程中可能出现的支付风险、托收风险、停电断网风险、机器人运行故障风险、系统数据被修改风险、银行返回状态错误风险、清算数据及凭证错误风险等，制定应急预案，确保集中支付合规运行。

（2）强化信息校验，防范风险。一是增加唯一标识。对报销单、付款单、发放包中的支付明细增加唯一标识，用于全流程追踪、防重、汇总清算。二是设置自动任务。依据支付包中支付成功的资金明细自动汇总各级次资金单位每日发放资金笔数、发放金额。三是建立校验机制。校验清算单位支付总金额、扣款明细及对应匹配回单，自动匹配发放明细，推送总部会计凭证。

（3）启动应急预案，化解风险。建立员工报销资金集中支付应急预案，对因停电、断网等原因导致的资金支付中断，快速启动应急流程，建立异地备份处理机制，有效防范和化解风险，确保业务安全、高效、稳健运行。

（4）资金实时对账，防控风险。为确保集中支付资金安全，建立先对账再支付的运行机制，将实时对账与月度对账相结合，利用智慧共享平台展示对账结果，多重监督，及时提示对账差异风险，及时解决调整差异，实现集中支付风险可视化管理。

RPA 机器人在报销资金支付的组合应用是对中国石油资金集中管理的重要探索，同时也是智能财务领域的应用典范，对提升共享业务的整体运营效率具有重要的推广价值。中国石油共享中心将坚持以"问题、目标、价值"为导向，加速 RPA 机器人的研究与应用，探索人机协同模式，推动全球资金即时支付，为集团公司提质增效贡献共享智慧。

5.4 智能化技术改善了用户体验

共享中心将数字技术与业务流程深入融合，实现了业务流程的优化和升级，这不仅使得业务处理更加高效、精准，而且显著改善了用户体验。共享中心通过对以光学字符识别（OCR）技术、知识图谱技术、智能语音技术为代表的智能识别技术的深度应用，实现了票据的自动化处理和智能分析，不仅提高了业务处理的效率和准确度，还降低了人力和时间成本，极大地改善了用户体验。移动端的应用使得用户可以随时随地便捷地使用相关服务，劳动合同电子化使得合同签署和管理更加方便快捷。这些技术的深度应用，为用户提供了更加高效、便捷和自然的服务体验，进一步提升了用户满意度和忠诚度。

5.4.1　智能识别技术实现票据的自动化处理

传统票据处理通常包括手动输入和数据验证等环节，这需要用户投入较多的时间和精力，如果用户需要查询历史记录或生成报告，还需要花费更多的时间。业务处理人员同样需要花费大量的精力，而且处理时间相对较长，用户需要等待较长一段时间才能获得账单或财务记录等信息。此外，由于传统票据处理需要大量的人工干预，因此容易出现错误。例如，可能会遗漏数据或输入错误的信息，这会给用户带来不必要的麻烦和困扰。

采用 OCR 技术、知识图谱技术以及智能语音技术等智能识别技术能够更好地应对表单的复杂性和多样性，自动处理包括手写、打印或混合表单。智能识别技术通过文字识别、关键字识别、语义识别等方式，可实现高精度的自动识别和数据提取，与传统的人工手动录入数据相比，不仅可以大大地减少工作量，显著提高工作效率和生产力，降低运营成本，而且能够极大地提高企业的服务质量，改善用户体验。

1. 智能识别技术

（1）OCR 技术。

光学字符识别（optical character recognition，OCR）技术是一种利用计算机识别图像中的字符、数字、标点符号等文本信息的技术。OCR 技术的应用主要包括图像预处理、字符分割、特征提取和分类识别以及结果输出五个步骤。首先，通过预处理尽可能使图像标准化，以供后续使用；其次，将图像中的字符分割出来，以便进行后续的字符识别；然后，借助常用特征（如边缘、角点、形状、纹理等）对每个字符进行特征提取，以提取出其独有的特征；再次，将每个字符映射到相应的文本字符进行分类识别；最后，将识别结果输出到电子文档或数据库中，以便后续处理和管理。

在票据识别中，应用 OCR 技术可以极大地提高票据处理的效率和准确性。通常，票据的识别过程也需要经历上述步骤，具体表现为：

1）图像采集：采集票据图像，通常可以通过扫描、拍照等方式实现。

2）图像预处理：通过对原始图像去除噪声、提高对比度、调整亮度等预处理，提高图像的质量和可读性，以便后续处理。

3）文字区域检测：通过 OCR 技术自动检测票据上的文字区域。这可以使用图像分割技术来实现，例如基于连通域或基于边缘的方法。

4）文本识别：识别票据上的文字，这可以通过特征提取和分类识别实现。OCR 技术通常使用基于模板匹配或基于特征提取的方法来实现文本识别。

5）结果输出：将识别结果输出到文档或数据库中。

需要注意的是，在进行票据识别时，OCR 技术需要针对不同的票据类型进行适当的参数配置和模型训练。此外，在使用 OCR 技术处理票据时还需要考虑票据的格式、字体、颜色、光照等因素对文本识别的影响。

以发票处理为例，中国石油共享中心通过 OCR 技术自动识别发票代码、号码、日期等信息，将发票信息存储到数据库中，方便后续的查询和统计。此外，共享中心还对 OCR 技术进行了优化，采用了针对特定类型发票的 OCR 引擎，提高了识别准确性和效率。在费用报销场景中，OCR 技术可以帮助企业快速准确地提取报销凭证上的文本，如发票号、发票日期、发票金额等信息。

OCR 技术实现了图像信息识别的自动化，极大地降低了劳动成本，提高了工作效率。但是由于识别精度的限制，可能会产生一些错误或者误识别。此外，OCR 技术只能将文本转化为计算机可识别的格式，而无法理解文本的真实含义。中国石油共享中心对 OCR 技术的应用是对票据自动化识别的一项尝试。共享中心通过 OCR 技术将纸质票据转换为数字格式，实现了票据信息的快速录入和存储。在实践中，中国石油共享中心将 OCR 技术与人工审核相结合，通过对 OCR 识别结果的验证和修正，提高票据处理的准确性和效率。

为了解决 OCR 技术的局限性，提高图像处理的准确度，共享中心尝试引入知识图谱技术对图像进行知识推理。

（2）知识图谱技术。

知识图谱技术是一种将信息整合为结构化知识的方法，它是由谷歌公司提出的，其核心思想是将不同领域的数据和知识整合在一起，形成一个具有语义关系的图谱。知识图谱技术主要包括三个方面：数据抓取、知识表示和知识推理。其中，数据抓取是指从各种数据源中抓取数据；知识表示是指将抓取的数据转化为可计算的格式，如 RDF（resource description framework）格式；知识推理是指根据知识图谱中的语义关系，推导出新的知识和关系。

OCR 技术和知识图谱技术的组合应用，可以更精确地识别文本中的实体、关系和事件等信息，实现文本的自动化处理和理解，从而提高文本处理的准确性和效率。在应用过程中通常包括以下五个步骤：

1）用 OCR 技术进行文本识别。首先，使用 OCR 技术将文本转换为计算机可识别的格式。OCR 技术可以识别图片或扫描文本中的字符和词语，但是由于识别精度的限制，可能会产生一些错误或者误识别。

2）实体识别。使用实体识别技术，对 OCR 识别的文本进行处理，以识别文本中的实体，如人名、地名、组织机构名称等。

3）关系抽取。使用关系抽取技术，从 OCR 识别的文本中抽取出实体之间的关系。关系抽取有助于理解实体之间的关系和属性等。

4）知识图谱构建。将实体和关系映射到知识图谱中的节点和边上，从而构建一个具有语义关系的知识图谱。知识图谱中的实体和关系可以从 OCR 识别的文本中抽取得到。

5）知识推理。根据知识图谱中的语义关系，推导出新的知识和关系。知识推理可以帮助企业进一步理解实体之间的关系和属性等，从而提高文本处理的准确性和效率。

中国石油共享中心在票据处理中引入知识图谱技术，通过对票据数据的组织、结构化和关联，构建出一套完整的知识体系，基于对知识图谱中的实体和关系进行学习和推理，实现了对票据信息更加准确的识别和理解，同时基于隐藏在数据中的关系和属性进行了业务创新和拓展。

例如，加油站每天都会产生大量的纸质发票，需要手动输入数据并进行处理，费时费力。通过引入 OCR 技术，中国石油共享中心可以将纸质发票转化为数字化数据，实现自动识别和数据提取。但是由于发票类型多样，包括普通发票、增值税发票、电子发票等，OCR 技术很难实现高精度的识别和数据提取。

知识图谱技术将不同类型的发票信息通过语义关系进行组织和描述，形成一张知识图谱。通过这种方式，可以更加准确地识别和提取发票信息，并且实现自动分类和统计。此外，知识图谱技术还可以通过不断学习和优化，提高识别的准确度和效率。

（3）智能语音技术。

随着人工智能技术的不断发展，中国石油共享中心尝试引入智能语音技术对票据进行识别和处理。智能语音技术可以将人的语音转化为文本，再通过自然语言处理技术进行分析和提取。这种技术的应用可以使得票据处理更加智能化和自动化，同时也可以提高数据处理的效率和准确性。

智能语音技术融合了语音识别、语音合成、语义理解等技术，可以实现自然语言与机器之间的交互，实现人机自然语言交流，常应用于智能家居、虚拟助理、智能客服、无人驾驶等领域。智能语音技术的核心包括语音识别技术、语音合成技术、语义理解技术以及对话管理技术等。语音识别技术是智能语音技术的基础，它可以将人类的话语转换成计算机可以理解的文本。语音合成技术可以将文本转换成话语，并且可以实现不同的口音和语调。语义理解技术可以让机器理解人类话语的含义，并作出相应的反应。对话管理技术可以控制机器与人类之间的对话，实现对话的流畅性和有效性。

在共享服务中，智能语音技术可以帮助企业更好地进行票据处理，提高财务管理的效率。中国石油共享中心已在多种场景中上线智能语音技术，如在其加油站管理系统中，通过语音输入方式对进出加油站的车辆信息进行识别和录入，实现了自动化的数据采集和处理。该系统通过智能语音技术的自然语言理解能力，将语音输入的车辆信息转化为文本，并与数据库中已有的信息进行匹配和验证，从而实现了高效准确的车辆信息识别和录入。这种方式不仅提高了工作效率，也减少了人工录入带来的误差和成本。

2. 智能识别技术应用场景

在共享服务中，智能识别技术可以应用于多个场景，如发票识别与查验、智能填单、移动应用智能语音助手等。

（1）应用场景一：发票识别与查验。

中国石油共享中心通过 OCR 技术对发票票面六要素进行识别提取，同时结合 OCR 技术和知识图谱技术对发票的信息进行识别和分类，提高了信息的准确性和可靠性。共享中心还通过税务通道访问国家税务总局的电子底账库，对发票完成查验的同时获得发票全票面的结构化信息，例如发票号码、发票代码、购买方名称和纳税人识别号等，以确保发票的真实性和合规性。此外，共享中心还提供相关管控服务进行增值税发票的验真、查重、购买方信息及税号等信息的合规性校验，保证了发票的合规性。所有通过查验的发票，其发票影像被记录在非结构化存储平台（FileNet）中，发票全票面结构化数据被记录在统一的进项税发票池中，为纳税申报和税务分析提供数据支持。增值税发票识别与查验流程如图5-9所示。

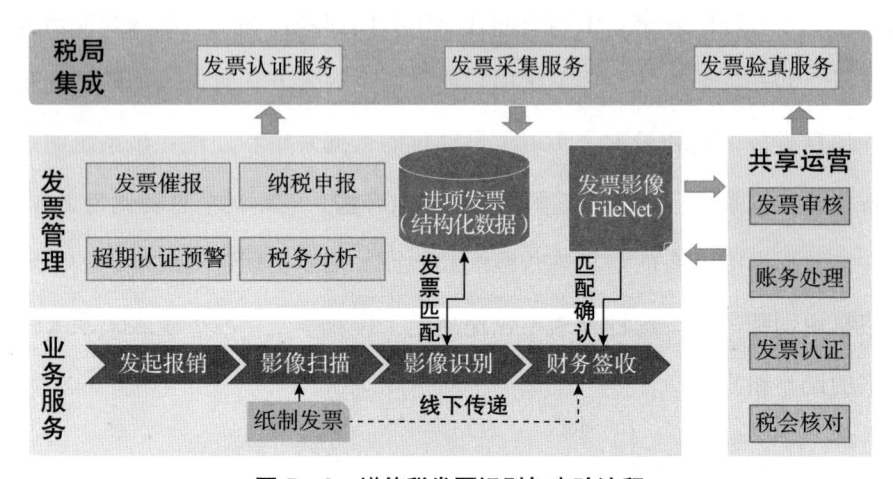

图5-9 增值税发票识别与查验流程

共享中心还通过将OCR技术与知识图谱技术相结合实现了对非增值税发票的识别和分类。通过OCR技术将非增值税发票从图像转换为可编辑文本，然后将文本输入知识图谱中进行分类。在这个过程中，知识图谱可以利用先前的经验和规则来识别发票类型，例如火车票、机票、水电费账单等。同时，知识图谱还可以从发票中提取出关键信息，例如票价、日期、发票代码等，进一步帮助企业完成相应的会计和财务工作。

（2）应用场景二：智能填单。

针对用户群体最广的报销业务，为解决拿到发票后不知填哪个表单、表单中的某些信息不知填什么、表单要求填写的信息过多、各地区公司关键审批节点顺序不统一等突出问题，智能填单系统以问题为导向，以改善用户体验为目标，简化、优化了业务填单环节，分别对差旅费报销及其他费用报销表单进行了优化整合，实现表单分步骤、分区域、分角色填写，并借助OCR技术和知识图谱技术，实现了表单信息的自动填写。整个过程分为票据识别并提取信息和费用报销知识图谱建立及应用两个部分。

1）票据识别并提取信息。通过引入新的智能识别产品软件，将智能识别技术拓展到识别多张、多类型票据，同时支持多张、多类型票据一次性混合识别。系统自动切割、识别，实现了增值税发票、火车票、飞机票行程单、汽车票、定额票、船票、手撕长条票、过路过桥费发票、住宿费发票等多种票面信息的自动识别、自动归类。系统根据识别出的结构化数据，自动完成差旅报销中城市间交通费、市内交通费、过路过桥费、住宿费、差旅补助、结算信息等内容的自动填写，基本实现了"你给我发票（拍拍照），我帮你报销（单据信息自动填写，差旅补助自动计算）"的设计目标。在此技术的支撑下，中国石油复杂的差旅报销业务在财务共享移动App端得以同步实现。

2）费用报销知识图谱建立及应用。智能识别技术在报销环节的应用，将票据票面信息转化为结构化数据，避免了人工模式下将票据票面信息手工录入系统的过程，但票据信息所对应的业务场景、核算场景无法从票面信息中获得，知识图谱技术的引入与应用恰好可以解决这一难题。中国石油共享中心的数据来自每个地区公司、每个组织机构乃至每个业务部门，共享中心通过分析这些数据之间的关系、联系，即可明确每种业务场景的具体业务逻辑、核算规则，建立基于报销业务的知识图谱模型，形成包括用户、部门、单据、单据分录、发票信息等实体间的各种关系，涵盖标准化及个性化的业务信息、财务信息、管理信息等内容。费用报销知识图谱建立后，通过将 OCR 技术和知识图谱技术相结合，以票据报销作为业务的发起点，系统通过智能识别完成对票据信息的提取，结合当前用户、用户所属的单位等信息，调用知识推理相关服务，自动推导出报销的业务场景及该场景下业务信息、管理信息、财务信息等内容，并完成表单信息的自动填写。用户在向导式的操作过程中，仅需要对表单中出现的信息进行确认。最终表单完成提交后，系统自动对表单信息进行分析，将用户干预过的内容加入自学习过程，进一步完善知识图谱的内容。

（3）应用场景三：移动应用智能语音助手。

移动设备作为另一种用户终端，具有集文字、声音、图像采集于一体、携带方便，可随时随地灵活应用的特点。随着其性能的不断优化及各种智能化技术的变现应用，各种业务处理场景逐渐流向移动端，很多行业已经出现移动端的日均访问量超越 PC 端的情况，移动化已是大势所趋。财务共享功能也将逐步向移动端转移，满足更多场景、更多用户的需求，提高工作效率，优化用户体验。

中国石油财务共享 App 移动端除了实现发票识别与查验、差旅报销智能化填单外，还基于智能语音识别、自然语言处理、语音合成等技术，开发了"油宝"语音助手，实现了语音导航及语音填单功能。

1）语音导航。语音导航功能实现了在财务共享 App 内一句话直达所需。在财务共享 App 中，呼唤"油宝、油宝"，即可唤醒"油宝"语音助手，说出你的需要，系统将理解你的意图，打开具体窗口。比如说出"我要报销"，系统将打开差旅报销窗口；说出"我要举办会议"，系统将打开会议申请窗口。

2）语音填单。"油宝"类似用户身边的秘书，只需要说一句"我要出差"，"油宝"会与用户确认出差的事由、出发时间、出差去哪里、返程时间及出行交通工具等信息，在交谈过程中即帮用户完成出差申请单的填写过程。目前"油宝"已实现出差申请、借款申请单据的语音填单功能。

5.4.2 劳动合同电子化大幅提升管理效率

传统纸质合同的使用与管理需要耗费大量的时间和人力，而且容易出现管理上的纰漏和错误，数字签名技术、身份验证技术、电子数据存储技术以及人工智能技术等数字技术的发展，为劳动合同电子化提供了契机。这些数字技术的应用，大大简化了劳动合同签署和管理的流程，提升了效率和准确性。数字签名技术可以保证合同的真实性、完整性和不可抵赖性，保障了合同签署双方的合法权益；身份验证技术则可以有效避免身份冒用和伪造，保证了合同签署双方身份的准确性和真实性；电子数据存储技术可以确保数据的安全性和可追溯性，方便管理和查阅。

劳动合同电子化的管理优势较为显著。首先，劳动合同电子化解决了员工距离较远导致的签署不及时、传递不便、保管麻烦等问题，有效降低了法律风险。通过电子签署，员工可以在任何时间、任何地点，通过网络完成合同签署，克服了传统纸质合同签署的时间和地点限制，同时也保证了合同签署的及时性和准确性。其次，电子合同存储在云端，不易丢失和损坏，也能够更方便地进行备份和归档，降低了合同管理的风险。再次，电子合同通过线上签署，可以大幅提升管理效率和准确率，避免纸质劳动合同的印刷成本和归档成本。传统的纸质合同需要印刷、传递、储存等环节，不仅时间成本高，而且还容易出现纰漏和错误，导致管理效率低下。而电子合同通过线上签署，可以省去传统合同的印刷和传递环节，极大地提高了管理效率和准确率，同时也避免了纸质合同的印刷成本和归档成本，具有显著的成本优势。最后，劳动合同电子化通过员工身份智能识别、线上签署、电子数据存证等功能，保障合同签署的安全性和合法性，为企业员工管理提供了更多的保障。

在劳动合同电子化的过程中，用户获得了更为便捷和愉悦的体验。通过线上签署，用户不需要再花费时间和精力前往公司或其他指定地点签署合同，通过电脑或手机即可完成签署。同时，数字签名技术能够保证合同的合法性，避免了纸质合同丢失或被篡改的情况，极大地提高了用户的信任度和满意度。

2022年3月4日，中国石油贵州某销售仓储公司与新员工线上签订了电子劳动合同，成为集团公司签署的首份电子劳动合同。劳动合同电子签章平台的建设，为劳动合同电子化提供了系统支撑，是人力资源共享中心提升在线服务能力的重要体现。平台不仅提供劳动合同订立、续签、变更、终止与解除等业务的线上签署与签章功能，同时还提供劳动合同临期提醒、主动推送、电子存档及台账管理等功能，全面实现了劳动合同的系统管理。

由共享中心发展的一般规律可知，共享中心有共享服务、自动化、智能化和数字化四个发展阶段（见图5-10）。整体来看，中国石油共享中心已进入自动化、智能化并联式发展阶段。截至目前，共享中心的业务中已实现自动化的业务占比达50%以上，其中2 000元以下的费用报销已全部实现自动化。在智能化方面，中国石油借助现代信息化手段，自主设计开发"小铁人"，其平均处理效率为人工的20倍，完成工作量占整体工作量的50%以上。智能识别、智能交互等新技术在填单、审核业务中的应用，推动中国石油共享中心由自动化阶段迈向智能化阶段。

图5-10 共享中心的发展阶段

第 6 章

面向全球的服务运营：
共享服务助力企业竞争

共享模式下，共享中心作为独立的业务运营单元，不管是共享财务与战略财务、业务财务以及与各业务单位的关系，还是共享人力资源与战略人力资源、业务人力资源以及与各业务单位的关系，都与传统模式存在较大区别。因此，需要建设适用的服务运营管理体系，用于管理共享中心处理与其利益相关者的关系，以及共享中心的内部运营，保证服务水平的持续提升。

6.1 助力企业竞争的全流程服务

中国石油共享中心通过建立标准化的服务运营管理体系，将服务转化为标准化的产品，以提高服务质量和效率。在服务运营管理体系的规划阶段，共享中心根据客户的需求以及市场定位，设计出标准化的服务方案，并在服务实施和监控阶段对服务流程进行严格的管理和监督，以确保服务质量和效率的稳定性和可持续性。

中国石油共享中心规模大、业态多，共享建设需要考虑共享后本地与共享中心的沟通及管理问题。为提高共享服务质量，实现共享中心与本地业务的顺利衔接，共享中心基于服务运营管理闭环，设计相应的服务管理模式，同时在本部及区域中心设立专门的服务管理部门，并明确相应的服务管理职能。

服务运营管理闭环一般包括四个部分（见图6-1），即服务定义、日常管理、监控报告以及持续改进，旨在帮助共享中心优化服务效果、提高服务能力及客户满意度。服务运营管理通过设定服务范围、定义服务内容并与客户签订服务水平协议，确定绩效管理指标及双方的责任与义务，并通过对这些指标的监控和分析，了解客户需求及服务运营问题，通过共享中心与地区公司双方的共同努力，最终提升公司的整体管理水平。

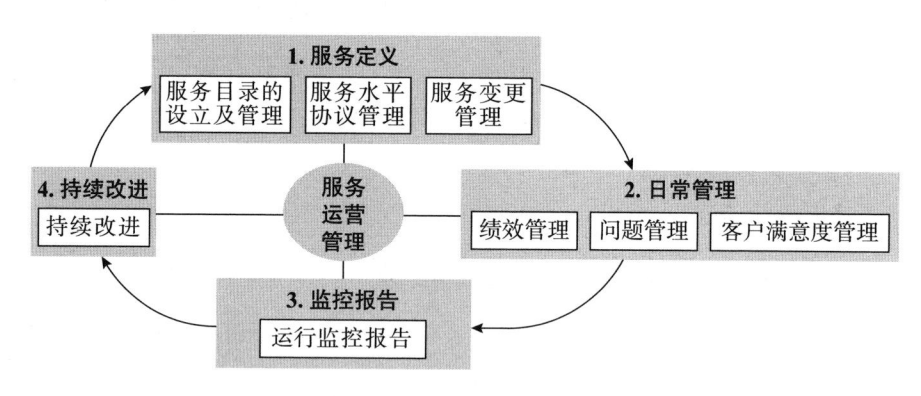

图6-1 服务运营管理闭环

6.1.1 服务定义

服务定义包含三项内容，即服务目录的设立及管理、服务水平协议管理、服务变更管理。其中，服务水平协议管理，将作为服务运营水平提升的重点。共享中心与地区公司通过签订服务水平协议来约定双方的责任和义务。共享中心在运营过程中需定期检视，随着共享中心人员能力的不断提升和业务熟练度的不断提高，以及客户业务量的变化，在综合考虑业务流程优化、流程标准化、自动化程度提高等因素的基础上，适时调整服务水平协议指标。

6.1.2 日常管理

服务运营的日常管理包括三个部分，即绩效管理、问题管理和客户满意度管理。其中，绩效管理和客户满意度，是服务运营水平提升的重点。绩效管理是用于监控和管理组织绩效的方法、准则、过程和系统的整体组合，强调组织目标和个人目标的一致性，强调组织和个人同步成长。客户满意度是除服务水平协议指标外，从另一角度考量共享中心对地区公司提供业务支持的服务水平的指标。客户满意度管理一般包括设计调查问卷与满意度调查两项工作。

6.1.3 监控报告

监控报告是共享中心与本地业务单元的纽带，通过对服务水平协议指标及其他日常运营数据的实时监控，审阅当前整体业务的绩效水平，并提出下一步持续改进方向。监控报告一般包括运行日报、周报及月报。

运行日报是共享中心对日常业务运行情况的总结，便于管理者及时了解运行状况是否稳定，总结共享中心每日运营情况，一般需重点关注：需要当日重点监控的问题和事项、提供的问题解决方案及职责落实情况。

运行周报是共享中心对每周业务运行情况的总结，需重点关注：本周重点完成的工作、本周的重点问题及需要总部及各服务单位配合完成的工作、下周的重点工作安排等。

运行月报是共享中心对每月业务运行情况的总结，需重点关注：本月重点完成的工作、本月重点关注的问题及需要总部及各服务单位配合完成的工作、下月的重点工作安排等。

6.1.4 持续改进

共享中心的持续改进是从战略、组织、人员、流程、系统、运营角度，通过精益管理、六西格玛等工具，识别中国石油共享服务建设"六要素"各个方面的持续改进机会，并制订持续改进计划，监控落地实施的过程。持续改进包含商业流程诊断、识别短期及长期流程优化机会点、制订长短期项目计划、监督落地实施几个阶段。在持续改进的过程中，共享中心通常会使用精益管理、六西格玛等工具。精益管理工具的使用目的，在于减少非增值活动和减少流程中不必要的等待时间，加快流程处理的速度，聚焦于流程的简化。六西格玛工具通常用于满足客户关键的业务需求，如商业绩效及质量的提升，聚焦于减少流程波动。

6.2 建立客户关系

共享中心以提供服务为目标，客户是服务的重要对象，有效的客户服务管理措施是建立、维持良好客户关系的必要手段。共享中心在建立客户关系过程中采取的主要客户服务管理措施包括签订服务水平协议、"五位一体"的客户服务体系、三级回访机制、客户满意度评价和三级问题响应模式等。

6.2.1 签订服务水平协议

服务水平协议是共享中心与服务企业之间，就共享服务的质量、效率、完成时间等内容达成的双方共同认可的协议，是有效衡量共享服务水平和质量的重要参考凭证，也是开展质量检查的重要依据。服务水平协议具有法律效力，主要包括服务内容、双方的承诺和保证、服务费用与付款条件、双方具体的权利与义务、协议的变更和终止、保密要求、违约责任、不可抗力情形、问题及争议的解决方式等内容。

（1）服务内容：主要明确服务项目、期限及服务时间。

（2）双方的承诺和保证：主要是对与协议相关的各项事实与问题的情况声明。

（3）服务费用与付款条件：主要约定服务费用核算标准及结算方式。

（4）双方具体的权利与义务：明确委托方与受托方在服务期限内的权利与义务；明确完成服务所需的相关指标，包括服务承诺指标、提报承诺指标。

服务承诺指标是用于约定共享中心服务及时性和准确性的一系列业务指标，同时也可用于服务企业评价共享中心的服务水平。服务承诺指标基于业务流程的关键环节提取设定，通过明确服务承诺的相关事项、计算方式、统计频次及目标值，实现服务过程的量化监控，进而使共享中心为客户提供安全可靠的共享服务。服务承诺指标一般以表格的形式展示。

以新员工入职业务为例，具体的服务承诺指标可按表6-1设置。

表6-1 服务承诺指标

序号	服务	服务承诺事项	计算公式	监控频率	类型	目标值	备注
1	新员工入职	保证员工信息系统维护准确	100%—维护遗漏或错误人次/维护总人次	每月	质量	××%	
		保证收到新员工入职依据后××个工作日内完成系统数据维护	100%—维护延迟人次/维护总人次	每月	时限性要求	××%	

提报承诺指标是用于约定服务企业提交信息及时性和提供信息质量的一系列指标。提报承诺指标与服务承诺指标的提取环节一致并相互呼应，是共享中心完成服务承诺指标的基础。仍以新员工入职业务为例，具体的提报承诺指标可按表6-2设置。

表6-2 提报承诺指标

序号	服务	服务承诺事项	计算公式	监控频率	类型	目标值	备注
1	新员工入职	保证新入职员工各项信息的完整准确	100%—维护遗漏或错误人次/维护总人次	每月	质量	××%	
		应在新入职员工岗位确定后的××个工作日内提供各项信息	100%—维护延迟人次/维护总人次	每月	时限性要求	××%	

（5）协议的变更和终止：主要明确协议发生变更和终止的具体情形，规定服务水平协议的补充协议。

（6）保密要求：主要明确保密信息的具体范围和相关要求。

（7）违约责任：主要明确任何一方发生违约行为时应承担的责任，以及另一方的相关权利。

（8）不可抗力情形：明确不可抗力的事件范围；规定不可抗力事件发生时，双方的权利与义务。

（9）问题及争议的解决方式：明确双方发生问题及争议时的解决途径，以及应遵循的服务管理机制。

以中国石油财务共享服务试点运营服务的内容为例，其服务水平协议具体涵盖服务概述（如服务目标、主要内容、沟通机制、问题管理和服务时间）、各业务模块的具体服务事项、委托方和受托方的责任信息等内容。

以采购报销业务为例，按照是否通过ERP系统处理，采购应付挂账业务可分为两类：采购应付（ERP）和采购应付（非ERP）。服务水平协议中会明确业务描述、服务目录、委托方的职责描述及提报承诺、受托方的职责描述及服务承诺。表6-3列示了采购应付（ERP）的服务水平协议事项，表6-4列示了采购应付（非ERP）的服务水平协议事项。

表6-3 采购应付（ERP）的服务水平协议事项

业务描述	本业务适用于通过ERP系统处理的采购应付挂账业务，主要内容包括发票校验预制、纸质支持附件扫描上传、发票校验过账及记账等
服务目录	采购报销—外购产品及物资材料—材料采购 采购报销—外购产品及物资材料—商品采购 采购报销—外购产品及物资材料—资产设备采购

续表

委托方	
职责描述	采购结算发票校验预制 采购结算发票校验预制审核（如有） 勾选采购结算预付款核销（如有） 勾选对方销售结算单关联（如有） 执行 ERP 暂估程序（如有） 扫描、上传支持性附件，核对纸质附件与影像文件
提报承诺	保证发票校验预制的准确性 保证纸质支持性附件与影像文件的一致性
受托方	
职责描述	采购结算发票校验过账 采购应付挂账凭证制证及复核
服务承诺	保证发票校验过账的准确性 在收到任务后两个工作日内完成发票校验过账并生成凭证

表 6-4　采购应付（非 ERP）的服务水平协议事项

业务描述	本业务适用于手工进行的采购应付挂账业务，主要内容包括创建采购结算单、纸质支持附件扫描上传、记账等
服务目录	采购报销—外购产品及物资材料—所有三级目录 采购报销—五项费用—所有三级目录 采购报销—薪酬经费—所有三级目录 采购报销—维修、动力及租赁费—所有三级目录 采购报销—测试化验加工及外包费—所有三级目录 采购报销—安全及环境保护费—所有三级目录 采购报销—知识产权及技术服务费—所有三级目录 采购报销—运输及包装保管费—所有三级目录 采购报销—其他支出—所有三级目录
委托方	
职责描述	填写采购业务对应的报销单，提交纸质采购结算资料 审批采购应付业务 扫描、上传支持性附件，核对纸质附件与影像文件

续表

提报承诺	保证表单内容的准确性、完整性 保证采购结算资料的真实性、完整性 保证纸质支持性附件与影像文件的一致性
受托方	
职责描述	检查是否选择了正确的业务表单 检查表单内容与支持性附件的一致性 采购应付挂账凭证制证及复核
服务承诺	在收到任务后两个工作日内完成挂账凭证制证 保证挂账凭证的正确性

6.2.2 "五位一体"的客户服务体系

为展现良好共享形象、提供专业共享技术、构建合作伙伴关系、树立共享服务品牌，中国石油共享中心牢固树立"人人客服"的理念，培育"服务满意无止境，争当服务排头兵"的浓厚氛围，持续推进服务创新、管理创新，建立"管理决策层部署、客户服务管理部门协调推进、客户经理协作沟通、客服中心常规答疑、业务专员需求落实"的"五位一体"的客户服务体系，让服务网络更加严密、健全，提升真诚、专业、快速、卓越的服务能力。"五位一体"的客户服务体系如图6-2所示。

（1）管理决策层。作为共享中心客户服务体系的最高决策层，管理决策层融合共享中心发展战略和服务战略，培育客户服务文化，制定客户服务体系框架，明确客户服务工作目标，安排部署客户服务工作。管理决策层与服务企业管理层就合作意向、发展方向、合作方式、服务内容等交换意见，达成共识，融合双方发展战略，建立维护长期伙伴关系。

```
                    提升客户体验
          卓越      快速      专业      真诚
决策层 ------  [共享中心管理决策层]
推进层 ------  [客户服务管理部门]
执行层 ------  [客户经理] [客服中心] [业务专员]
              [以客户为中心，人人客服]
```

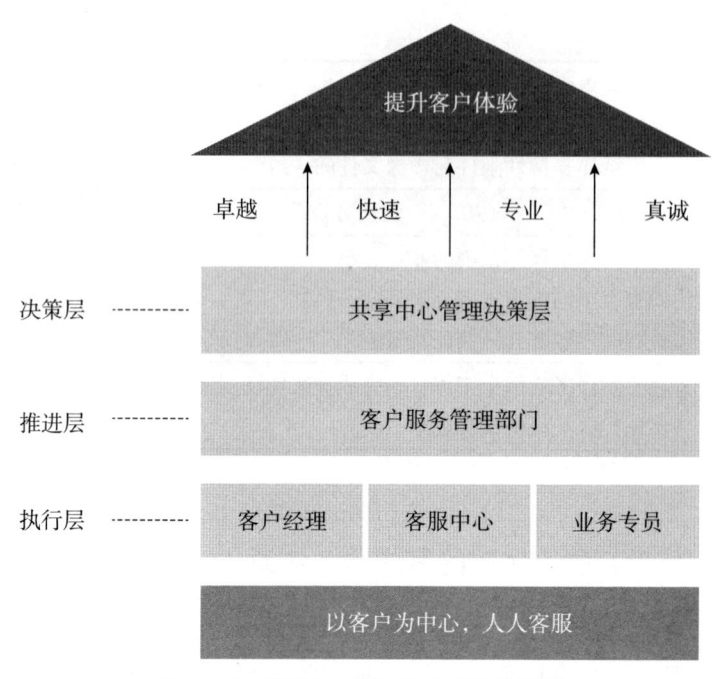

图 6-2 "五位一体"的客户服务体系

（2）客户服务管理部门。作为共享中心客户服务体系的建设推进层，客户服务管理部门根据客户服务战略，细化完善客户服务体系，制定客户服务相关规范制度，协调整体资源，推进客户服务工作。客户服务管理部门与服务企业相关业务部门建立互通联络通道，就业务移交、日常运行的方案对接、计划执行、需求满足、质量评价等内容进行深度对接，是问题管理、客户回访、满意度调查、客户档案、呼叫中心等服务事项的管理组织推进部门。

（3）客户经理。作为共享中心客户服务体系的服务执行层，客户经理按照共享中心的客户服务工作安排，明确"服务窗口""中心名片"的定位，积极主动开展差异化服务工作。客户经理与服务企业共享业务联络人及相关管理岗位人员保持信息畅通，做好服务企业的政策宣贯、信息传递、业务协作、需求收集及相关事宜的协调配合工作。

（4）客服中心。作为共享中心客户服务体系的执行层，客服中心按照服务标准，面向服务企业共享用户提供标准化的业务咨询、操作指导，受理用户投诉。

（5）业务专员。作为共享中心客户服务体系的执行层，业务专员重点完成业务交付，并按照共享中心的客户服务工作安排，对接客户经理、客服中心满足客户需求，调动业务资源，协调解决客户问题。

中国石油共享中心通过构建"五位一体"的客户服务体系，以"人人客服"的理念为核心，不断推进服务创新和管理创新，致力于提供真诚、专业、快速、卓越的共享服务。共享中心通过打造团队式、黏性式、敏捷式和拓展式服务来提升客户服务水平，为客户提供更加精准、高效、有深度的服务。

（1）打造团队式服务，提升服务精度。共享中心充分借鉴阿米巴经营管理模式"人人都是经营者"的理念，给每个岗位明确定位，组长、副组长负责抓总，客户经理负责客户关系的维护，业务专员负责企业共享业务问题的解决，质量专员负责企业共享业务质量的监督。各岗位握指成拳，各司其职，主动配合，形成了全方位、多角度、全流程的客户服务机制，有效杜绝了企业有问题找不到人或不知道找谁的现象，客户服务更加精准高效，企业更愿意提出共享需求和想法。

（2）打造黏性式服务，提升服务温度。共享中心活用"黏性营销"理论，强化沟通协调，增强了客户黏性。抓住主要矛盾，由大众式联络变为小众式维护。组长与企业部门业务负责人、客户经理与企业联络人、业务专员与企业岗位人员均保持良好沟通，确保共享业务在企业各层面顺畅运行。讲好共享故事，由座谈式沟通变为交往式联络。利用各种与企业对接的机会，润物细无声地向企业介绍共享产品和服务，潜移默化间让企业认识和认同共享，将共享服务精准融入企业发展，助力企业管理效能提升。强化情感沟通，由业务式联络变为朋友式交流。共享中心的客户服务团队成员改变以往只注重业务沟通的方式，借鉴微商沟通方式，做到风霜雨雪有提醒、节假喜庆有祝福，拉近彼此的关系，工作协同更加高效。

（3）打造敏捷式服务，提升服务速度。共享中心借鉴项目管理中的敏捷式开发模式，推出敏捷式服务。各岗位人员在服务中做到"三必须"，即必须在规定时间内完成企业提单，必须在5分钟内回复企业消息，必须在30分钟内答复企业问题。同时，团队成员主动与企业沟通，及时了解企业需求，积极协助企业解决问题。

（4）打造拓展式服务，增加服务深度。共享中心主动融入企业发展，持续推进管理创新，想企业之想、解企业之忧，推动共享中心与企业的合作向纵深发展。以西安中心的业务为例，一是针对陕西销售公司的全资与控股子公司间购销及收费业务分开提单问题，客户服务团队主动充当企业各部门和二级单位的润滑剂，有效衔接各业务部门，梳理交叉业务，优化对账流程，提出"一单多证"的方案并落地，月减少提单量740余个，在同类业务中减少提单49%，高效的核算模式使得月结时长缩短1天，各部门和二级单位纷纷为共享模式带来的变化点赞。二是上线司库收款优化项目，通过统一银行流水导入模板解决控股公司收款难题，由分公司代收控股公司的营业款，采用"一单两证"模式，每月减少控股公司资金分拣4 300余条，提高资金对账效率，节约企业人工。

三是利用 RPA 技术开发月末资产系统处理机器人，实现月末资产系统操作一键化，有效整合月末折旧、封存和月结三个业务流程，月末资产业务不再需要专人值守，大大减轻了财务人员的工作压力。四是主动沟通协调，将西安退休手续、社会保险办理的"全业务、全流程"纳入共享服务试点，提供社保办理"一站式"服务。利用低代码技术，打破业务人员间的数据壁垒，实现业务数据线上共享，提高了业务处理的准确率和效率。

6.2.3 三级回访机制

客户回访是客户服务管理的关键内容，也是提升客户体验的主要途径之一。通过赴企业进行客户回访，与服务企业进行面对面的互动沟通，推介共享中心的最新产品，可以有效收集客户需求，不断完善客户档案，持续增加客户的认同感。

为切实保障客户的利益，及时、有效地处理客户的投诉及意见反馈，精准提高服务质量，完善服务制度，中国石油共享中心建立了面向客户的三级回访机制。第一级是公司领导带队回访，第二级是区域运营机构领导及团队依计划回访，第三级是区域运营机构管理部门、客户经理及客户服务人员等的日常回访，实现客户回访全覆盖。

1. 回访类型

共享中心的客户回访主要包括定期回访和专项回访两种类型。定期回访是指在业务交付后对服务企业进行的常规回访。专项回访是指在特殊时间节点、特定事项或重大公关事项发生的情况下进行的专题回访，如业务交付前对服务企业的回访、对满意度较低的服务企业开展的专题回访等。

2. 回访方式

每年年初，中国石油共享中心综合考虑业务上线、产品推介、客户关系维护等情况，制订客户回访计划，明确回访单位、时间、方式等。具体方式包括现场回访、视频回访、电话回访。其中，定期回访采取上述三种方式均可，专项回访以现场回访或视频回访方式为主。

（1）现场回访。组建回访团队，由公司或区域运营机构领导带队，相关部门负责人、客户经理、客户服务人员及业务骨干参与，赴服务企业进行现场回访。

（2）视频回访。组建回访团队，由公司或区域运营机构领导带队，相关部门负责人、客户经理、客户服务人员及业务骨干参与，借助网络平台，通过视频会议方式，对服务企业进行回访。

（3）电话回访。通过电话、即时通信等方式对服务企业进行回访。

3. 回访程序

客户回访过程中，共享中心制订回访计划，明确回访流程，有效规范各阶段的具体工作。客户回访实施流程如图 6-3 所示，大致可分为回访准备（包含回访计划）、回访实施、回访总结三个环节。

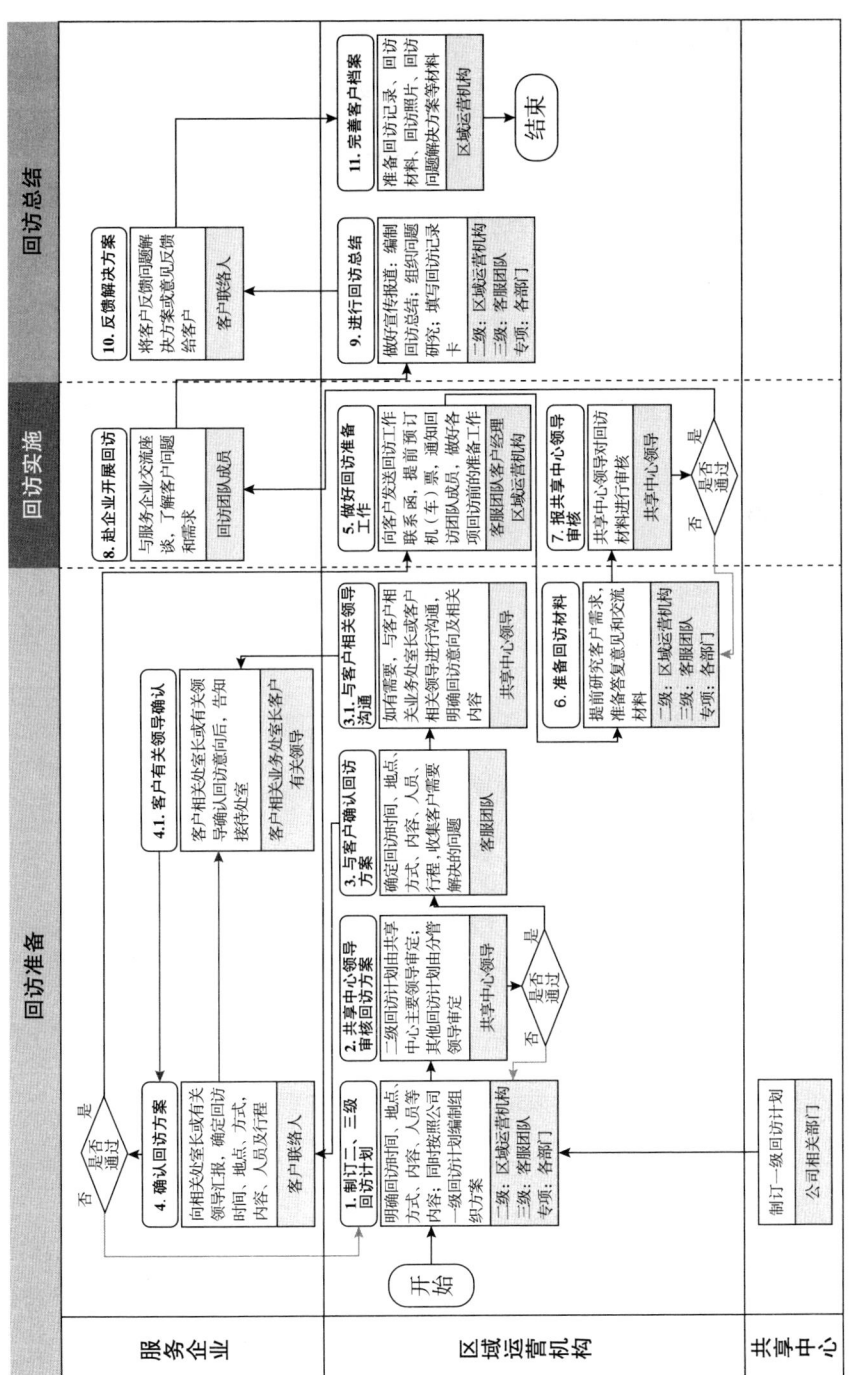

第 6 章 面向全球的服务运营：共享服务助力企业竞争 / 253

图 6-3 客户回访实施流程图

（1）回访准备。

共享中心在综合考虑业务上线、产品推介和客户关系维护等情况的基础上，每年年初制订一级回访计划，指导区域运营机构制订二、三级回访计划。回访计划应包括回访单位、时间和方式等内容。为保证良好的客户关系，区域运营机构的二级回访应覆盖服务企业的30%以上，重点服务企业每年应至少回访一次。三级回访要实现服务企业全覆盖。区域运营机构应保证回访计划的严肃性，二级回访计划上报后原则上不得取消。区域运营机构应定期对回访计划的执行情况进行跟踪，如有特殊情况，须及时做好调整补充，并向共享中心备案。

区域运营机构要根据年度回访计划做好二、三级客户回访前的准备工作，主要包括：

1）提前了解情况。提前开展服务企业的问题和需求分析，按照已解决、正在解决、远程解决等维度，准备答复意见。

2）向服务企业发函。确定参加回访的人员、回访日期、行程、会议议程和需配合完成的事项，并向服务企业发送拜访函。

3）准备备参材料。主要包括共享中心和服务企业的基本情况、组织范围和业务范围、业务运营情况、工作亮点、问题及建议等，由区域运营机构准备；共享理念、发展规划等内容，由共享中心牵头准备。

4）准备交流材料。主要包括共享中心情况介绍、服务企业共享服务实施和运营情况、问题解决情况、共享服务产品推介等。

（2）回访实施。

1）现场及视频回访。主要以座谈交流形式开展。议程主要包括：

共享服务宣传介绍、回访团队介绍共享服务实施与运营情况、服务企业相关情况介绍、座谈交流等。共享中心领导侧重于介绍共享理念及发展趋势、工作规划等；区域运营机构领导和共享中心相关部门侧重于介绍共享服务实施及运营情况、推介产品并答复问题；其他人员侧重于解答个性化问题。根据实际工作需要，回访时可选择性地开展专项问卷调查。对服务企业提出的问题与建议，应如实做好记录，能现场解答的给予解答，不能解答的应会后及时制定措施反馈客户。

2）电话回访。共享中心和区域运营机构领导、相关部门或分部负责人、客户经理可根据业务需要致电服务企业。电话回访中可灵活掌握程序，通过沟通了解情况，解决实际问题。

（3）回访总结。

1）跟踪与答复问题。对于能够协调解决的问题和需求，区域运营机构可通过函件等形式向服务企业反馈意见；对于无法及时答复的问题和需求，区域运营机构应按照问题管理要求，及时将问题和需求录入问题管理平台，做好问题的跟踪与答复。

2）填制客户回访记录卡。区域运营机构应在二、三级回访结束后的规定工作日内，填制客户回访记录卡，报送共享中心本部备案。

（4）注意事项。

每年年底，共享中心应及时做好年度回访工作总结，分析存在的问题，制定改进措施。

共享中心应制定考核细则，对回访计划执行不严格、回访问题解决不及时的区域运营机构和个人，进行相应的处罚。

回访时间和回访方式的确定，应充分尊重服务企业的意愿，回访时间应尽量避开服务企业工作繁忙的时段，避免给服务企业带来不便。

要加强回访团队的成员管理，要求其严格遵守工作纪律和生活规律，规范自身言行，向服务企业展示良好的共享服务形象。

完备的三级客户回访机制，全面、高效地收集并解决了客户难题，为运营管理服务的下一步发展明确了方向。

6.2.4 客户满意度评价

共享中心的客户满意度可采取工单即时评价和调查问卷的方式进行调查。共享中心应根据调查结果，深入研究服务企业反馈的问题，制定整改措施，确保持续提升客户满意度。

1. 工单即时评价

服务企业通过共享服务平台的工单即时评价功能，对共享中心完成的业务进行实时满意度评价。满意度评价一般包括整体评价、服务效率、服务态度和服务质量四个维度，评价等级可分为4档：非常不满意、不满意、满意和非常满意。共享服务平台可自动进行满意度评价的数据采集及满意率计算。

2. 调查问卷

共享中心也可结合自身业务特点或专项工作推进情况，从服务效率、服务质量、服务态度、系统使用体验等方面设计调查问卷，并通过共享服务平台以网页链接或二维码等形式向服务企业发送，邀请服务企业相关人员进行匿名填写。

6.2.5 三级问题响应模式

中国石油共享中心坚持以客户为中心，真诚为客户服务，高度重视客户反馈，高效解决客户问题，持续提升客户体验。客户服务是共享中心运营管理职能的核心，提升客户服务的满意度需要建立有效的沟通机制，对客户的问题及时响应并保证时效性和质量。中国石油共享中心通过多种渠道广泛收集影响客户体验和运营服务的各类事件，建立三级问题响应模式。

第一级为共享中心本部支持团队，由公司各业务部门组成，负责解决全局性的流程、标准、表单、系统等优化问题。

第二级为技术支持团队，由区域中心及软件供应商支持团队组成，负责解决共享系统配置类问题及部分业务咨询问题。

第三级为客户服务中心的客服团队，是公司接收问题的主要渠道，负责记录、解答各类问题。

在实施过程中，各区域中心指定专门人员负责解答服务单位提出的问题，并及时将问题、答案报送公司客户服务中心。公司完善客户问题记录和反馈流程，建立客户常见问题知识库，通过智能客服为用户提供自助服务，鼓励用户采用自助服务方式解决业务咨询及操作咨询类问题。

区域中心运营服务过程中遇到的重大问题、共性问题，由共享中心运营管理部门通过组织召开视频会议等方式解决。

完善的监督体系有助于制度的良好运行。共享中心制定了相应的监督体系，由运营管理部门负责组织考核客服团队，对团队接听、答复和问题记录的质量和时效性进行评价；同时负责监控定期报告、问题接收、处理、回复等情况，并提出改进建议。各区域中心负责监控及报告本单位的问题处理情况和改进建议，并组织落实。

三级问题响应模式从组织和机制上明确了客户问题和需求管理流程，能够及时且有效地解决客户提出的各类专业问题，提升了问题解决的规范化、标准化、流程化、可视化水平。对外形成多渠道提报、统一受理、快速响应的服务体系，对内形成在线分发、实时跟踪的管理体系，提高运营质量及客户满意度。

中国石油共享中心面向客户服务建立了规范化的客户问题管理流程（见图6-4），具体涵盖问题收集、问题解决（前端）、问题解决（升级）、问题反馈与办结四个主要的环节。客户回访的反馈是客户问题的主要来源之一，客户热线、日常沟通、业务操作反馈以及客户投诉都为问题管理提供了信息收集渠道。收集问题后，对客户反馈问题进行详细了解并分析问题产生的主要原因后，相关人员在自己能力范围内解决客户问题，并向问题提出人员进行反馈，进一步判断问题的解决是否已达到预期效果。若未达到预期效果，则需要进一步组织协调，并进行跟踪反馈，以最终解决问题。

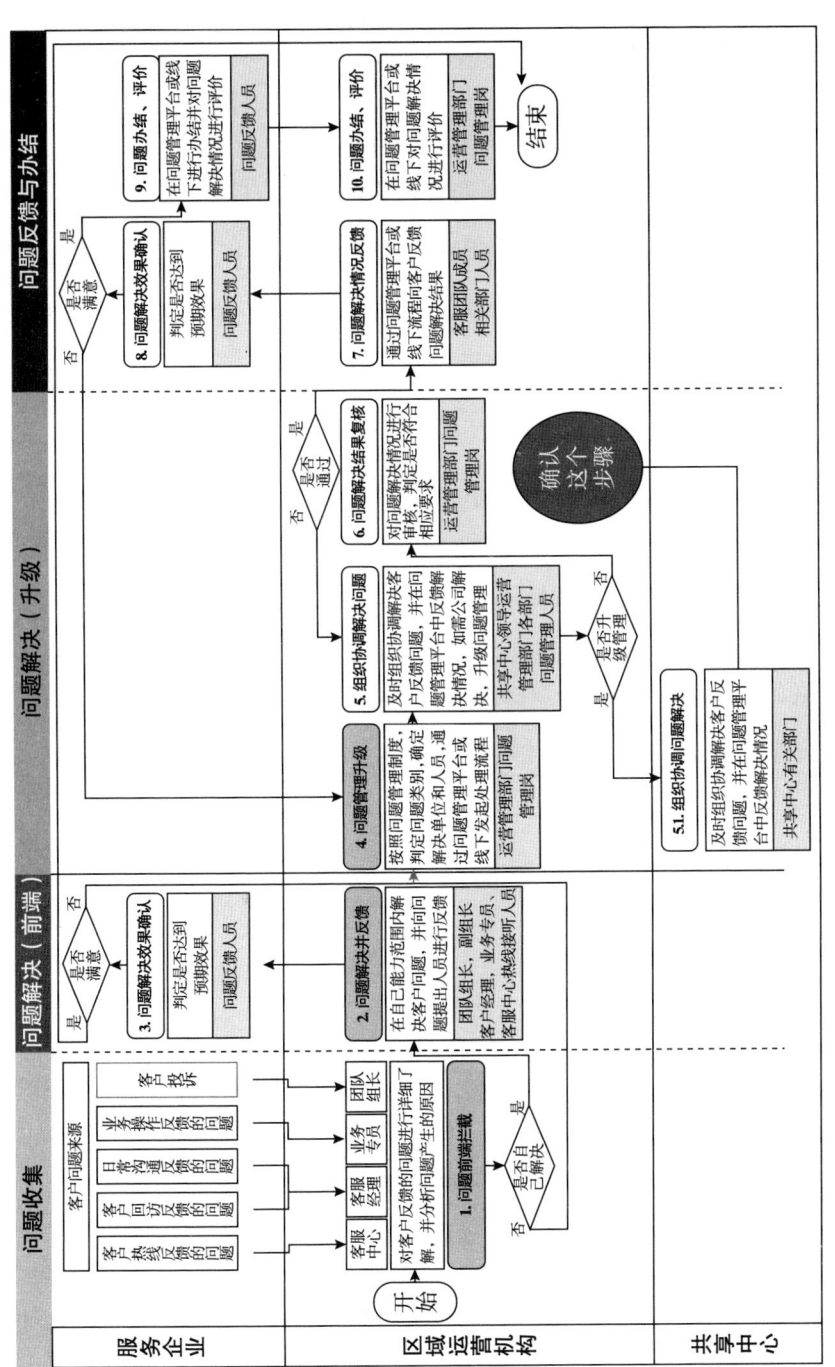

第 6 章　面向全球的服务运营：共享服务助力企业竞争　/　259

图 6-4　客户问题管理流程

6.3 实现精益运营

精益运营的核心是以高效率的管理方法为客户提供更高质量的产品和服务。中国石油共享中心在探索精益运营的过程中，建立了高效的服务质量管理体系、质量管理认证体系、智能风险控制体系，搭建并持续改善共享知识库，持续提升共享中心的精益运营水平，优化客户体验。

6.3.1 服务质量管理体系

1. 服务质量指标

服务质量指标是对共享中心服务质量和服务水平的直观反映，可以客观展现服务数量与服务质量之间的内在联系和对比关系，如业务处理及时率、业务处理准确率等。以中国石油人力资源共享服务为例，其服务质量指标主要分为服务管理指标、客户体验管理指标和效能管理指标三大类。

（1）服务管理指标。

服务管理指标重点关注共享中心对服务企业的服务承诺完成情况，主要考察共享服务质量和完成时效，可设置准确率和及时率两项指标。服务管理指标的目标值一般按照年度业绩指标确定，通常每月统计一次，具体计算如式（6-1）和式（6-2）所示。

$$准确率 = \frac{当期业务处理量 - 当期业务错误处理量}{当期业务处理量} \times 100\% \quad (6-1)$$

$$及时率 = \frac{当期业务处理量 - 当期业务未及时处理量}{当期业务处理量} \times 100\% \quad (6-2)$$

（2）客户体验管理指标。

客户体验管理指标是指与服务企业业务交互过程中，需要达到的满意度水平，可设置问题解决率、客户投诉数量、投诉解决率和客户满意度4项指标。客户体验管理指标的目标值按照年度业绩指标确定，每月统计一次，具体计算公式如式（6-3）、式（6-4）和式（6-5）所示，其中，客户投诉数量按照当月客户提交至共享中心的投诉数量统计。

$$问题解决率 = \frac{当期解决的客户问题数量}{当期接收的客户问题总数量} \times 100\% \quad (6-3)$$

$$投诉解决率 = \frac{当期解决的投诉数量}{当期接收的投诉总数量} \times 100\% \quad (6-4)$$

$$客户满意度 = \frac{当期"非常满意"业务处理量 + 当期"满意"业务处理量}{当期业务处理量} \times 100\%$$
$$(6-5)$$

（3）效能管理指标。

效能管理指标重点考察共享中心在服务效率和成本控制等方面需要达到的水平，可设置退单率、挂单率、自动化率、单均成本、人均成本、工单平均处理时长、人均处理单据量、人均服务人次8项指标。效能管理指标的目标值及统计频次按照共享中心实际情况确定。

1）按月统计的效能管理指标：自动化率、单均成本、人均成本和工单平均处理时长4项指标，具体计算公式如式（6-6）、式（6-7）、式（6-8）和式（6-9）所示。

$$自动化率 = \frac{系统自动完成的业务处理类任务数量}{共享中心所有业务处理类任务总量} \times 100\% \quad (6-6)$$

$$单均成本 = \frac{相关业务总成本}{业务处理量} \times 100\% \qquad (6-7)$$

$$人均成本 = \frac{相关业务总成本}{执行该项业务的业务人员总量} \times 100\% \qquad (6-8)$$

$$工单平均处理时长 = \frac{一定时间内工单有效总时长}{业务处理量} \times 100\% \qquad (6-9)$$

2）按日统计的效能管理指标：退单率、挂单率、人均处理单据量和人均服务人次4项指标，具体计算公式如式（6-10）、式（6-11）、式（6-12）和式（6-13）所示。

$$退单率 = \frac{当期发生退单的次数}{当期接收的单据总量} \times 100\% \qquad (6-10)$$

$$挂单率 = \frac{当期发生挂单的次数}{当期接收的单据总量} \times 100\% \qquad (6-11)$$

$$人均处理单据率 = \frac{日处理的相关业务单据量}{执行该项业务的业务人员数量} \times 100\% \qquad (6-12)$$

$$人均服务人次 = \frac{每日相关业务服务人次}{执行该项业务的业务人员数量} \times 100\% \qquad (6-13)$$

共享中心可综合考虑质量管理要求、运营状况及数据获取方式等因素，选取适当的指标开展效能监控与分析。

2. 服务质量监控

服务质量监控是服务质量管理的重要环节，具体指根据服务质量目标，监控共享服务质量，并及时采取措施纠正或改进不合格情况，确保满足客户要求。有效的质量监控，有利于持续提升共享中心的风险预警和快速反应能力。共享中心的质量监控分为"事前预防、事中管控、事后检查"三个阶段。事前预防包括制定服务质量标准、明确操作规范，对业务人员进行上岗培训；事中管控指通过系统平台监测或人工复核的方式对服务质量进行实时监控；事后检查指通过质量检查的方式，达到质量监控的目的。共享中心采取的服务质量监控方式主要包括质量检查、实时监控和客户反馈。

（1）质量检查。

质量检查是指定期对共享服务的业务处理情况进行检查。

1）制订质量检查计划。质量检查包括共享中心和区域运营机构两级检查。一般每年12月制订下一年度质量检查计划。其中，中心级质量检查计划由共享中心运营管理部门制订；区域运营机构质量检查计划由所在区域运营管理部门结合中心级质量检查计划制订。

2）实施质量检查工作。

● 检查人员。共享中心从内部选拔业务骨干，组建人力资源共享服务质量检查兼职专家库。质量检查前，从兼职专家库中随机抽取检查人员，同时制定质量检查方案。

● 检查频次。中心级质量检查分为月度检查和年度检查；区域运营机构质量检查一般每季度至少组织1次。

● 检查方式。质量检查的主要方式包括专项检查、互检和自检。中心级质量检查可由统一的检查组进行专项检查，也可组织各区域运营机构进行互检；区域运营机构的服务质量，通常由所属机构的兼职质检专家组成检查组进行。

● 检查内容。质量检查的内容主要包括业务处理及时性、准确性和规范性，以及运营管理文本的完整性，交接资料管理的规范性。

● 检查标准。质量检查标准主要依据各业务标准作业流程、标准作业指导书及服务水平协议的相关要求确定。

（2）实时监控。

实时监控是指利用共享服务平台实时抓取业务处理信息，实现质量指标的实时动态监控和趋势分析。共享中心通过共享服务平台、运营报表、运营看板、质量快线等工具，实时监控服务质量。实时监控的指标包括工单量、退单率、挂单率、业务处理及时率、问题解决率和投诉解决率等。

（3）客户反馈。

客户反馈的方式主要有客户回访、业务调研和电话访谈等三种形式。共享中心应根据客户的反馈，及时发现并解决共享中心在运营过程中的质量问题，处理结果需告知客户。

3. 服务质量提升

服务质量提升是共享中心通过采取纠正措施，明确预防手段，促使产品或服务质量不断提高的过程。服务质量提升的工作程序可以概括为7个步骤：明确问题；掌握现状；分析问题产生的原因；制定对策并实施；确认效果；防止质量问题再发生并标准化；总结。在此基础上，共享中心探索建立了质量改进配套机制，具体可从分析与解决、案例分享、培训、分析报告、周期性评价五方面入手。

（1）建立质量问题分析与解决机制。针对质量检查、实时监控等渠道收集的质量问题，共享中心应建立质量问题台账，定期进行质量问题梳理分析，制定解决措施，对措施有效性进行跟踪评价，推进服务质量持续提升。以质量检查为例，对质量检查中发现的问题，受检单位应填写质量检查结果台账、质量检查问题整改计划和人力资源共享服务质量检查清单，明确整改措施、整改完成时间及整改责任人。

（2）建立质量问题处理案例分享机制。共享中心对典型质量问题应进行归纳总结，定期编写共享服务质量问题案例集，在共享中心内部进行典型问题分享，并上传知识库，避免同类问题再次发生。

（3）建立质量管理培训机制。共享中心应从质量意识、操作规范和质量管控等方面入手，对相关业务人员和质量管理人员进行持续培训，不断提升全员业务能力和质量意识。

（4）建立质量管理分析报告机制。共享中心编制质量管理分析月度报告、季度报告、年度报告，定期归纳总结当期质量管理工作的开展情况、各类质量指标完成情况、质量问题改进情况及对下一步工作改进的相关建议。

（5）建立服务质量体系周期性评价机制。共享中心结合客户需求、业务实施环境、系统平台建设等内外部环境的变化，适时开展服务质量体系周期性评价。从业务流程、操作规范、质量指标等方面，全面查找质量管理中存在的问题和不足，确定质量改进目标并制定改进措施，确保服务质量体系运行的适用性和有效性。

6.3.2 质量管理认证体系

随着社会的飞速发展，我们得到的产品或服务日趋技术化、多功能化和精细化。客户在购买产品或服务时，一般很难在技术上对产品或服务加以鉴别，即使产品或服务是按照技术规范生产和提供的，但当技规范本身不完善或组织质量管理体系不健全时，还是无法保证产品或服务满足要求。在这一背景下，质量管理体系认证的必要性日益凸显。简而言之，质量管理体系认证是由认证机构依据公开发布的管理体系标准，遵照相应认证程序要求，对申请认证单位的管理体系进行科学公正评价，并由认证机构颁布质量管理体系认证证书，实施监督。它是对申请认证单位是否具有某方面管理能力且能够满足客户要求的评价活动。

对共享中心而言，导入质量管理认证体系，能够促进共享中心持续地改进产品和服务，实现产品或服务质量的稳定和提高。这既是对服务企业利益的有效保护，又可以提升服务企业的满意度水平。2021年底，中国石油共享中心已顺利通过质量管理体系的认证。

1. ISO 基本知识

为提高质量水平、生产率及运营管理的有效性，国际标准化组织（ISO）推行了世界范围内适用的质量管理标准 ISO 9000。ISO 9000 不是特指某个单一的标准，而是一个族标准的统称。现行第五版 ISO 9000 族标准主要包括 4 个核心标准，即《质量管理体系——基础和术语》（ISO 9000）、《质量管理体系——要求》（ISO 9001）、《质量管理体系——业绩改进指南》（ISO 9004）和《质量管理体系和环境管理体系审核指南》（ISO 9011）。

2. 质量管理体系文件

质量管理体系文件一般包括管理体系标准、程序文件及其他文件三部分。

（1）管理体系标准。

质量管理体系标准的高级结构主要包括引言、范围、规范性引用文件、术语和定义、组织环境、领导作用、策划、支持、运行、绩效评价、改进等内容。引言一般包含质量管理体系标准发布令、管理者代表任命书、质量方针和目标等内容，其中质量方针、目标应在组织内外进行充分沟通。中国石油共享中心的质量方针是做好服务、提高效率、创造价值、推动高质量发展；质量目标是建设世界一流的共享服务质量管理体系，保证业务高效、平稳运行，客户满意度与问题解决率达到世界一流水平，到"十四五"时期末，业务处理及时率达到99%，业务处理准确率达到99%，客户满意度达到90%，问题解决率达到90%。

（2）程序文件。

程序文件是质量管理体系标准的下一层级文件，也是质量管理体系标准的支持性文件，通常是指针对跨部门的活动，组织需要制定的规定及要求，包括目的、范围、职责规定、过程的输入和输出以及形成的记录文件等。常用的程序文件有：文件管理程序、质量目标管理程序、相关方管理程序等。

（3）其他文件。

其他文件一般是指标准作业指导书、制度文件等。对于共享中心而言，制度文件是指在质量管理活动中已经建立的且符合《质量管理体系——要求》的相关制度，一般可直接纳入质量管理体系文件。

3.过程方法

质量管理体系采用了过程方法，这种方法结合了"策划—实施—检查—处置"（PDCA）循环和基于风险的思维（见图6-5，图中序号为质量管理体系标准对应的章节号）。过程方法要求共享中心按照法律法规、制度、服务企业及相关方的要求和期望，确定质量方针和目标，策划实现质量目标的有关过程，明确这些过程的顺序及相互作用，规定过程的工作程序及要求。同时，共享中心应基于业务活动识别运行过程中存在的风险因素，制定预防措施，配置运营过程中必要的资源，如人员、基础设施、过程运行环境、监视和测量资源、组织的知识等要素，通过控制运行过程，发现其中存在的问题，持续改进，从而为服务企业持续提供高质量的服务和产品，获得客户满意。

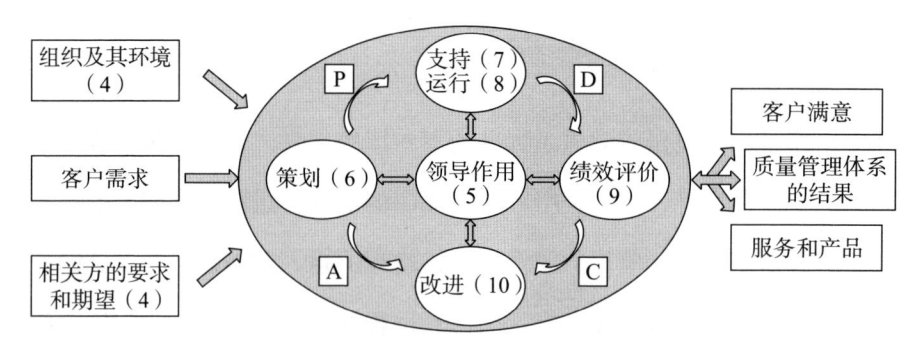

图6-5 质量管理体系标准的结构在PDCA循环中的展示

4. 质量管理体系运行

共享中心确定了质量管理体系运行的过程及在整个组织中的应用，同时重点关注以下八方面问题。

（1）确定过程所需的输入和期望的输出。对于共享中心来说，输入可以是国家法律法规要求、服务企业及相关方的要求等；输出可以是某一个过程的输入，也可以是最终的产出结果，如共享中心为服务企业提供的产品或服务。

（2）确定过程的顺序和相互作用。例如，按照与服务企业的职责划分，确定标准的业务流程。

（3）确定和应用所需的准则和方法（包括监视、测量和相关绩效指标），以确保这些过程有效地运行。例如，为确保提供的服务的质量满足客户要求，共享中心实施系统监控、质量检查等活动，并建立了相应的考核机制，确保过程有效运行。

（4）确定过程所需的资源并保证供给。例如，确定服务提供过程中所需要的办公场所，岗位人员的能力、资质等情况。

（5）分配过程的职责和权限。如明确岗位职责分工。

（6）确定风险和机遇。如定期识别过程运行中可能出现的风险以及带来的机遇，并制定应对措施。

（7）评价过程实施所需的变更，以确保实现这些过程的预期结果。例如，当人力资源管理系统功能发生变化时，及时做好变更评估，确保实现预期结果并持续改进。

（8）保持成文信息以支持过程运行。保留成文信息以确保过程按计划进行。在运营的过程中，共享中心要注意保留过程证据，以便追溯、分析和及时改进。

6.3.3 智能风险控制体系

共享中心需要智能风险控制体系来帮助识别、预防和管理风险，以确保业务的稳定性和可持续性。共享服务运作过程中，可能会面临诸如数据泄露、信用降级等风险，如果不加以有效的控制和管理，这些风险不仅会给公司和客户带来重大损失，而且会影响共享中心的声誉和信誉。

共享中心可以集中处理大量重复性和标准化程度高的业务，从而降低成本、提高效率，这是企业建立共享中心的主要原因。同时，共享中心也需要考虑风险管控，因为业务集中后，风险也随之集中。如果缺乏有效的风险管控体系，可能会出现安全漏洞、数据泄露、财务损失等风险。

智能风险控制体系可以帮助共享中心实现在线风险管控。将业务流程、开支标准、审核验证节点等固化在系统中，可以实现控制点前移，避免差异化的处理方式，大幅提升统一性和规范性。智能风险控制体系还可以在问题发生时，快速响应和处理，通过对业务数据和交易流程的全面监控，实时监测和识别潜在风险，并进行预警和防范。一旦发现异常情况，系统会自动触发报警机制，并将相关信息及时通知到风险管理人员，风险管理人员及时采取应对措施，防止情况进一步恶化。同时，智能风险控制体系可以通过数据分析和挖掘，发现潜在的业务风险和流程漏洞，提出改进建议，并通过不断优化流程和完善规章制度，不断提升风险控制的能力和水平。

智能风险控制体系的建设应该遵循标准化的流程和规范，通过合适的技术支持、完善的风险识别和评估机制、多维度的风险监控和预警机制、灵活的风险控制策略、多重审批和验证机制、及时的反馈和修正机制来实现。

（1）标准化的流程和规范：在建立智能风险控制体系时，应采用标准化的流程和规范，确保系统可以无缝地整合到现有的业务流程中。在此基础上，可以为每个业务环节设计相应的控制点，以规范地处理程序和操作流程。

（2）合适的技术支持：建立智能风险控制体系需要充分利用现代技术手段，包括数据挖掘、人工智能、大数据分析、区块链等。这些技术可以为系统提供更准确、更可靠的风险控制和管理。

（3）完善的风险识别和评估机制：智能风险控制体系必须具备完善的风险识别和评估机制，以便及时发现和分析潜在的风险。这些机制包括多种风险评估模型、指标和分析工具。

（4）多维度的风险监控和预警机制：风险监控和预警是智能风险控制体系中的重要环节。建立一个有效的风险监控和预警机制，需要考虑多维度的风险因素，包括市场风险、信用风险、操作风险等。

（5）灵活的风险控制策略：智能风险控制体系需要具备灵活的风险控制策略，以便应对不同的风险情况。这些策略是基于不同的风险级别和风险类型，有针对性地采取相应的控制措施。

（6）多重审批和验证机制：为确保智能风险控制体系的可靠性和有效性，应建立多重审批和验证机制。这些机制包括审批流程、审核机制、验证机制等。

（7）及时的反馈和修正机制：在运行智能风险控制体系时，应建立及时的反馈和修正机制。这些机制可以帮助系统及时发现和纠正潜在的错误，确保智能风险控制体系的稳定性和可靠性。

在建设智能风险控制体系方面，中国石油共享中心注重高标准、严要求，通过系统开发、业务审核、业务运行、系统集成控风险、依法合规治企等方面的实践，不断提高智能风险控制体系的效能和可靠性。

1. 系统开发高标准

中国石油共享中心在智能风险控制体系的建设过程中，要求系统开发必须遵循国家安保等级三级设计管理标准，这个标准要求系统必须能经受住多次护网行动的考验。这种高标准的系统开发可以提高系统的安全性和稳定性，从而有效保障企业的运营安全。

2. 业务审核严要求

为了降低系统风险，中国石油共享中心建立了自动化业务审核机制，这个机制可以在业务审核过程中自动检查数据的正确性和合规性，从而有效减少人为的误差和漏洞。这种严格的业务审核要求可以帮助企业有效降低风险，减少运营成本和损失。

3. 业务运行高质量

为了保障业务的连续性，中国石油共享中心实现了各区域中心业务互备，实时业务可在区域中心之间"一键切换"。这种保障业务高质量运行的措施可以有效规避由自然灾害、断网、停电等因素造成的业务中断风险，提高企业运营的可靠性和稳定性。

4. 系统集成控风险

共享中心与ERP、加油站管理、合同管理、人力资源管理、档案管理、预算、司库、FMIS、财企直连、商旅、税务、银行12个系统实现集成，可以提高集团公司上中下游购销环节的信息交互效率，有效提升工作效率和风险管理能力，为"三流合一"提供信息化支持。

5. 规则中心助力合规管控

规则中心是实现企业数字化转型、加强依法合规治企、构建"端到端"业务流程自动化的重要基础能力，是支撑企业合规经营、智慧化运营、业务规则管理的重要基石。中国石油共享中心将相关规定、标准固化到流程中，实现事前申请、在线管控，避免人为因素干扰，确保企业的石油商旅活动依法合规。这种促进合规的措施可以有效降低审计、监察的工作量和复杂度，同时提高企业的合规率和稳定性。

以智能风控模型为例，如图6-6所示，模型通过建立规则模型，基于前期和当期进行员工合规分析、单据合规分析等，综合进行风险评价和风险控制。系统中已输入多种规则，如违规行为、报销政策等，设置了动态阈值形成合规预警和合规管控，当用户符合违规条件时，系统会自动将用户加入预警名单，当出现费用类型、机场出发地等不符合员工身份等情况时，系统将自动拒绝请求。员工合规分析，是将与员工相关的各类基础信息记录在系统内，如身份特征、出差行为、报销行为、人员关系等，对员工进行合规评分，区分高风险员工和低风险员工，并结合具体场景分类管理。单据合规分析，则是结合机器学习算法（如随机森林），基于时间特征、地点特征、费用性质特征、角色特征、衍生特征等进行特征分类模型训练，最终进行风险等级排序。智能风控模型

图 6-6 智能风控模型

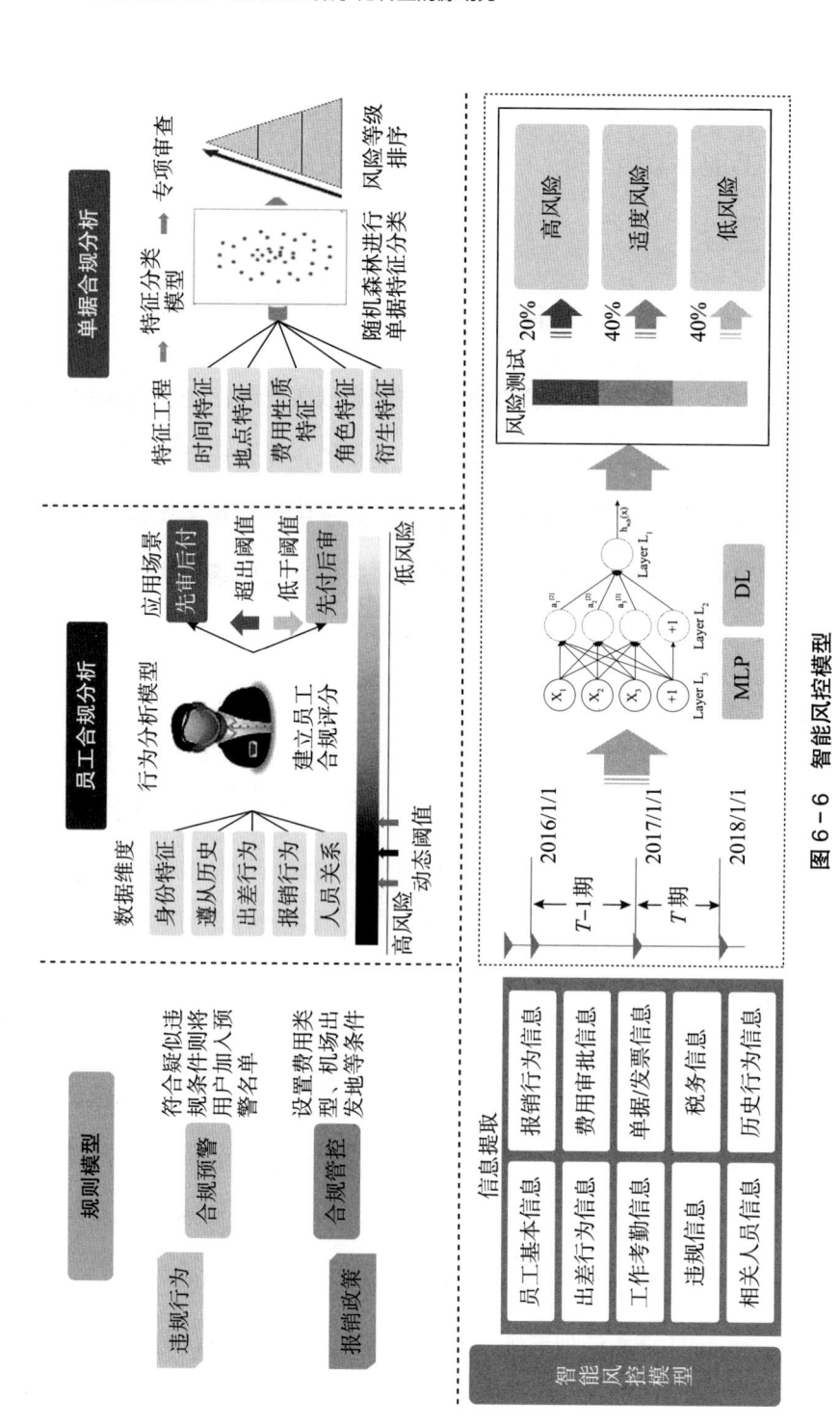

是一个动态优化模型,员工上一期的基本信息、违规信息等将会影响其当期风控模型测试的结果。

6.3.4 共享知识库

为了满足用户自助服务及客户服务中心人员答疑等需要,中国石油进行了以客户为中心的知识管理,建立了解答常见问题的信息库——共享知识库。一线的客户服务中心人员在与客户交流过程中及时记录、汇总、整理客户所提的各类问题,区域中心总结整理后每月报送客户服务部门,客户服务部门通过组织收集相关问题及答案,归类整理,形成共享知识库并定期更新,实现问答类、摘编类、培训类、文档类知识的在线查询。

共享知识库是共享中心的重要组成部分,它是一个集中存储企业内部知识和信息的平台。共享知识库的建立不仅可以帮助企业避免重复的工作,减少时间和资源的浪费,提高生产效率,还可以帮助企业在不断变化的市场竞争中保持竞争力,促进企业的创新和发展。

1. 共享知识库的建设模块

共享知识库是一个庞大而复杂的系统,其内涵包括:信息采集与存储、知识提取、内容检索、结果呈现,主要包括信息存储、信息收集、知识挖掘、知识检索和界面呈现五个模块,如图6-7所示。

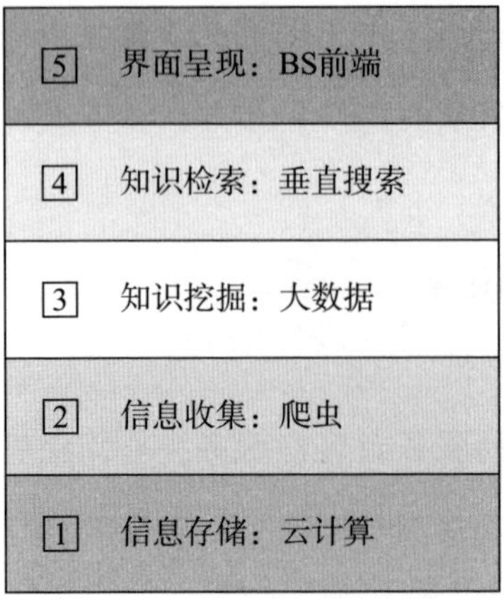

5	界面呈现：BS前端
4	知识检索：垂直搜索
3	知识挖掘：大数据
2	信息收集：爬虫
1	信息存储：云计算

图6-7 共享知识库的模块

（1）信息存储。信息存储的目的是将经过加工整理序列化后的信息按照一定的格式和顺序存储在特定的载体中，以便于信息管理者和用户快速、准确地识别、定位和检索信息。现在，云计算技术，即基于互联网的在线存储是主要的信息存储方式之一。

（2）信息收集。信息的收集方式有很多种，一部分网络上的知识可以通过爬虫技术来获取。但是在实践中，大多数公司主要通过区域中心问题管理人员来推荐已解决的问题，由客户服务中心将其提炼出来，并将其导入共享知识库中。

（3）知识挖掘。为了进一步挖掘已收集的信息，将其转化为有价值的知识，中国石油打造了智能化信息平台，采用各种大数据技术进行知识挖掘，并形成知识库以供业务人员后续使用。

（4）知识检索。在知识检索方面，共享知识库特别采用了针对特定领域内容的垂直搜索技术。垂直搜索技术基于人工智能技术的电子化搜索引擎，系统内置的检索工具具备先进的分词和内容分类功能，确保员工可以高效准确地检索专业知识和数据。通过局域网,员工可直接登录服务器硬盘,使用相关关键词进行深度检索。此外,垂直搜索技术支持多终端访问(包括电脑、手机等)。

(5)界面呈现。共享知识库采用 BS(browser/server)前端设计,强调在浏览器中的用户体验和互动性。为了便于知识的查找和呈现,共享知识库的内容需要进行模块化分装,以确保用户界面的直观和易用。这种布局不仅使得知识的组织更加系统和逻辑化,还提高了用户的访问效率和便利性。用户可以通过简洁清晰的界面,轻松地查找和浏览所需信息。

2. 员工参与度是共享知识库搭建的关键

20 世纪 60 年代初,彼得·德鲁克首次提出"知识工作者"这一具有超越时代特征的前沿概念。这个概念有两个含义:一是指从事知识产业的人员,二是指在传统行业中承担知识型工作的人员。在知识经济中,知识工作者的工作性质发生了变化,他们的工作不再是重复性的,而是需要挖掘机会和问题,并有效地利用机会和解决问题。知识工作者不仅需要具备相关的知识,还要将知识应用于工作任务中,并在工作中进行知识创新。他们不仅需要掌握现有的知识,还需要有能力学习未来有用的知识。

在共享知识库建设过程中,员工是发现知识和应用知识的主要人员之一,因此需要他们参与共享知识库的建设。鼓励更多员工参与,可以有效地满足员工的教育需求,共享正确的知识、充分的细节和恰当的时间,让更多员工真正发现知识管理的重要性及作用。员工还可以进行分享和对知识内容进行评价。

市场是瞬息万变的，因此共享知识库的内容不能一成不变。共享知识库需要满足当前的需要，同时也需要放眼未来的趋势，持续不断地进行更新和维护。

3. 知识沉淀的正循环

建设共享知识库是一个庞大而复杂的系统工程，其对企业的价值正在逐步体现。在知识经济时代，知识已成为企业赖以生存的关键资源，企业间的竞争本质已转变为关于知识产生和转化效率的竞争。因此，提高知识产生和转化的效率非常关键，需要企业进行知识管理建设，积累、探索和创新知识体系。

传统企业的知识入口通常非常狭窄，知识的产生和转化仅依赖于内部研究部门，或有限的外部合作。但共享服务为知识管理打开了外部入口，企业在向客户提供服务的过程中，不断获取新的知识，按照客户需求跨界整合的共享知识库为企业提供了新的竞争价值。

（1）降低企业成本。建立共享知识库需要对原有的信息和知识做一次大规模的收集和整理，按照一定的方法进行分类保存，并提供相应的检索手段。这样大量隐含知识被编码化和数字化，信息和知识便从原来的混乱状态变得有序，方便了信息和知识的检索，并为有效使用打下了基础。这有利于降低员工的培训成本和劳动时间成本，从而增强企业的竞争能力。

（2）提高企业效率。客户服务部门的信息管理一直是较为复杂的工作，有经验的客服人员拥有很多宝贵的信息，了解客户常提问的关键问题及其解决方案。然而，工作人员的调动将使得这些经验随之离开工作岗位，新的工作人员需要重新积累。因此，共享知识库的一个重要作用就是将客户关注的问题、信息等进行梳理和保存，以方便新的工作人员随时利用。例如，中国石油基于人工智能技术上线自助问答平台，提供了丰富的智能化检索工具，可以实现 24 小时问答反馈，极大地提高了员工的工作效率。

第 7 章

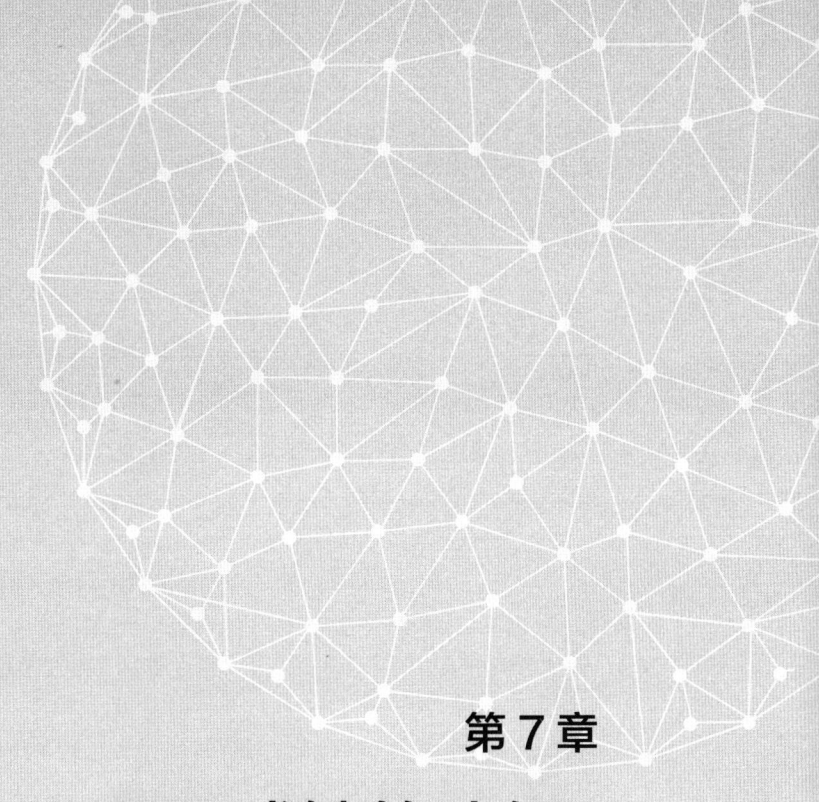

不可或缺的队伍：
开放赋能的组织人员体系

7.1　环境和挑战

7.1.1　共享的外部环境

共享的产生及发展与外部环境的作用密不可分,外部环境主要包括宏观层面的国际竞争、国家政策,微观层面的管理思想变革、技术转型四个方面。国际竞争和国家政策对共享的产生和发展有重要的影响,它们要求企业积极谋求管理、技术上的数字化变革,以提升企业运营效率、增强价值创造能力,而这些都离不开对前沿技术、理论的学习。因此,外部环境要求共享中心必须是一个具备学习能力的组织。

从国际竞争视角,在经济全球化的背景下,企业面临的市场竞争愈发激烈。如图7-1所示,面对国际油价波动和激烈的竞争,油气公司将提升现有资产或项目的运营效率放在首位。当前,国内外一流公司普遍开始建设共享中心,这是促进管理转型和创新、适应国际化发展的必然选择。据咨询机构发布的统计信息,近90%的《财富》世界500强企业不同程度地建设了或正在建设共享中心,近年来,国内企业的共享中心数量呈现出高速增长态势。

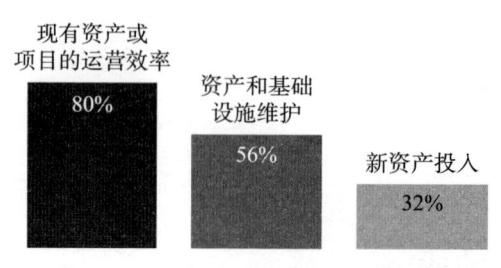

图 7-1 油气公司未来的投资关注点

现有资产或项目的运营效率 80%
资产和基础设施维护 56%
新资产投入 32%

从国家政策视角，党的十九大提出，要深化国有企业改革，发展混合所有制经济，培育具有全球竞争力的世界一流企业。2019年，依据国务院国资委颁布的《关于中央企业创建世界一流示范企业有关事项的通知》，中国石油位列10家试点企业之一，需进一步引领全球行业技术发展，在效率指标、效益指标、产品服务品质等方面达到领先水平，并积极践行新发展理念、履行社会责任等。2020年颁布的《国有企业改革三年行动方案》中，也要求国企完善中国特色现代企业制度，大力推进管理体系和管理能力的现代化。这就要求企业积极寻求数字化转型道路，而共享是驱动数字化转型的源动力之一。

与此同时，国家发布的相关政策也在鼓励企业投入更多资源大力发展集约型、服务型经济，国资委、财政部从"建议企业推动财务共享中心建设"转变为"要求企业应当建立财务共享中心"，明确提出大型企业集团应逐步建立财务共享中心。国家政策的引导要求企业不断学习世界一流企业、一流共享中心的经验与技术，促进管理与技术的双重转型。

7.1.2　共享的内部环境

中国石油作为全球性的集团公司，始终坚持"战略引领、效益导向"，着力打造定位明确、界面清晰、责权统一、协调运转的高效能运营管控体系。与此同时，中国石油涵盖不同场景、公司与地区，业务复杂度随着业务量发展急剧上升。以涵盖不同场景为例，面对不同的客户需求或产品开发需求，中国石油仅通过彼此独立的单个或多个场景解决较为局部的问题，数据也相应沉淀在各个独立的场景中。如何高效获取各方数据、整合开展多维分析、准确做出全局决策，是中国石油亟待解决的问题。

中国石油内部的公司、业务、区域的复杂度均呈上升态势，这将加大收集沉淀在各个独立场景的数据的难度。然而若要实现数据共享，共享中心还需要协同不同公司、不同业务、不同区域的数据，打通集团内部各个独立场景沉淀的数据。共享的内部环境对共享的建设提出了更高要求，也体现了共享对于中国石油的重要性与必要性。如何创新地为战略部门、业务部门提供低成本、高效能的支撑支持服务，促进协同增效、协调发展，推动集团公司管理转型，推动集团公司整体价值和效能最大化，是建立共享中心的意义与目标。

7.1.3　人员面临的挑战

中国石油共享中心的人员几乎全部从中国石油内部抽调，即来自集团总部或下属公司，相对于外部人员更加了解集团的内部环境。然而即便如此，由于共享中心自身的特点，工作人员也面临着两项巨大的挑战：一是身份转变的挑战，二是职能转变的挑战。

首先，初入共享中心时工作人员面临身份、意识转变的挑战。共享中心从领导到员工都需要面对身份与意识的转变。共享中心的管理层大多来自集团总部的各职能部门，从事管理工作较多，更强调管理意识。而共享中心最重要的功能之一是提供共享服务，更强调服务意识，管理层需要接受身份不同带来的意识上的转变，只有理解了共享中心的服务理念，从管理者转变为服务者，才能更好地发展共享中心。共享中心的员工来自集团总部或下属公司，不同于原来较为固定、独立的工作，共享中心的业务更加具有创新性、灵活性，更加强调与客户、团队之间的交流。因此，共享中心的员工需要培养更为开放、创新的意识，并同时与领导的服务意识看齐。

其次，来到共享中心接触到具体工作后，业务发展的要求也给工作人员带来了挑战。共享中心的定位是服务中心、运营中心与数据中心。其中，服务中心是共享的窗口。共享中心坚持将"客户满意"贯穿始终，通过客户经理制、专属客户服务等模式，提供一站式综合解决方案，并致力于进一步优化服务内容、提高服务质效，打造"体验良好"的服务中心。因此，这就要求共享中心的员工在转变服务意识后，不断完善与优化服务，将共享中心打造为服务型组织。

运营中心是共享的基础。运营中心通过技术赋能打造业务标准规范，保障业务高质高效运营，这就要求共享中心的员工有较强的学习能力，能够在短时间内对共享所需的技术进行针对性学习。换言之，运营中心的定位要求共享中心是学习型组织。

数据中心是共享的价值。数据中心围绕数据资产，提供数据的全生命周期管理，包括数据集成、数据开发、数据架构、数据质量监控、数据资产管理、数据安全及数据分析等增值服务。这就要求共享中心的员工有较强的数据治理、分析与挖掘能力，不仅要能够学习、掌握数据相关的技术，还要懂得如何在理解客户业务的情况下运用数据创造价值。因此，数据中心的定位要求共享中心是创新型组织。

7.2 人才能力框架

近年来，中国石油集团公司推进实施"人才强企"工程，构建完善"生聚理用"的人才发展机制，大力优化人才发展环境。设置科学的人才能力框架能够为有效激发各类人才的创新创效活力提供有力支撑。共享中心作为集团公司财务、人力资源、IT、客服等业务的运营服务提供方，汇集了集团公司内部大量专业人才，形成了一定的专业化人才队伍优势，但也面临着岗位类别单一、岗位序列层级较少、员工发展路径不畅、成长成才动力不足等人才发展问题。

为此，共享中心认真贯彻落实集团公司关于"人才强企"工程的部署和要求，坚持守正创新、锐意进取，紧紧围绕"创新、人才、智能化、国际化"发展战略和共享服务目标要求，结合共享行业领先实践和自身发展需要，不断优化人才发展的能力框架、体制机制，并进一步创新开展岗位管理体系建设，在构建人才成长发展新通道方面做出了有益尝试。

7.2.1 立足战略发展，建立人才能力框架

人才是企业的第一战略资源和核心竞争力。共享中心着眼于"建

设世界一流智能型全球共享服务体系"愿景和近期、中期、远期三个阶段性工作目标，以提升人才能力和增加人才价值贡献为主要任务，启动岗位人才专项规划。在借鉴世界一流企业先进管理经验和共享服务职业发展调查结果的基础上，共享中心研究形成了符合自身特点的人才能力框架，如图7-2所示。人才能力框架立足于人才战略，包含动力体系、能力体系与文化体系，这三大体系强化了岗位序列、岗位晋升标准、领导力模型、人才能力模型、人才培训体系、职业发展通道、文化塑造、变革管理八个领域。依托能力体系中的领导力模型、人才能力模型、人才培训体系与职业发展通道，员工能够依照动力体系中的绩效体系、岗位晋升标准与岗位序列获得绩效提升与职业发展。包含文化塑造与变革管理的文化体系能够营造良好的企业环境，赋予员工来自企业层面的精神力量，从而更好地驱动员工在能力体系中不断提升。

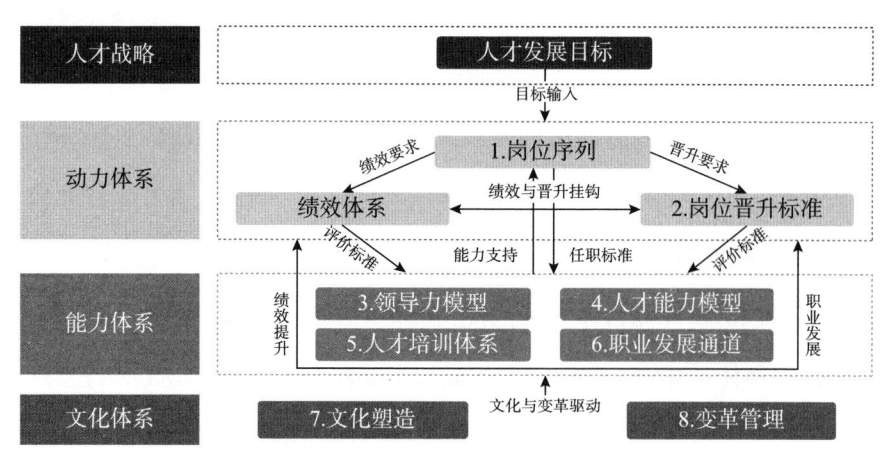

图7-2 中国石油共享中心的人才能力框架

在此基础上，针对不同岗位人才的特点，共享中心优化职业生涯设计，明确了四种员工职业发展角色，进一步拓展了适用于各类人才成长的发展空间。一是经营管理人才,包括二、三级领导人员;二是专业咨询人才,包括具备注册会计师、六西格玛黑带等资格资质,能够对外开展咨询服务,输出中国石油共享模式的专业领军人才;三是业务复合型人才,包括既熟悉财务或人力资源管理业务,又具有较高信息化、数字化水平的"一专多能"型人才,以及熟悉本业务领域中多个岗位工作的"多面手";四是业务合作伙伴,指公司培养并输送到外部单位的优秀人才。

7.2.2 聚焦员工成长,构建岗位序列发展通道

在搭建人才能力框架的基础上,共享中心瞄准制约人才成长的瓶颈问题,坚持传承与创新相结合,针对不同角色的目标定位,建立了包括管理、咨询师和业务三类岗位序列,共计16个岗位层级。通过横向分类、纵向分级,共享中心搭建起以岗位工资制和绩效考核为核心、以岗位选拔制和岗位轮换制等为手段的员工岗位体系,具体内容如图7-3所示。

第一,管理序列,适用于经营管理人才,设置6个岗位层级,分别对应集团公司经营管理序列岗位层级的M4~M9。第二,咨询师序列,适用于专业咨询人才,设置4个岗位层级,根据实际情况动态对应集团公司经营管理序列岗位层级的M4~M9。第三,业务序列,适用于业务复合型人才,设置4个岗位层级,分别对应集团公司经营管理序列岗位层级的M8~M11。在此基础上,共享中心将集团公司扁平式的岗位序列"折叠"成逐级上升的10个层级的"阶梯",在保证与集团公司岗位层级相对应的情况下,满足员工发展的需要。

岗位层级	管理序列	咨询师序列
M4	公司总经理助理	首席咨询师
M5	公司部门总经理 业务部总经理 区域中心副总经理	首席咨询师
M6	公司部门副总经理 业务部副总经理 区域中心部门总经理	首席咨询师
M7	区域中心部门副总经理	高级咨询师
M8	公司部门经理 区域中心分部经理 业务部分部经理	一级咨询师
M9	公司部门副经理 区域中心分部副经理 业务部分部副经理	二级咨询师

❶ 经营管理人才　　❷ 专业咨询人才

岗位层级	业务序列	
M8	资深专员	一级资深专员
		二级资深专员
		三级资深专员
M9	高级专员	一级高级专员
		二级高级专员
		三级高级专员
M10	专员	一级专员
		二级专员
		三级专员
M11	助理专员	

❸ 业务复合型人才　　❹ 业务合作伙伴

职业发展通道共包含四类：

成为经营管理人才
- 目标定位：管理序列
- 包含岗位：从业务部分部副经理到公司总经理助理

成为专业咨询人才
- 目标定位：咨询师序列
- 包含岗位：首席咨询师、高级咨询师、一级咨询师和二级咨询师

成为业务复合型人才
- 目标定位：业务序列
- 包含岗位：资深专员及以下职级

成为业务合作伙伴
- 目标定位：交流至集团公司外部其他单位
- 包含岗位：所有岗位

图 7-3　共享中心的员工岗位体系

同时，共享中心在三个岗位序列之间建立了岗位转换和岗位晋升机制，形成以业务序列为发展主体，以管理序列和咨询师序列为晋升分支的 Y 形人才发展通道，推动人才在"管理、咨询师、业务"三支队伍中合理流动，建立起规范有序的人才成长通道。

7.3 组织的进化：跨职能团队与混合型能力中心

7.3.1 跨职能团队

跨职能团队，即为完成某项工作任务而组成的一个工作团队。它由项目经理负责组建，团队成员一般由跨职能部门的人员构成。跨职能团队组建的主要理念是提高响应能力、生产能力和决策能力。跨职能团队可以打破各种障碍，消除一个团队仅可处理项目生命周期中一个流程的局限性，从而实现更卓越的协作。跨职能团队有两种类型：一类是流动团队，它是为某个短期和具体问题而设计的工作团队，问题解决，团队就自行解散；另一类是稳定团队，即团队组织结构稳定，只有部分成员流动，项目的完成并不意味着团队的解散。本节将通过流程标准化团队、客户服务团队的跨职能团队案例详细介绍跨职能团队的设置原因、组织架构与工作职责。

1. 流程标准化团队

（1）设置原因。

流程标准化团队这样的跨职能团队在中国的企业组织尤其是国有企业中并不常见。中国的企业尤其是国有企业一般都拥有金字塔式的科层制组织结构，这样的组织结构是为了保证组织体系的稳定性，但同时也会成为组织变革的阻力。对于中国石油共享中心而言，构建流程标准化团队主要出于以下原因：

1）职能式的组织结构会阻碍"端到端"的流程再造。

"端到端"的流程再造与优化要求企业内部各个部门摒弃局部优化的想法，从企业全局角度思考系统性的流程优化。因此，如果简单地将流程标准化团队设定为一个专门的职能化部门，时间一长，该部门必然在与其他部门之间的沟通与协调中出现问题，进而会影响"端到端"的流程优化。

2）缺乏从全局掌握流程再造与优化的人才。

"端到端"的流程再造与优化对流程标准化团队提出了能力方面的要求。流程标准化团队的成员不仅应该具有全局视野、了解"端到端"的流程再造的全过程，还需要掌握流程再造与优化方法、流程与信息技术、内部控制、风险管理等其他不同领域的相互关联的内容。共享中心内部几乎没有人能够拥有上述所有能力。

3）需要沉淀流程再造能力的机制。

从管理的角度，由于流程再造与优化对于共享中心提升运营效率极为重要，因此共享中心也迫切希望有一个稳定的组织方式能够实现流程再造能力的沉淀，从而成为公司内部的专业化流程管理机构。

（2）组织架构。

共享中心构建流程标准化团队，优化流程标准化管理团队架构，以实现跨业务部门协同和团队整体效益最大化。以财务流程标准化管理团队为例，团队设置财务流程标准化总监、财务"端到端"流程责任人、财务子流程经理、副经理、财务流程标准化专职成员和财务流程标准化兼职成员五类角色。

财务流程标准化团队的组织架构如图7-4所示。其中，共享中心

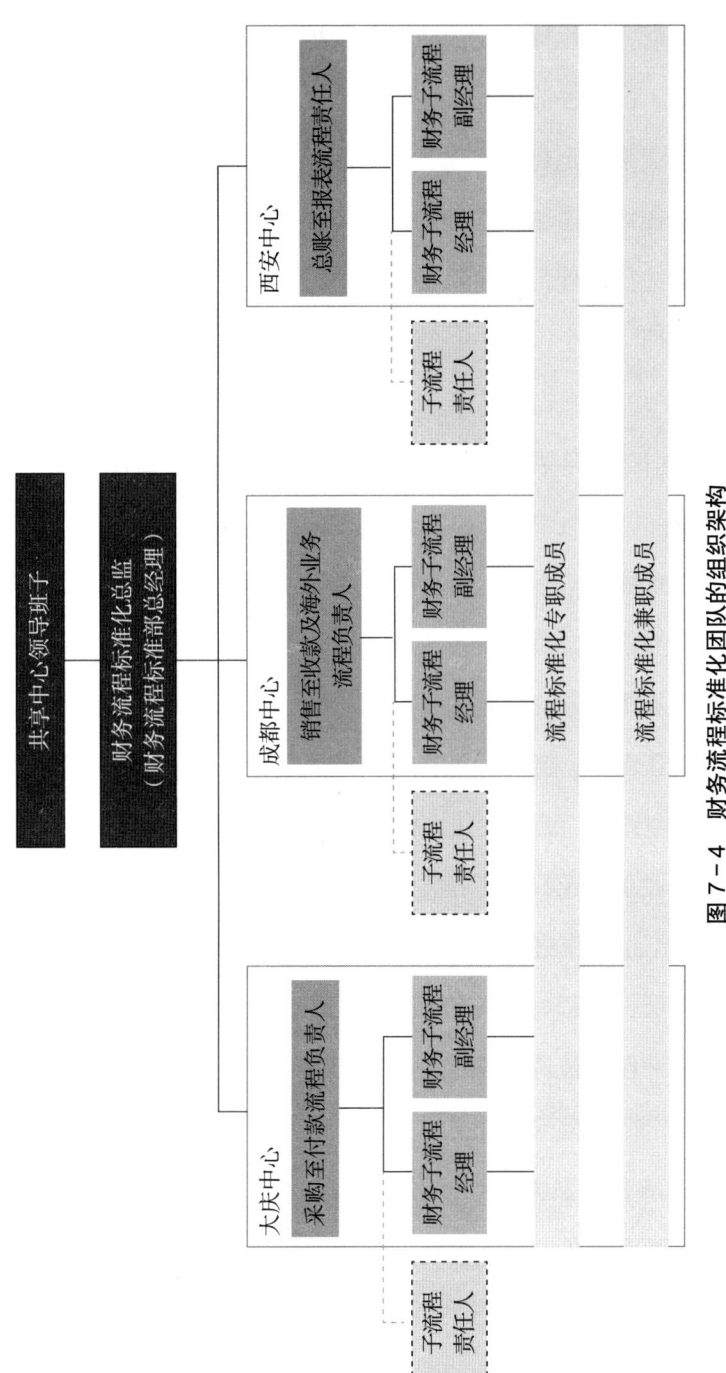

第 7 章　不可或缺的队伍：开放赋能的组织人员体系　/　293

图 7-4　财务流程标准化团队的组织架构

领导班子是财务流程标准化团队的领导机构，在共享中心层面设立财务流程标准部，由财务流程标准化总监负责。大庆、成都、西安三个区域中心分别负责采购至付款流程、销售至收款及海外业务流程以及总账至报表流程，在每个区域中心分别设立相应子流程责任人对区域财务流程标准化团队进行管理，同时每个区域中心都设立财务子流程经理与财务子流程副经理。每个区域中心的人员构成都包括流程标准化专职成员与兼职成员。

图 7-4 的组织架构也同时展示了流程标准化团队的治理架构，其中：

● 运营战略层：流程标准化管理的运营战略层由共享中心领导班子、区域中心领导构成，负责统筹流程标准化管理的重大决策，协调流程标准化团队与各相关方的合作关系，解决重大争议事项和应对变革风险等。

● 运营管理层：流程标准化管理的运营管理层由财务流程标准化总监、财务"端到端"流程责任人构成，负责依据运营战略层的指导决策，组织团队开展重点及日常工作，保障团队平稳有效运营，并定期向运营战略层领导汇报工作进展。

● 执行层：流程标准化管理的执行层由财务子流程经理、副经理，流程标准化专职成员及兼职成员构成，执行财务流程管理日常工作、重点工作等，定期向运营管理层汇报工作进展。

流程标准化团队对日常工作实行双线汇报机制，如图 7-5 所示。团队内部，流程标准化专职成员、兼职成员向财务子流程经理汇报工作，财务子流程经理根据工作性质向财务流程标准化总监或财务"端到端"流程责任人汇报工作，财务"端到端"流程责任人向财务流程标准化总监汇报工作；团队外部，流程标准化专职成员、兼职成员，财务子流程经理向所属职能部门负责人沟通汇报工作，财务"端到端"流程责任人向所属区域中心负责人沟通汇报工作。

```
┌─────────────────────────────────────────────────────┐
│         财务流程标准化总监                          │
│       （财务流程标准部总经理）                      │
│                                                     │
│   ┌──────────────────────┐   ┌──────────────────┐   │
│   │ 财务"端到端"流程责任人│──▶│所属区域中心负责人│   │
│   └──────────────────────┘   └──────────────────┘   │
│              ▲                                      │
│   ┌──────────────────────┐   ┌──────────────────┐   │
│   │   财务子流程经理     │──▶│所属职能部门负责人│   │
│   └──────────────────────┘   └──────────────────┘   │
│              ▲                                      │
│   ┌──────────────────────┐   ┌──────────────────┐   │
│   │流程标准化专职成员、  │──▶│所属职能部门负责人│   │
│   │流程标准化兼职成员    │   └──────────────────┘   │
│   └──────────────────────┘                          │
│        团队内部                   团队外部          │
└─────────────────────────────────────────────────────┘
```

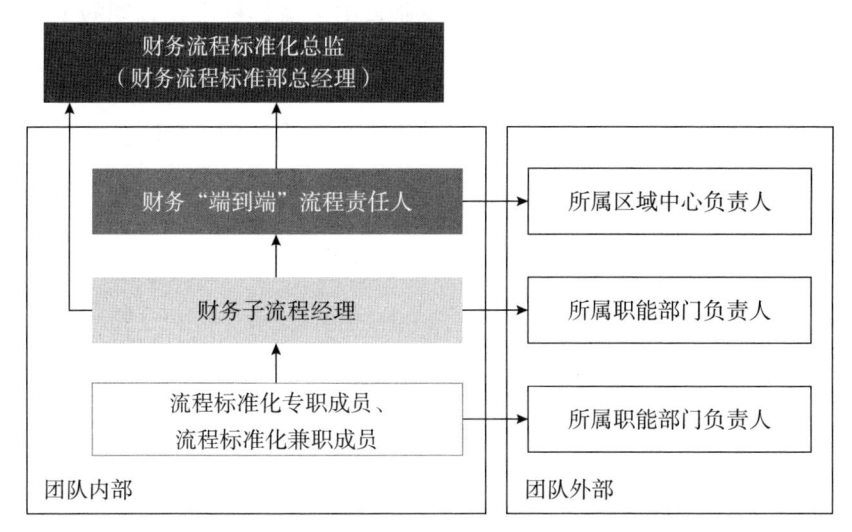

图 7-5　财务流程标准化团队的汇报关系

（3）工作职责。

仍以财务流程标准化管理团队为例，说明流程标准化团队及团队中各角色的工作职责。

1）流程标准化团队的工作职责。

● 负责组织实施财务流程标准化体系，制定财务流程标准化调整方案，开展财务流程标准化建设，监督财务流程标准化执行等管理工作。

● 负责流程规划、流程设计、流程优化、流程测试、流程培训、流程监控等工作。

● 负责财务流程标准化数据体系维护、审核、监督，财务数据资产建模、维护、分析等数据管理工作。

2）各个角色的工作职责。

● 财务流程标准化总监一般由财务流程标准部总经理担任，全面负责财务流程标准化团队的管理工作。具体的角色职责包括：全面负责财务流程标准化管理团队的工作；负责制订财务流程标准化管理的工作计划；负责制定财务流程标准化管理团队的相关工作规章制度，并组织实施；负责组织流程标准化管理、财务流程标准化管理、集团公司财务流程标准化体系实施、财务信息数据的维护和监督工作；负责组织项目月度汇报会，监督项目执行情况，及时向共享中心领导班子汇报项目进展、重大问题及争议事项等。

● 财务"端到端"流程责任人一般由区域中心副经理兼任，全面负责区域中心及分管业务条线的日常运营管理工作。具体的角色职责包括：全面负责区域中心财务流程标准化管理工作；负责组织制订区域中心财务流程标准化管理的工作计划；负责组织区域中心财务流程标准化方案的设计、审议与实施；负责组织协调区域中心财务流程标准化管理工作的落地实施；负责关注流程标准化执行情况，审核财务流程标准化执行过程中的问题记录及提升建议；负责组织区域中心财务共享内控流程管理相关工作；负责在区域中心内宣贯财务流程标准化管理相关工作和流程的思维理念；负责区域中心财务流程标准化团队人员的管理及绩效考核；负责完成上级交办的其他工作。

● 财务子流程经理一般由对应区域中心的流程经理担任，协助财务流程标准化总监及财务"端到端"流程责任人开展区域中心及分管业务条线的日常运营管理工作。具体的角色职责包括：负责组织管理区域中心团队工作日常运营，保持业务平稳有序运营；协助财务"端到端"流程责任人开展区域中心财务流程标准化管理工作的推广与落地实施；依据财务流程标准部的工作安排，负责组织区域中心团队成员开展财务流程标准化团队的重点工作；按区域中心流程侧重，跨区域中心组织开展财务流程标准化方案的设计与审议工作；负责区域中心财务流程标准化团队成员的绩效考核工作；落实上级交办的其他事项。

● 财务子流程副经理一般由对应区域中心的流程副经理担任，协助财务子流程经理开展区域中心及分管业务条线的日常运营管理工作。具体的角色职责包括：协助财务子流程经理组织管理区域中心团队工作日常运营，保持业务平稳有序运营；依据财务流程标准部的工作安排，负责组织区域中心财务流程标准化团队成员开展日常工作；按区域中心流程侧重，协助子流程经理跨区域中心开展财务流程标准化方案的设计与审议工作；协助子流程经理开展区域中心财务流程标准化团队成员的绩效考核工作；负责组织开展培训工作；落实上级交办的其他事项。

● 财务流程标准化专职成员一般由对应区域中心的业务骨干担任，负责完成财务流程标准化管理团队的工作。具体的角色职责包括：依据团队专职成员岗位分工，完成各项团队日常工作；依据团队工作安排，参与完成各项团队项目工作；落实上级交办的其他事项。

● 财务流程标准化兼职成员一般由对应区域中心的业务部副经理和业务骨干兼任，负责完成财务流程标准化管理团队的工作。其中业务部副经理的具体职责包括：协调区域中心内外部资源，协助财务流程标准化管理团队推动区域中心财务流程标准化管理工作的推广与落地实施；依据团队工作安排，承担或配合完成各项团队项目工作；落实上级交办的其他事项。业务骨干的具体职责包括：依据团队工作安排，承担或配合完成各项团队项目工作；落实上级交办的其他事项。

目前中国石油共享中心的财务流程标准化团队共有 91 人，其中专职成员 59 人、兼职成员 32 人。共享中心在西安、大庆以及成都三个中心各自成立区域中心财务流程标准化团队，在每个区域中心都设立财务"端到端"流程责任人以具体管理区域财务流程标准化团队。其中，西安中心专职成员 17 人，兼职成员 9 人；大庆中心专职成员 16 人，兼职成员 10 人；成都中心专职成员 22 人，兼职成员 13 人。区域中心财务流程标准化团队采用专职与兼职相结合的柔性组织构建方式是与共享中心的实际情况相适应的。一方面，流程再造与优化能力的沉淀与固化，需要有相关专职人员，以流程再造和优化为职业发展路径，并在提供共享运营服务的同时提升自身关于流程再造与优化的能力；另一方面，"端到端"的流程再造需要工作人员了解全局业务，然而现实中很少有人可以具备这样的能力，因此通过兼职的方式，可以有效地将公司各个业务部门的对流程再造与优化感兴趣的人员吸纳进来。专职与兼职相结合的方式，既能满足沉淀流程再造能力的需求，又能保证团队有足够的能力去完成"端到端"的流程再造与优化。

2. 客户服务团队

（1）设置原因。

随着共享中心业务的推进，服务企业数量增多，业务量随之增大。西安中心根据财务共享业务全承接、人力资源共享业务全覆盖的标准，提出"建机制、组团队、明责任、扩优势、补短板、严考核"的大客服工作思路。中国石油共享中心设置了客户服务团队这一跨职能团队，设

置非职能式的客户服务部门,大致出于如下两点原因:

1)职能式的客户服务部门只是"扬汤止沸"。

为了能够精准服务客户企业,共享中心秉持"一企业一团队"的客户服务原则,目前已组建62支客户服务团队。若单独成立职能式的客户服务部门,随着客户数量、业务体量的增加,势必导致人员的冗余,反而降低了服务效率,给共享中心带来不必要的成本负担。而跨职能的客户服务团队深入贯彻"人人皆客服"的理念,团队成员由各级管理人员或业务人员组成,最大限度地避免了人员的浪费。

2)职能式的客户服务部门缺乏全流程式的客户服务体系。

职能式的客户服务部门缺乏较为完善的管理机制,客户服务人员的分工不够明确,容易导致客户服务工作出现混乱。例如,由于客户服务人员没能参加新一轮的培训,可能会出现对于当前产品或服务的技术性问题解释不清楚、解决不及时的问题。此时,跨职能的客户服务团队就能体现出较大的优势。共享中心的客户服务团队充分借鉴阿米巴经营管理模式"人人都是经营者"的理念,给每个岗位明确定位:组长、副组长负责抓总,客户经理负责客户关系的维护,业务专员负责企业共享业务问题的解决,质量专员负责企业共享业务质量的监督。各岗位握指成拳,各司其职,主动配合,形成了全方位、多角度、全流程的客户服务机制,有效杜绝了企业有问题找不到人或不知道找谁的现象,客户服务更加精准高效,企业也更愿意提出共享需求和想法,形成良性循环。

(2)组织架构。

客户服务团队作为跨职能团队,由共享中心的相关领导挂帅;组织三级副以上管理人员担任组长、副组长;客户经理和业务专员深度参与客户服务，营造"人人皆客服"的氛围。如图7-6所示，客户服务团队是组长负责制的项目小组，其中，组长负责全面管理，统筹团队建设与运行；副组长协助组长加强团队建设，按照分工做好客服工作；客户经理负责客户关系的日常维护；业务专员则针对专业问题进行解决与指导。

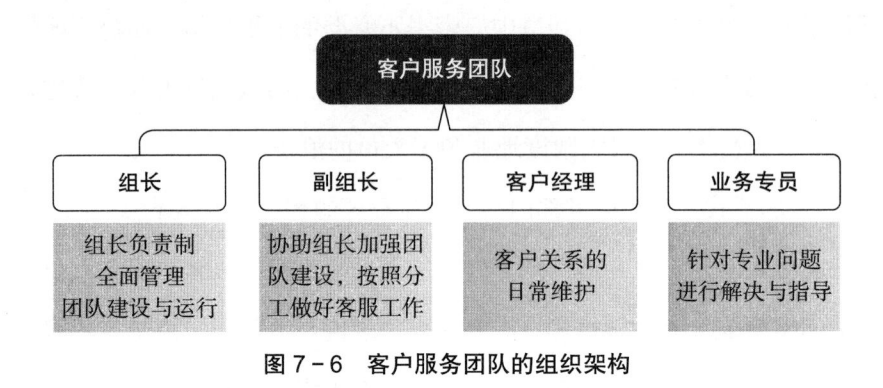

图7-6 客户服务团队的组织架构

（3）工作职责。

1）客户服务工作的落实：坚持理念先行，夯实服务主体。

理念是实践的先导，理念科学，发展才能蹄疾步稳。共享中心以客户为中心，践行"大客服"理念，全面落实服务中心定位，按照"建机制、组团队、明责任、扩优势、补短板、严考核"的工作思路，成立专业化客户服务团队，形成"三层四级"大客服体系，服务能力持续提升。

一是成立共享中心客户服务管理委员会，明确共享中心组织领导、客户服务管理委员会办公室运营协调、业务线同步参与的"三层"服务运营架构，构建"各个层级共同参与、业务条线协同联动、部门岗位共同保障"的服务体系，服务网络更加严密。由共享中心领导担任客户服务总监，负责客户服务管理工作。

二是组建 62 支客户服务团队，共享中心三级副以上人员担任组长、副组长，让各级管理人员把服务的使命放在心上、把服务的责任扛在肩上、把服务的工作抓在手里，发挥作用干进去。实现"一企业一团队"，按两路共享设置客户经理，按五条业务线配齐业务专员。

三是制定"一个办法、四个细则、一套工作手册"，明确要做哪些事、谁来做、怎么做，打通运行链，织密责任网，签订责任状，立下军令状，推进客户服务专业化管理、全员化参与、规范化运行、流程化操作。搭建两套系统，启用问题管理平台、客户档案系统，进一步规范服务流程、提升服务质效。

四是开展"领创计划"系列培训，采取集中学习、视频回放、线上学习的多元混合模式，安排共享服务理念、客户服务制度流程、商务礼仪、沟通技巧、管理能力与领导力提升、高效办公、岗位业务知识等培训课程，进一步加强客户服务团队的能力建设，提升团队整体服务质量。

在客户服务团队的努力下，服务精度直线上升。以陕西销售公司为例，2022 年，陕西销售公司的客户服务团队在流程简化、表单优化、系统提升方面提出了 23 条合理建议，较上一年增加 20%，问题需求解决率与客户服务满意度均达到 100%，做到了全年无差评。

2）客户服务工作的外延：坚持需求导向，拓展服务范围。

需求是时代的声音，需求适配，发展才能蹄疾步稳。按照集团党组"做好服务、提高效率、创造价值、推动高质量发展"的嘱托，以及共享中心"运营中心、服务中心、数据中心"的定位要求，共享中心围绕"党组之盼、公司之规、客户之声"，实现服务范围扩点拓面。

一是共享中心发挥客户服务团队成员熟悉企业的优势，全力参与三项业务全承接工作。据统计，客服服务团队人员占共享推广人员规模的80%以上。西安中心在三个区域中心中率先完成大规模承接工作，额外完成信息中心以及销售存续企业的业务全承接工作，累计实现"59+3"任务目标。以客服团队为主体，河北销售公司、宁夏销售公司、广西销售公司、宝石机械、管道局、新疆销售公司、长庆油田等接续单位陆续成功上线。组织共享率达98.36%，非集成凭证共享率达88.84%，直联付款资金共享率达98.81%，合并报表共享率达89.02%。51家企业实现会计档案集中管理，陕西销售公司的会计档案电子化率达到92%，37家企业提交业务全承接切换报告，34家企业移交FMIS权限。总部资金业务承接范围由初期的6类12项扩充到13类20项。

二是按照"国内外一体化"的总体推进思路和"推广运营一体化"的工作模式，补强海外财务共享团队，使其与国内业务全承接团队同步开展工作、协同推进。完成10家企业的129个海外项目，累计上线11家企业的151个项目，实现海外项目/单位全覆盖，玉门油田、海峡能源的共享率达到100%。

三是人力资源共享由客户服务团队成员参与完成推广工作，凸显业务跨区域协调作用，客户经理主动跟进，收集服务企业需求，数据服务、劳动合同服务、绩效薪酬服务提前完成推广实施任务，企业年金服务、职称评审服务超额完成年度任务，社保服务、技能等级认定服务等其他业务稳步推进。人力共享规划了7类45项业务，西安中心已实施7类42项业务，服务范围由"企业全覆盖"向"业务全覆盖"扩展。同时，共享中心积极探索"黏性营销"实践，主动融入客户工作场景，针对客户需求，积极回应，积极联络业务岗位人员，协调解决问题，山西销售公司等企业开始主动提出与共享中心开展相关业务合作。

3）客户服务工作的内涵：坚持走深走实，丰富服务内涵。

问题是共享的机遇，深入实际，发展才能蹄疾步稳。围绕业务推广、增值服务、数智运营等重点，紧盯企业共享业务运营情况及实际需求，客户服务团队通过电话联络单、函件在协同平台提交企业的需求和问题，通过共享中心组织协调，全部落实。

一是抓住两头，重点关注共享效果较好、亮点突出的企业，以及业务迁移难度较大、问题较多的企业，由共享中心主要领导带队，分管领导分板块推进现场回访，了解企业管理需求、用户使用建议，推介共享产品，进一步推进共享业务向纵深延伸。覆盖全局，以客户服务团队为主体，针对每家企业开展不定期现场及视频回访，实时了解用户需求，及时响应用户诉求。2022年，共享中心实现62家企业回访全覆盖。

二是通过与企业密切配合、高效互动，重点关注企业问题需求，强化首问负责制，明确各渠道问题需求的接收负责人；强调管业务就要管问题，明确分企业、分业务问题需求的落实人。2022年，财务共享业务累计处理问题800个，人力共享业务累计处理问题58个，解决率为100%，问题平均处理时长为11.3小时，解决及时率为86.8%。共享中心关注客户评价，提升客户满意度，对随单评价"不满意"服务进行100%回访并开展内部通报调查，以吸取教训，警示全员。

三是在时间紧、任务重的情况下，充分发挥团队优势，分解细化任务，积极与服务企业沟通，每日通报协议签订进展，由专人督办，仅用一个月的时间完成了财务共享53家单位的64份共享服务协议和人力共享26家服务企业的28份共享服务补充协议的签订工作，并延长多份共享服务补充协议的有效期限至 2025 年。长周期协议的签订，是双方建立互信的基础，也是服务企业对共享服务及客户服务团队工作的认可。

四是做好桥梁和纽带，组织客户经理配合综合部与服务企业深入对接，及时跟进，深入学习共享服务协议、集团公司相关制度文件，向服务企业宣贯共享服务收费相关事宜，对于服务企业关心和反馈的收费计算、费用支付等问题，逐层反馈，及时给予回应，取得服务企业的支持与信任。贴心服务，按季度提醒服务企业上报预算计划，确认共享服务收费发票及时送达，迅速响应企业收费问题，持续跟踪提单审批进度，与服务企业及共享中心财务岗位确认关联交易资金情况，如期完成共享服务收费工作。

7.3.2 混合型能力中心

当组织内部的不同部门存在知识不足或技能差距时，通常会创建能力中心。能力中心通过实现技术、技能、人员、管理、业务等资源的再分配，把不同领域的人、事、物等内部资源聚集在一起做到资源共享，确保更高的运营效率。

共享中心具备成为数字化服务能力中心的天然优势。共享中心通过建立包括智能自动化、数据分析和流程挖掘等在内的数字化能力中心，搭建共享服务数字化能力体系，培养数字化专业人才，通过集合内外部生态体系的人才资源、产品资源和技术资源，实现内外部能力输出，赋能业务发展，驱动和助力数字化转型，为公司创造价值。

如图 7-7 所示，能力中心的组织建设模式分为集中型、混合型与分散型三种。集中型能力中心仅建立一个能力中心并服务所有的分支机

集中型
一个能力中心服务所有的分支机构

混合型
一个主能力中心+多个分能力中心

分散型
各分支机构分别打造服务自己的能力中心

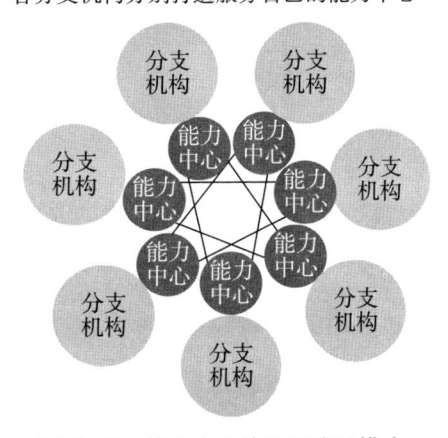

图 7-7　能力中心的组织建设模式

构，各业务流程由能力中心负责，能够最大限度提效并减少重复，但是分支机构缺乏自主权，在灵活性与快速响应能力上略有不足。分散型能力中心是各分支机构分别打造服务自己的能力中心，能够做到快速响应并全力支持单一的分支机构，分支机构有强大的自主权，但是分散型能力中心缺乏集中管控，难以进行标准化，因此不支持跨机构分享、复用。相比之下，混合型能力中心由一个主能力中心与多个分能力中心构成，兼具了集中型高集约、高效用的优势与分散型快速、灵活响应的特点。

中国石油共享中心采用的能力中心组织建设模式为混合型，显著提高了服务水平与运营效率。以人力资源数据分析团队能力中心为例，该能力中心以共享中心人力资源数据分析团队为主能力中心、区域中心数据分析团队为分能力中心构建，旨在提供将传统人事业务与数据分析业务综合的人力资源共享数据分析服务。

其中，主能力中心负责选拔、推荐核心业务骨干加入公司团队，紧密围绕集团公司数字化转型发展战略，深耕总部支持服务、业务咨询指导、服务模板建设、人才梯队培养，持续发挥重要作用。分能力中心负责开展企业层面数据服务，做好成熟产品的日常运营，规范服务内容及服务标准，持续提升服务质量和水平。

人力资源数据分析团队成立以来，通过盘活各区域机构力量，充分发挥业务骨干才能，实现资源一体化运作、急难任务集中攻坚，充分发挥共享数据优势、专业优势，聚力专注创新实践，深耕总部、企业两级用户需求，初步构建了完整的产品服务体系，实现了专业人才的整合赋能，在服务过程中逐步夯实服务基础，在推动服务提质增效、提升数据洞察力等方面取得了显著成效。

7.4 知识分享机制：共享人才成长

知识分享机制是共享人才成长的重要机制。中国石油共享中心按照集团公司教育培训工作部署，锚定"打造世界一流智能型全球共享服务体系"的愿景，扎实推进"人才强企"工程，建立完善培训体系，创新工作方法，赋能人才成长，为共享服务高质量发展提供了坚强保障。总体来说，知识分享机制分为经验分享与知识考核两部分。

7.4.1 经验分享：多维度的知识培训

共享中心一直强调对于经验的分享，这类分享往往与实践结合紧密，能够快速提升员工的实际业务能力。经验分享的模式大概分为三种：前沿理念分享、能力提升培训、业务知识分享。

1. 以战略引领、开拓视野为重点，开展前沿理念分享

共享中心重点依托共享理念宣贯培训、先进经验做法专项培训等，通过对共享先进理念、先进技术和先进经验的专题学习，提高公司员工对共享理念的认识，为更快更好发展共享业务奠定思想基础。

为更好地传达共享理念，共享中心开设了共享大讲堂，进行系统的、有针对性的经验分享。首先，对公司全员进行需求调研，即对员工在业务、技能，甚至心理方面的需求进行调查和梳理；其次，依据这些需求的汇总点对点安排相关的人员进行讲解。不仅如此，共享大讲堂从共享

中心的领导开始，由每位领导依次授课。通过这一模式，员工能够从管理者的视角理解共享中心的战略价值，从而认可共享、做好共享。

2. 以数字化转型、项目管理为核心，开展能力提升培训

共享中心紧紧围绕数字化转型的工作要求，通过健全专题培训课程体系、丰富专题在线培训资源、探索数字化管理手段、创新培训组织方式等措施，全力推进员工培训，实现数字化转型。

● 创新建立"共享特色"培训课程体系。通过匹配集团公司内部优质课程资源、采购外部网络课程、组织员工自主开发等方式，搭建完成涵盖党建、领导力、专业能力和通用能力4个类别300余门课程的培训课程体系，为员工学习提供了丰富资源。

● 开展能力提升培训。组织开展ERP、RPA、大数据高级运维、精益六西格玛黑带、国际财务共享业务能力提升等专项培训，为确保员工做好服务、提高效率、创造价值提供了方式方法和思路方向。

● 积极组建内部师资队伍。按照专业齐全、业务专精要求，围绕财务、人力、IT和综合管理等4个专业设置培训师岗位，为公司打造培训师队伍营造了浓厚氛围。

3. 以岗位需求、人才培养为根本，开展业务知识分享

为了更有针对性地帮助中层领导人员、基层领导人员以及业务岗位人员弥补知识空白、经验盲区、能力弱项，共享中心从不同业务出发，多维度开展丰富的知识分享活动，如读书分享会、岗位练兵、RPA业务培训、外聘专家培训和ERP知识分享等，如图7-8所示。共享中心

先后组织开展习近平总书记重要指示批示精神专题辅导班等党性教育培训、党务干部能力提升培训，以及业务骨干会计准则、FMIS 报表功能操作等业务培训，为员工增值赋能，为推动共享高质量发展提供支持和保障。

读书分享会　　岗位练兵　　RPA 业务培训

外聘专家培训　　ERP 知识分享

图 7-8　丰富的知识分享活动

7.4.2　知识考核：独特的积分制培训管理体系

中国石油共享中心自成立以来，始终把人才作为第一资源，制定实施人才强企方案，探索构建以岗位管理体系为基础，以员工培训体系为支撑，具有共享特色的人才管理机制，在人才培养赋能、实施有效激励、畅通发展通道等方面迈出了坚实步伐。

然而，如何科学考核评价人才、实现人才成长进步可"量化"等人才工作中的难点痛点问题一直未能突破，影响了"生聚理用"人才发展全链条的有效畅通。为进一步打破和消除人才工作的瓶颈和障碍，共享中心以强化员工学习成长为切入点,建立了"积分制"的培训管理体系,在加快人才队伍建设、构建闭环的人才培养机制上进行了积极有效的实践探索,打开了人才工作的新局面。

共享中心的积分制培训管理体系是通过对员工自主学习、参加培训、参与教学和科研等学习实践情况进行量化评分,以积分形式确定评价结果的培训管理模式,旨在全方位掌握员工学习成长情况,形成可量化、可分析、可比较的积分数据,将其作为员工考核激励、岗位晋升的重要依据,促进人才管理机制形成闭环。如图 7-9 所示,积分制培训管理体系包括学习积分和实践积分两大部分。

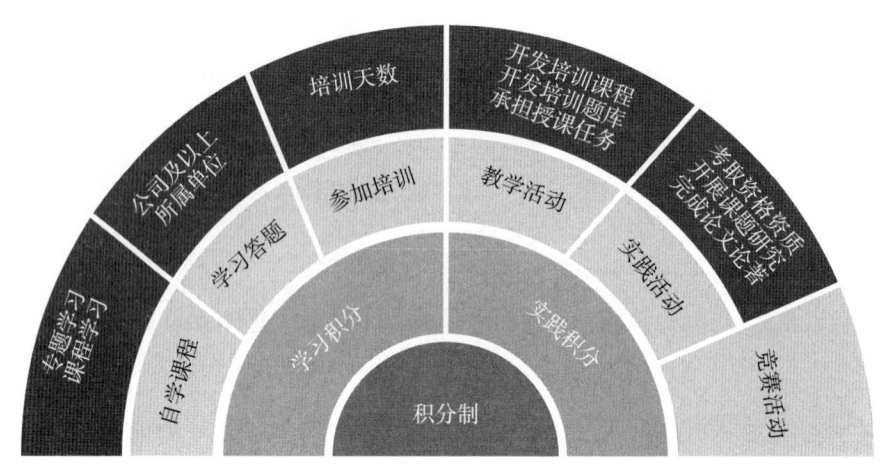

图 7-9　积分制培训管理体系的基本内容

1. 设置学习积分,落实"规定动作",实现"自主学习"

按照集团公司培训管理相关规定,为确保员工及时完成每年规定的学习培训任务,加强学习型组织建设,共享中心坚持把中层领导人员、基层领导人员和业务岗位人员年度培训达标学时要求作为培训考评的

"必答题",建立起以"自学课程、学习答题和参加培训"为主的学习积分模型。

第一,自学课程,通过完成内部网络培训平台课程获取相应积分。共享中心将课程体系分为党建、领导力、专业能力和通用能力四个模块,具体如图 7-10 所示。第二,学习答题,参加各级组织开展的答题活动并达到相关要求后获得积分。值得一提的是,答题活动有多种多样的形式。例如,共享中心的财务、人力等部门针对各项工作挑选业务骨干出题并形成题库,随后从题库中抽取题目对相应业务部门进行考核,以能力提升为重点,高效开展了"岗位大练兵、业务大比武"活动,总共收集试题 8 000 余道。第三,参加培训,完成规定培训项目并考试合格后获取相应积分。由此,共享中心的员工能进一步明晰个人学习积分来源和达标要求,做到员工个性化选学和集中组织参训的应纳尽纳。共享中心根据工作岗位任职要求明确培训任务,确保各类人员均有可量化的学习指标,激发员工学习的主观能动性。

党建	领导力	专业能力	通用能力
马列主义毛泽东思想经典论述	变革创新——如何预防和应对危机	管理工具——职场计中计	财务专业——初级
二十大精神	变革创新——训练创新思维	办公应用	财务专业——中级
党章党规党纪	决策执行——领导力:目标与规划	演讲技巧	财务专业——高级
反腐倡廉	决策执行——执行的三大基石	商务礼仪	HRSSC流程优化五步法
核心价值	决策执行——执行的三大核心流程	心理健康	3小时培养HR数据力
企业党建	决策执行——结构性思维	行动学习——行动学习法	薪酬体系的搭建与迭代
制度改革	决策执行——金字塔思维	行动学习——行动学习工具包	需求分析和人才访寻

图 7-10 课程体系

2. 设置实践积分，鼓励"自选动作"，推动"学用结合"

鼓励员工做"抢答题"，通过学以致用，发挥业务专长获取相应资格资质，立足岗位攻关重大课题、破解发展难题，不断提升个人综合素质能力，夯实成长成才根基。共享中心结合员工个人实际和岗位需求，坚持"边学边用"原则，建立实践积分模型，包括教学活动、实践活动和竞赛活动三个维度。

第一，在教学活动维度，将员工开发的培训课程、题库，以及年内所承担的各级各类授课任务均纳入积分管理体系。第二，在实践活动维度，将员工获得的资格资质、开展的课题研究和完成的论文论著纳入积分管理体系。第三，在竞赛活动维度，将员工参加竞赛活动取得的奖励一并纳入积分管理体系。例如，共享中心举办RPA知识大赛，通过参加设计RPA相关产品的比赛，既能使员工获得积分奖励，又能营造共享中心数字化转型的良好氛围。共享中心通过明确各种形式的实践活动并相应赋分，促进员工将学习培训成效转化为推进共享事业发展的实践成果和工作成效，形成学以致用的良好氛围。

3. 运用系统平台，突出"科学公正"，确保"有效实施"

积分制管理看似简单，落地实则不易。共享中心能够顺利推进培训积分制管理，得益于集团公司对员工培训的政策支持，也得益于共享中心在培训信息化平台和员工培训体系上的持续建设。

一是充分利用集团公司"中油e学"数字化培训平台，结合实际建立了内部"共享e学堂"员工培训信息化管理平台。通过内部优质课程资源与外部专业网络课程相结合的方式,解决了员工培训"学什么"的问题。二是通过全面推广员工培训信息化管理平台,实现员工在线学习实时监控、学习记录查询、培训数据提取应用等集中统一管理,搭建了积分制运行信息化管理载体。三是通过自主开发 VBA 数据统计程序,解决了积分制管理中基础数据细琐庞杂、人工统计耗时低效等问题,实现了积分数据的高效处理。

4. 明确考核要求,强化双向激励,形成管理闭环

为激发员工内生动力和队伍活力,在积分制管理过程中,将员工年度培训积分结果纳入考核体系,作为个人绩效考核、薪酬兑现、岗位晋升的重要依据。同时,将各单位员工培训积分达标率和平均积分情况纳入本单位主要领导业绩合同。通过定期通报、年底排名、严格兑现,建立积分结果与员工个人和所在单位考核激励"双挂钩"机制,发挥了积分制管理连通员工培训、考核评分、激励约束和岗位晋升的桥梁纽带作用,实现了人才工作闭环管理(见图 7-11)。

图 7-11 积分制推动形成人才工作闭环管理

7.5 铁人精神的企业文化

7.5.1 铁人精神与大庆精神

铁人精神是对王进喜同志的崇高思想、优秀品德的高度概括，是我国石油工人精神风貌的集中体现，是大庆精神的具体化、人格化。铁人精神内涵丰富，主要包括："为国分忧，为民争气"的爱国主义精神；"早日把中国石油落后的帽子甩到太平洋里去""宁肯少活二十年，拼命也要拿下大油田"的忘我拼搏精神；为革命"有条件要上，没有条件创造条件也要上"的艰苦奋斗精神；"要为油田负责一辈子""干工作要经得起子孙万代检查"，对技术精益求精，为革命"练一身硬功夫、真本事"的科学求实精神；"甘愿为党和人民当一辈子老黄牛"，不计名利，不计报酬，埋头苦干的无私奉献精神。这一精神是铁人自身的品格与许许多多石油战线先进人物精神境界的融合。它作为大庆精神的重要组成部分，有着不朽的价值和永恒的力量。

习近平总书记致信祝贺大庆油田发现 60 周年时指出，"大庆精神、铁人精神已经成为中华民族伟大精神的重要组成部分"[1]。铁人精神，是共产党员先进性的具体体现，更是伟大的民族精神的生动典范。铁人精神，就像一面永不褪色的旗帜，始终飘扬在我们前进的路上。60 多年来，大庆发生了翻天覆地的变化，每一个变化、每一项成就都凝聚着铁人精神的力量。

---

[1] 习近平致信祝贺大庆油田发现 60 周年强调 大力弘扬大庆精神铁人精神 肩负起当好标杆旗帜建设百年油田的重大责任. 人民日报，2019–09–27.

7.5.2 共享中心的企业文化

1. 创新、开放、专业、高效、共赢

中国石油共享中心建设以来，逐步形成了"创新、开放、专业、高效、共赢"的文化理念。创新意味着突破，推动观念创新、方法创新、技术创新，培育新动能、实现新发展。开放，意味着要锚定世界一流目标，培育全球视野，把握信息化、数字化、智能化的大趋势，学习借鉴先进的管理思想和管理理念，永不僵化、永不懈怠。专业，就是牢固树立"因为专业所以卓越"的理念，着力打造"运营中心、服务中心、数据中心"，做强基础业务，做优专项业务，做精增值服务。高效，就是敏捷响应客户需求，积极落实"四精"管理要求，推进精益管理，高效赋能服务运营、价值输出、数智转型等环节，提升整体效能，支撑高质量发展。共赢，就是着力培育共享生态，搭建共享平台，思想上共下一盘棋、行动上拧成一股绳，共创共享发展成果，同心同向赢得未来。

2. "凌晨四点的成都"

成都中心是海外共享业务的主战场。开展海外共享业务的首要困难是时差。很多情况下，双方的工作时间会错开。面对昼夜颠倒的时差问题，海外共享团队为满足客户需求需要作出改变，第一关便是调整作息。熬更守夜不可避免，值守到凌晨只为等着与地球另一边的客户开交流会。一次次挑灯夜战，不知不觉天已泛白，凌晨四点是下班打卡的截止时间，也是第二天上班打卡的开始时间。"凌晨四点的成都"既是鲜活的现实

故事，也是成都中心奋斗精神的形象诠释。

海外共享业务除了面临时差问题外，还存在差异化的核算模式、不同国别的核算规则等"准则不统一、系统不统一、流程不统一"的难题。面对重重困难，成都中心的员工们迎难而上：前期翻来覆去地看资料，将其烂熟于心；有空就琢磨共享蓝皮书和国内外领先实践案例，吃饭都在探讨；逐条翻译比对全英文准则，形成文稿。为了顺利完成海外共享试点工作，在试点上线任务完成前，海外共享业务的团队成员是整栋楼最晚离开的，一个个身影见证了深夜成都的流光溢彩，也见证了海外共享业务的加速推进。

海外共享业务团队发扬"宁肯少活二十年，拼命也要拿下大油田"的大庆精神、铁人精神，全力跑出"加速度"，为集团公司保障合规经营、推动管理转型、打造世界一流智能型全球共享服务体系贡献力量。

3. "铁人身边学铁人"

在大庆中心成立之初共有 460 名员工，其中 95% 来自大庆。因此，在铁人精神的发源地，新成立的区域中心能够快速形成富有铁人精神、大庆精神的工作氛围，这样的企业文化促使员工艰苦奋斗、勇于创新。

以电子会计档案项目为例，在电子会计档案项目的尾声，大庆中心召开华北地区电子会计档案上线推进会，准备完成华北地区所有单位的电子会计档案业务推广。面对时间紧迫、工作强度大、天气炎热、部分单位组织机构发生重组或变更、系统间映射及数据传输复杂等诸多挑战，大庆中心工作人员任劳任怨、不舍昼夜开展系统配置及培训，仅在两天时间内就调试了 173 台机器，重建了 13 家单位的档案机构，更新档案机构 273 个，导入初始化表单 528 张。

最终，大庆中心在数十天内集中完成华北地区 49 家地区公司、885 个二级单位及机关部室、2 665 个档案机构、4 027 个责任中心的电子会计档案全级次上线工作，经手电子化会计凭证、纸质会计凭证、会计账簿、财务报告共计近 10 万册，所有单位均通过了电子会计档案各模块的成册及移交测试。所以说，石油精神、大庆精神、铁人精神不仅仅是油田里的"人拉肩扛""端水打井""带伤跳泥浆池压井喷"，更是一种科学的工作方法和积极向上的工作态度。因此，铁人精神不仅提高了共享中心的业务效率，还筑牢了共享团队共同奋斗的思想根基。

4. "小板凳"与"小风扇"

在共享中心成立的初期，硬件条件很艰苦，办公条件较差。没有会议室，员工就在走廊上开会；奋战到深夜，一张折叠床就是临时的休息场所；没有办公桌，在小板凳上写报告是家常便饭；没有空调，一台小风扇就对付了整个夏天的闷热。就在这样的条件下，在简陋的办公环境里飞出一个又一个奇思妙想。

"小板凳""小风扇"折射出的艰苦奋斗精神并未随着共享中心的发展壮大而被忘却。靠着氧气瓶、感冒药，共享中心的员工完成了西藏销售公司共享模式的实施，在新冠疫情期间与客户单位进行"云对接"，在节假日放弃陪伴家人主动坚守在工作岗位上。

"小板凳""小风扇"的精神来源于中国石油的铁人精神，但又被提炼出了共享中心独有的新态度。除了铁人精神啃硬骨头的拼搏与奋斗，

"小板凳""小风扇"精神还彰显了"重头再来"的勇气。共享业务一直在持续发展的路上,每一个项目都是全新的挑战,共享团队谨记胜利是属于过去的,敢于把成绩归零,并时刻保持着空杯心态、奋斗姿态。

第 8 章

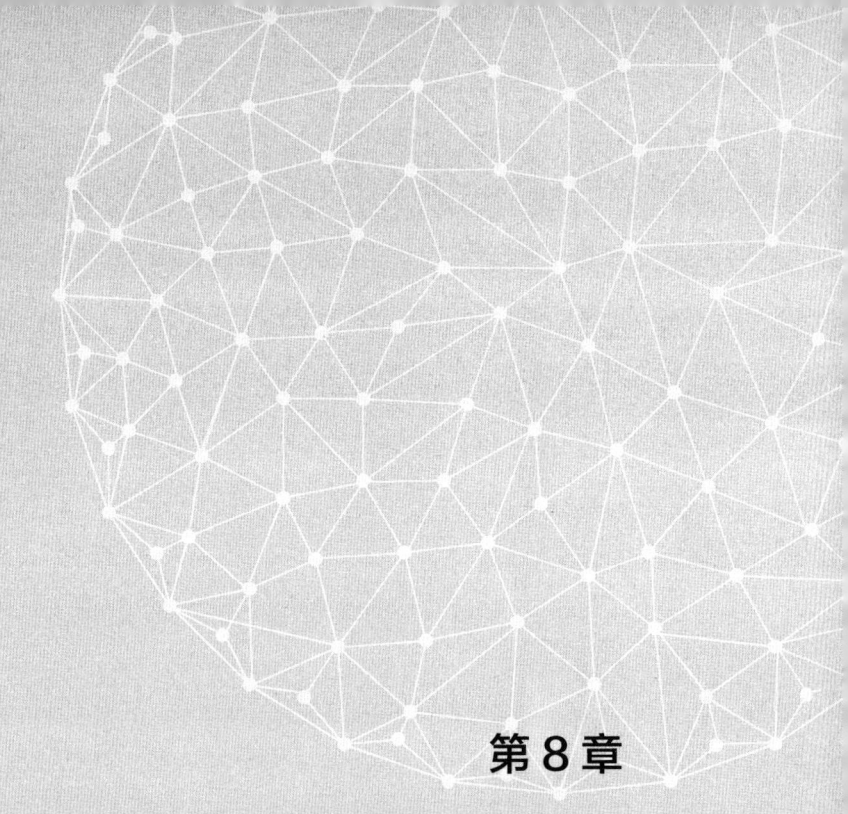

对外赋能的共享服务 3.0

8.1 共享生态圈

中国石油共享中心依托产业链对内外客户提供优质服务,对内与客户公司密切配合、协同发展,推动管理转型;对外以参股公司为突破口,按照"标准统一,个性定制""精准定位,合作共赢"的原则,以共享生态圈的形式向外辐射赋能。

如图8-1所示,共享生态圈以中国石油为核心,从内向外第一圈层是与集团公司存在股权关系的参股公司等,第二圈层是集团公司的业务合作伙伴,第三圈层是社会范围内的其他组织,包括高等院校和研究机构等。中国石油共享中心利用自身的共享服务能力、丰富的共享实践

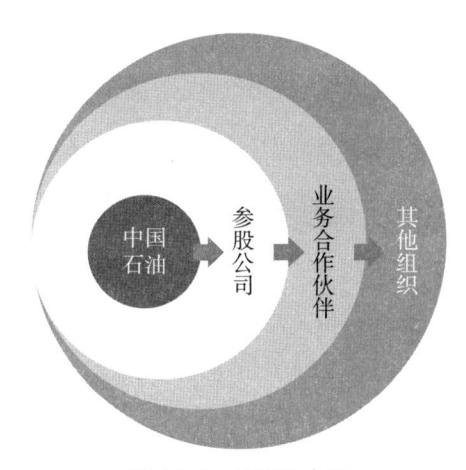

图8-1 共享生态圈

经验以及领先的技术能力，对外提供数据型服务、知识型服务以及产品型服务等服务内容。共享中心通过搭建开放的共享生态圈，助力利益相关者信息互通、资源共享，使共享平台成为创效资产，推动多方合作共赢，从而创造更大的社会价值。

如图 8-2 所示，截至目前，共享中心已累计向十几家外部客户提供会计核算、资金结算和报表编制等交易处理类服务，同时基于交易处理类服务探索拓展其他高价值服务内容。

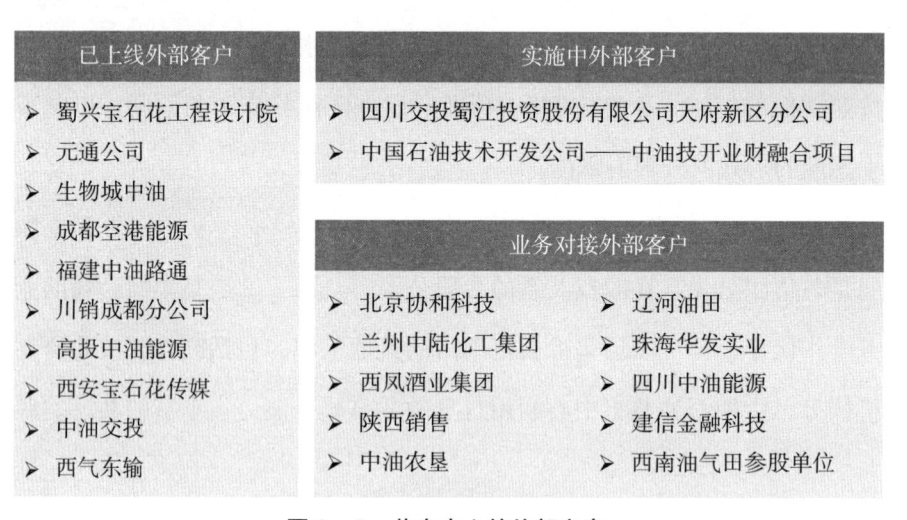

已上线外部客户	实施中外部客户
➢ 蜀兴宝石花工程设计院 ➢ 元通公司 ➢ 生物城中油 ➢ 成都空港能源 ➢ 福建中油路通 ➢ 川销成都分公司 ➢ 高投中油能源 ➢ 西安宝石花传媒 ➢ 中油交投 ➢ 西气东输	➢ 四川交投蜀江投资股份有限公司天府新区分公司 ➢ 中国石油技术开发公司——中油技开业财融合项目
	业务对接外部客户
	➢ 北京协和科技　　➢ 辽河油田 ➢ 兰州中陆化工集团　➢ 珠海华发实业 ➢ 西凤酒业集团　　➢ 四川中油能源 ➢ 陕西销售　　　　➢ 建信金融科技 ➢ 中油农垦　　　　➢ 西南油气田参股单位

图 8-2 共享中心的外部客户

8.1.1 股权联结：赋能参股公司

1. 黑龙江交投

黑龙江省中油交投能源有限责任公司（简称"黑龙江交投"）是中国石油黑龙江销售公司与黑龙江省交通投资集团有限公司双方共同出资

成立的公司。公司成立之初，面临着手工记账效率低、财务及管理人员不足、业务风险管控难等问题，公司希望借助共享中心的模式以提高管理效率、降低企业成本和有效管控风险。2021年6月，共享中心在继承已有业务实践和提炼客户需求的基础上，利用自身共享建设的经验和成果，基于服务产品化的思路，向黑龙江交投提供了云化财务共享"基线"产品，即"共享云"产品。

"共享云"是依托成熟的财务共享产品进行改造，面向中小企业提供的标准化、轻量化、基线化产品。依托安全可靠的云服务资源，"共享云"在云端部署了业务服务、共享运营、影像管理、税务管理、资金结算、移动应用、智能RPA和电子档案等基本功能和服务资源，能够聚焦各企业的痛难点问题，制定契合企业特点的个性化实施方案，按需提供云服务。

共享中心在调研黑龙江交投企业特点、业务范围、业务处理流程、系统应用等情况的基础上，从项目规划、启动到项目执行、监控和上线，帮助企业实现低成本核算、智能化运营与信息化管理。

（1）低成本核算。

针对黑龙江交投建立初期，核算软件无法满足企业需求且智能化程度较低、手工重复性过多的问题，共享中心在"共享云"中引入中国石油的FMIS财务管理信息系统，结合企业的业务范围与流程，对企业基础财务核算情况进行梳理分析，将会计核算管理下沉到业务实际场景，确保会计准确应用、业务准确理解。同时利用集中核算系统与"共享云"的集成，依托预设的程序自动生成凭证、编制报表，实现会计核算智能化，极大地提高了会计数据处理的及时性和准确性。在企业成立之初业务较为简单时，系统能够自动完成99%的制证工作以及100%的报表编制工作，自动生成的记账凭证如图8-3所示。整个财务部门只需要一位履行管理职能的财务主管以及一位管理资金的出纳便可以正常运转，极大地节省了人力成本。而且随着未来业务的不断增加，标准化的核算流程体系不需要更多的人力资源投入就能够实现低成本运行。

（2）智能化运营。

针对黑龙江交投建立初期业务流程智能化程度低、信息化软硬件投入产出比低的难点，共享中心利用技术平台的优势，在"共享云"中集成智能报账系统以及智能运营平台，实现共享的智能化运营。从服务受理到交付，共享中心的智能化运营能够完成任务委派及业务审核、制证、付款发起等业务办理过程，详细记录共享任务的形成时间、派工时间、开始时间、完成时间等处理过程，实时反馈处理状态，满足状态监控、绩效考核、运营优化的需要，对实现精益管理提供了翔实、准确的运营大数据支撑。同时共享中心采用集成化、影像化的操作模式，实现了业务信息和影像信息的双屏联动显示，业务处理过程中涉及的会计凭证、资金支付、发票查重、合同查阅等操作全部在运营系统中通过调用相关系统提供的服务完成，不需要登录、访问各个专业系统。

（3）信息化管理。

针对黑龙江交投业务相对简单、信息化程度有限的痛点，共享中心在"共享云"中提供了资产管理、电子档案、移动应用等服务板块，推动财务信息化管理。如图8-4所示，共享中心通过移动端业务审批，打破单据审批的地域限制，支持同企业微信、钉钉等对接，共享审批处理，促进业务交流；信息沟通界面的统一，提升了共享工作的便捷性。

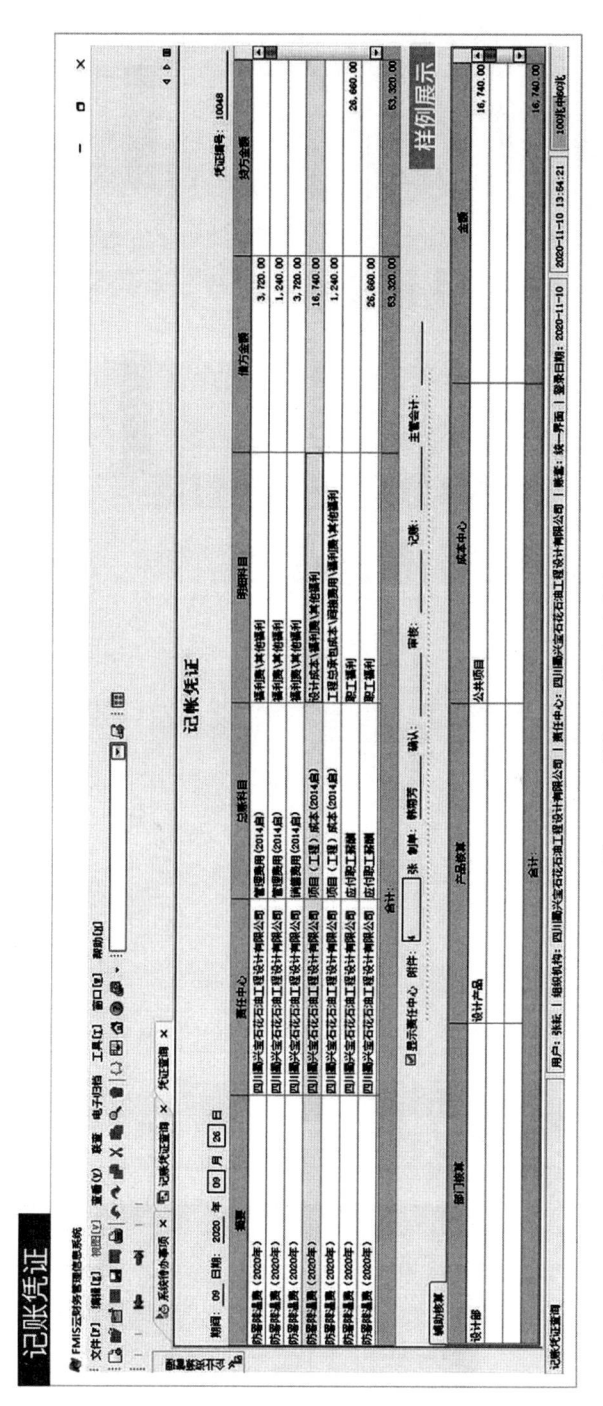

图 8-3 "共享云"记账凭证

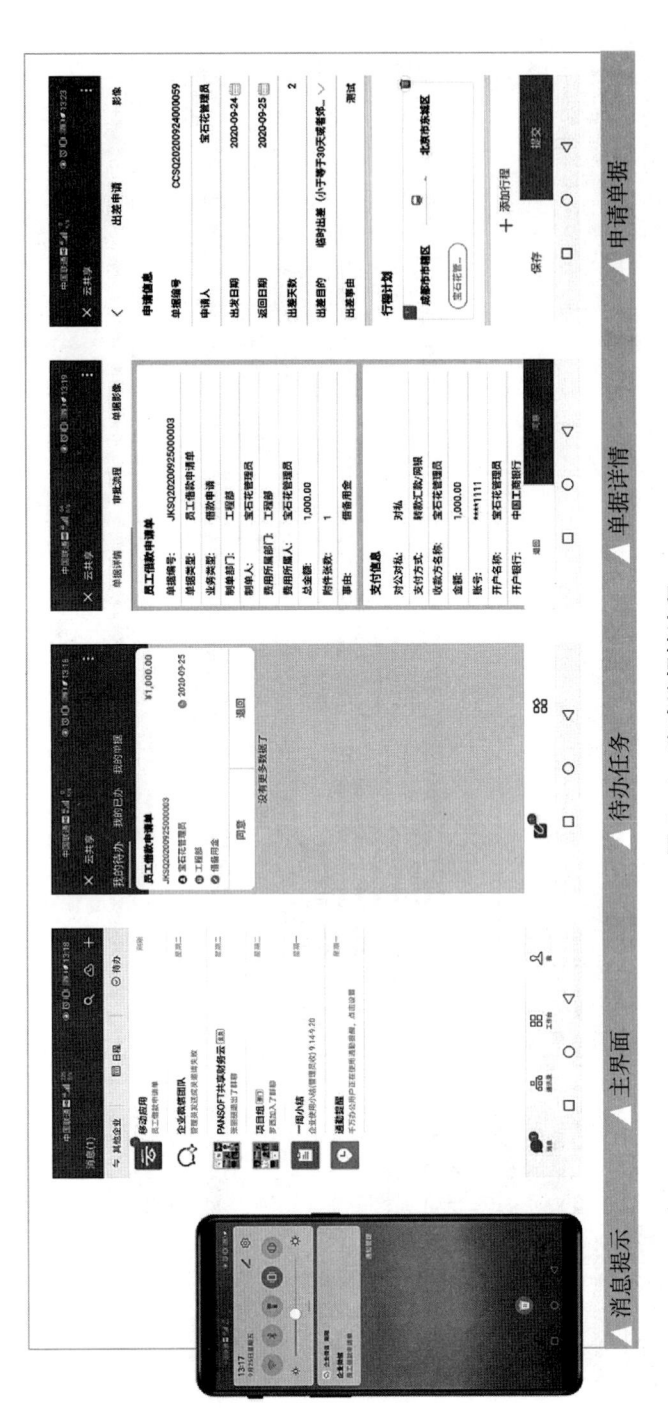

326 / 共享服务 3.0：驱动企业数字化转型的源动力

图 8-4 移动端报销流程

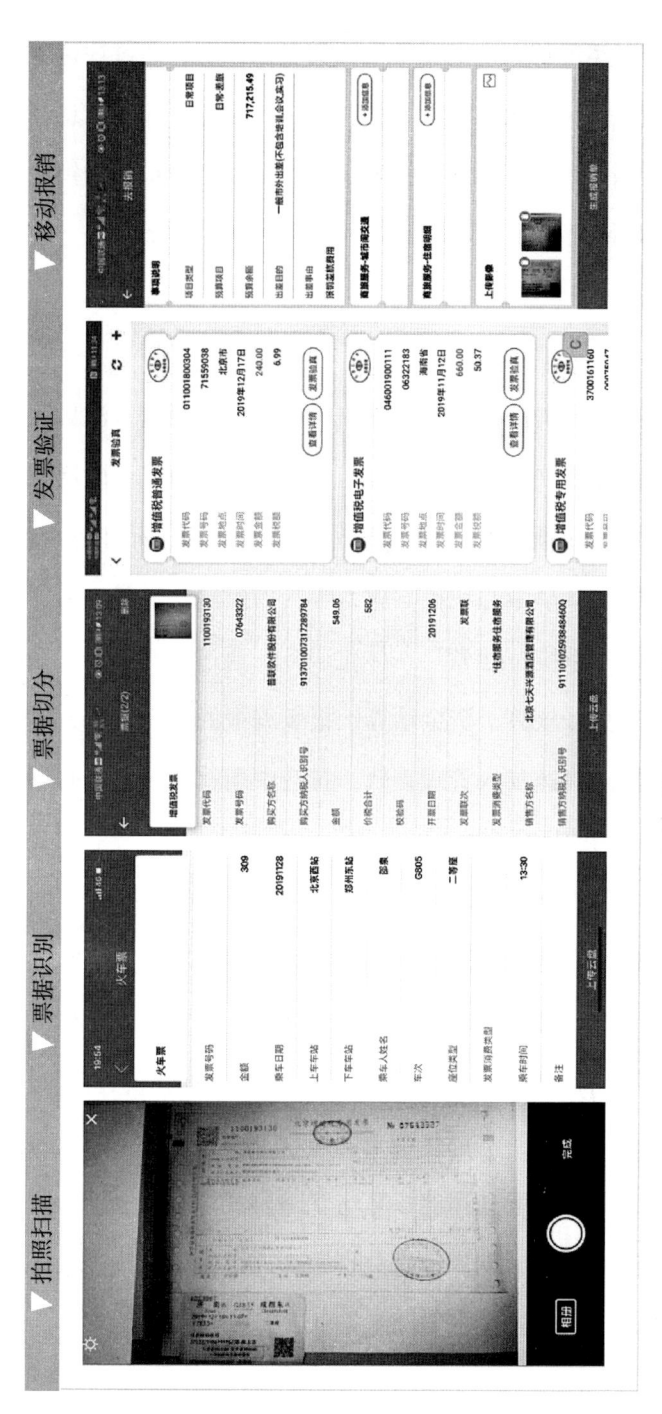

图 8-4（续）

OCR 技术可以实现移动端的影像上传和发票识别，通过快速准确地提取报销凭证上的文本，如发票号、发票日期、发票金额等信息，可以极大地提高费用报销的效率。OCR 技术还可以帮助企业检测报销凭证中的信息是否与实际情况一致，以防止费用报销中的欺诈行为。

2. 同欣科技

同欣科技是长庆油田落实国务院、国资委和中国石油集团公司厂办大集体改革任务成立的重要平台公司，是中国石油首个以增资扩股形式引入外部投资的企业。为了深化巩固同欣科技混合所有制的改革成果，提升管理效能，共享中心积极响应，为其提供涵盖财务、人力资源两路业务的"咨询＋系统＋运营"一体化服务，通过"共享云"系统、集中核算系统实现会计核算、资金结算、报表编报的全面迁移，助力同欣科技按照共享模式快速步入管理正轨，打造中国石油混合所有制企业中财务共享建设模式的标杆样板。

同欣科技投资的 13 家分（子）公司存在信息化程度不同、业务流程与财务管理融合度低等现状，共享中心主要针对企业面临的三大业务难点，进行方案设计与落地：一是企业规模小，无法使用标准化管理平台，希望使用一款满足同欣科技实际需求的集约化信息管理平台；二是企业投入少，无法享受信息化带来的便利，期望通过信息化手段，统一各分（子）公司及控股公司的核算与管理模式；三是企业人员少，无法实现业财全流程管理，期望通过共享服务，解决人员少、人工成本较高等问题，提高业财融合度，实现业务全流程管理。

（1）以智提"质"，数智管理平台的建立。

共享中心通过共享建设，为同欣科技打造以"五统一"（会计政策、业务流程、标准编码、报表格式、信息系统）为核心的会计集中核算体系，支持财务管理向业务端延伸，促进业财融合，打造以"信息化、数字化、智能化"为主要特征的数智管理平台。中国石油共享中心在充分借鉴同类先进案例经验的基础上，结合同欣科技的实际情况，统一规划同欣科技数智管理平台的建设路径。以全面预算管控、资金管理为抓手，将经营管理向业务前端延伸，促进人力资源系统、合同系统、资产系统、物采系统等业务系统与财务系统双向融合，利用经营管理业务链带动数据链、数据链带动价值链，实现业财数据互通共享。同时在统一规划的基础上，采取"充分验证、稳步推进"的实施策略，先易后难，试点先行，选择变革难度小、易快速见效益的实施路线，有序推进同欣科技信息系统的上线。根据全资企业验证阶段的建设成果，制订控股企业上线计划，采取"做实一块，上线一块，稳固一块"的方式，稳步推进全集团上线。同欣科技通过数智管理平台的建设，实现了会计、预算、资金与筹融资的"四个集中"，实现了系统平台、采购、股权、资产、合同、人力等的统一。

（2）以智增"值"，信息化手段的运用。

共享中心基于微服务理念，利用新一代云服务开发平台，以技术赋能同欣科技经营管理，打造项目交付向敏捷迭代持续提升的技术路线，通过信息化手段，帮助企业实现业务数据化、数据资产化、应用智慧化。

首先是业务数据化。数智管理平台的建设使得同欣科技的财务共享系统能够连接前端业务系统和后端管理系统；标准化表单的设计能够将纸质表单中的所有数据都变成结构化数据，并提供多个数据维度，通过表单线上流转的过程使得大量业务财务信息沉淀在共享系统中，打通流程和数据断点，实现业务数据化。以资金结算为例，整个流程以业务表单为载体，由业务端发起填单，上传业务影像，经业务检查、业务审批后，推送至共享中心接收任务并进行账务处理，完成资金支付及报表管理，在这个过程中相关业务信息以及资金支付信息就被记录在共享系统中，实现了业务的数据化。

其次是数据资产化。通过统一流程、统一会计科目、统一表单体系，将所有业务流程标准化、表单信息数据化，并通过"核算+管理"的会计科目体系将业财信息结构化，夯实了数据基础，使企业从源头上获取真实规范的高质量数据，使得数据资源转变为数据资产成为可能。共享中心还为同欣科技搭建了各项数据分析类应用，企业可以以财务共享系统中的大量业财数据为基础，基于多口径的管理规则进行多维度、多口径的数据提取，通过数据模型形成管理维度上的数据输出，实时生成不同口径的管理明细账，形成管理会计账簿，提供给管理会计报告中心生成满足不同用户需求的更明晰、更直观的个性化管理报告。同时与全面预算管理系统的集成，能够助力企业的精细化预算管理，实现同源分流，多维核算，可以真正实现经营数据资产化，给业务人员、管理人员提供更好的支持，提升以财务为中心的管理效能。

最后是应用智慧化。基于自然语言识别、OCR识别、知识图谱、AI学习、RPA等智能技术，共享中心进一步实现了同欣科技数智管理平台的智能化。一是知识赋能，以人力资源管理系统为例，人力资源管理多维分析驾驶舱提供丰富的图形化展示功能，使用户能够更清晰直观地看到相关数据信息，同时使用 AI 推荐引擎根据分析对象自动推荐最适合的数据可视化展示，并在与使用者的交互中实现模型的迭代升级，使 AI 推荐引擎成为每个人的专属助手。二是流程助手，智能填单技术可以通过 OCR 对发票进行扫描，将使用者关注的信息导入相关台账，并对信息进行逐一验证，节省员工填单的时间。语音交互技术可以实现使用者与系统的对话，当管理者发现项目分摊有问题时，可以立即创建一条新的单据控制规则，并用自然语言告知系统。通过语音交互，管理层能够实时自定义规则，而系统也能够理解管理者的意图，使企业的管控更加智能化。三是智能预警，通过开展风险的识别、预警，追踪到风险的关键人，降低企业经营和管理风险。

（3）以智图"治"，业务全流程的管理。

共享模式能够进一步提高业务处理的标准化水平，通过业务流程的在线运行和管控，业务处理会更加合规、真实、完整，公司各项管理制度和管理举措也能够更好地得到贯彻执行。

一方面，共享系统能够减少执行偏差和人为因素的影响，降低合规性风险，实现风险的在线控制。以集中核算系统为例，该系统与"共享云"集成，能够实现业务端凭证自动生成和记账；与固定资产管理系统集成，能够实现资产价值管理的账务自动登记；与司库平台集成，能够实现收付款业务凭证自动生成和记账。自动制证提升了会计信息处理的及时性与准确性，避免了人工操作可能产生的失误，系统的验证核对也实现了对风险的实时控制。

另一方面，共享系统能够使事后监督向源头治理转变，形成公司的

"大监督"格局,确保各项工作依法合规运行。企业财务部门使用的常规管控手段包括预算控制、资金计划、风险监控、税务合规等。传统管控手段是在财务流程中分别设置多个管理控制点,业务事项分别流转到各职能部门或岗位进行专业审核。在这种方式下,集团财务、业务财务和共享财务三者需要紧密配合,把各项管控职能落实到位。而共享系统可以把各项审核标准和决策要素提炼成规则,通过规则实现自动审核的能力。以商旅平台为例,商旅平台通过对企业内部差旅政策及审批流程的梳理,将审批规则固化在系统中,实现了事前控制,提高了差旅政策和审批流程的透明度。

3. 华盛能源

四川华盛能源发展集团有限公司(简称"华盛能源")是四川石油管理局有限公司所属厂办大集体改革企业,是以燃气销售为主的综合性能源服务公司,下辖 23 个子公司,用工总量 7 000 余人,业务范围涵盖终端燃气销售、工程技术服务、房产物业、科研、贸易等板块,主要经营区域为重庆、成都、泸州、自贡等川渝地区。其中,下属的四川华油集团有限责任公司是西南地区规模最大的天然气供应企业。

华盛能源作为集团型企业,参控股成员企业多、业务范围广、业务板块多,之前使用的财务系统为本地化部署的 FMIS7.0 系统,未使用费用报销平台及司库系统,仅个别成员单位上线了石油商旅,费用报销业务仍通过纸质单据线下手工传递和人工审核,资金方面也未实现统一管控,未搭建总部资金池,不具备银企直连功能,各单位资金支付业务均使用线下网银支付,财务信息化水平亟待提高。传统的财务管理模式及财务系统已无法满足其生产经营需要，华盛能源希望对标西南油气田的共享建设成果，参照中国石油的共享模式，采用"成熟软件 + 个性化定制"的方式，建设集销售收款、费用报销、资金结算、报表编制等功能于一体的，自动化、智能化的财务信息系统，实现统一标准、统一核算、统一结算、统一报表的建设目标，提升财务管理水平、价值创造能力，推动企业数字化转型。

共享中心按照持续拓展增值服务的工作要求，积极响应、主动沟通华盛能源提出的共享平台建设意向与需求，在深刻理解客户诉求的基础上，充分利用公司现有标准化系统产品，精准编制建设方案，为客户开发契合实际需求的定制化系统产品。

与黑龙江交投、同欣科技不同，华盛能源于2018年自建华盛"云平台"，华盛能源现使用的FMIS7.0单机版财务系统及其他各类信息系统均部署在该云平台之上。如果停用自建财务系统，可能会导致历史数据的迁移和保留存在问题，而保留自建财务系统，集团共享服务平台与华盛云平台的对接又会存在较大的安全风险。如何在充分利用集团共享服务平台的基础上，实现原有系统数据的迁移以及满足华盛能源的个性化开发需求，就成了共享中心项目组关注的主要问题。

在前期大量调研的基础上，共享中心项目组为华盛能源提供了三套共享平台建设方案，如图 8-5 所示。

方案一：直接接入集团共享系统。即将华盛能源作为西南油气田的平级单位或者二级单位并入集团共享系统。这种方式的好处在于大大减少了共享系统建设的工作量，直接利用集团成熟的共享系统，无需进行额外的系统开发。但其劣势首先在于集团共享统建功能模块无法满足华

方案一：直接接入集团共享系统

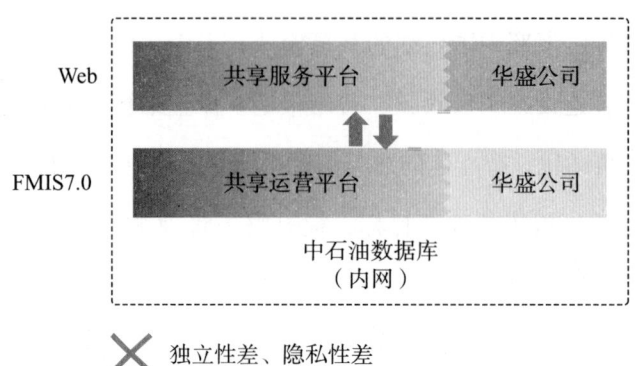

```
Web          共享服务平台      华盛公司
             ↑↓
FMIS7.0      共享运营平台      华盛公司
             中石油数据库
              （内网）
```

✗ 独立性差、隐私性差

方案二：仅推广使用共享服务平台

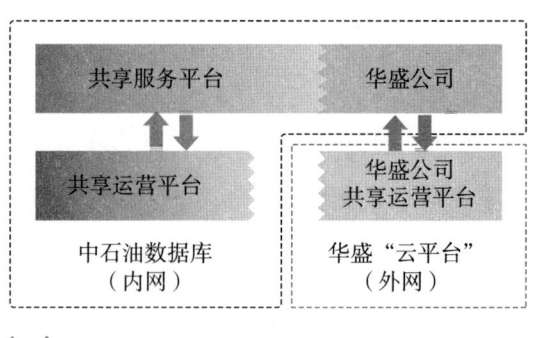

```
        共享服务平台          华盛公司
          ↑↓                    ↑↓
       共享运营平台          华盛公司
                             共享运营平台
       中石油数据库          华盛"云平台"
        （内网）              （外网）
```

✗ 安全性差、独立性差

方案三：集团共享本地化部署

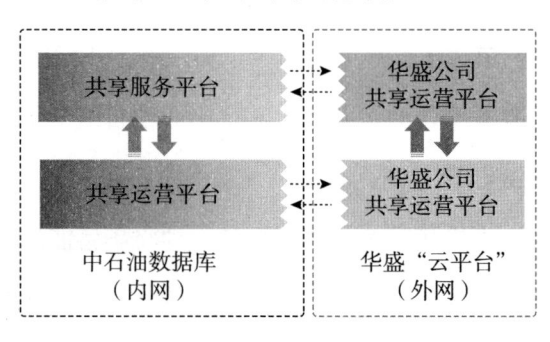

```
    共享服务平台    ⇄    华盛公司
                         共享运营平台
       ↑↓                    ↑↓
    共享运营平台    ⇄    华盛公司
                         共享运营平台
    中石油数据库         华盛"云平台"
     （内网）              （外网）
```

✓ 独立性强、安全性高

图 8-5　共享平台建设的三套方案

盛能源的个性化开发需求；其次是在接入集团系统后，对于华盛能源所有凭证、账务、报表、费用报销、资金支出信息，集团总部一览无余，难以保障华盛能源的隐私性；再次是停用原有自建财务系统后，历史数据迁移至集团共享系统存在困难，可能导致数据的丢失；最后如果选择直接接入集团共享系统，需要提请集团职能部门审批，手续非常烦琐，时间成本较高。

方案二：仅推广使用共享服务平台。即将华盛能源共享运营平台（FMIS）在华盛"云平台"上独立部署，华盛能源使用集团共享服务平台，打通集团共享服务平台与华盛"云平台"的数据接口。这种方案能够减少一定的系统建设工作量，同时在一定程度上保障华盛能源业财数据的隐私性，原有系统的保留也使得历史数据的迁移比较便利。但华盛"云平台"与集团共享系统的集成存在安全风险，华盛"云平台"与中国石油数据库不在同一个网络环境中，如果打通集团共享服务平台与华盛"云平台"的数据接口，可能导致系统不稳定性提升，存在较大的系统安全隐患。而且集团共享服务平台采用的集团共享统建功能模块也无法满足华盛能源的个性化开发需求。

方案三：集团共享本地化部署。即充分利用集团共享的建设成果，在集团共享服务平台的基础上，剥离掉与集团众多统建系统的集成后，运用华盛能源自建的华盛"云平台"，将"纯净版"共享服务平台进行私有化部署，并结合华盛集团业务实际进行个性化定制。虽然这种方案需要投入大量成本进行系统建设，但华盛能源自建的华盛"云平台"具备本地化部署条件，能为共享系统的建设提供一定的平台基础。华盛能源财务共享系统独立部署在华盛"云平台"，也为满足个性化开发需求提供了基础。同时华盛能源财务共享系统的底层架构、数据字典、数据标准与集团共享系统一致，方便数据迁移。

经过共享中心项目组、西南油气田以及华盛油田的综合评估，最终选定了方案三。方案三能够在充分利用集团共享系统建设成果的同时，最大限度地与华盛能源原有系统适配，既能维持华盛能源当前的组织机构框架及财务人员工作模式，又确保华盛能源具备未来独立建设共享中心的能力。开发人员也能在充分利用和完善现有成果的基础上，用轻便灵活的开放服务平台（open service platform，OSP）产品架构搭建系统，提高系统部署和开发的迭代效率，达到短时间内见效快、效果好的目标，同时兼顾中远期发展需求。

该共享平台既维持了华盛能源现在分散核算的模式，又支持了华盛能源今后自建共享中心进行集中核算。共享平台将充分发挥集约优势，加快华盛能源财务管理系统的升级迭代，推动智能化技术在共享服务和运营管理中得到深化应用，初步形成服务与运营的双智能体系。同时通过提供全流程、一站式服务，整合财务资源，进行集约化、规模化处理，优化人员结构，共享服务的价值创造能力得到提升，从而建立业财税一体化的新型财务组织架构，助推财务从事务处理型向价值创造型转变。最终华盛能源在财务管控、效率提升、智能化应用及提质增效方面迈上新台阶。

8.1.2　业务联结：赋能合作伙伴

为了以产融结合促发展、以稳健发展稳经济，国资委鼓励有条件的企业要突出行业链长优势，合理借助上下游业务、资金等信息，发挥数据和服务的支撑作用，引入优质金融资源，搭建供应链金融服务平台，精准对接供应链实体企业特别是中小企业在生产、流通、交易等各环节的金融需求，提供优质高效的供应链金融服务；利用自身在行业内积累的资源，帮助供应链上下游的中小企业提高效率、降低成本、增加客户，从而提升产业链各方的价值，履行社会责任，实现参与者的多方共赢。

中国石油共享中心按照集团公司"产融结合"战略部署的相关要求，紧密围绕"运营中心、服务中心、数据中心"三大职能定位，持续推进"中油e链"平台的开发和产品设计。

2019年3月，公司启动供应链信息服务方案设计及市场调研，按照"先易后难"的原则，半年之后实现了平台业务从无到有的突破。到2020年，平台内网网页及移动客户端已具备提供信息服务的条件，并与昆仑银行、工商银行等多家金融机构签订了战略合作协议。2021年，昆仑银行首款"中油E通"产品正式上线，平台也获批为集团公司内外部10家金融机构提供供应链信息服务。

经过3年的建设与发展，"中油e链"平台的各项业务数据已初具规模。截至2022年底，平台注册量共651人次，注册活跃数372人次，供应商申请融资服务1 467笔，申请融资金额达到17.95亿元，对内提供票据贴现338.41亿元，为地区公司节约财务费用近1亿元。如图8-6所示，随着业务量的不断增加，平台积极赋能供应链上下游伙伴企业，充分运用科技手段，在融资服务、业务协同、资金对账、交易支付、数据挖掘、价值呈现等方面，全方位为集团公司、核心企业、金融机构、中小微企业提供更为优质、便捷、快速的信息增值服务，创造出了更多社会效益、管理效益和经济效益。

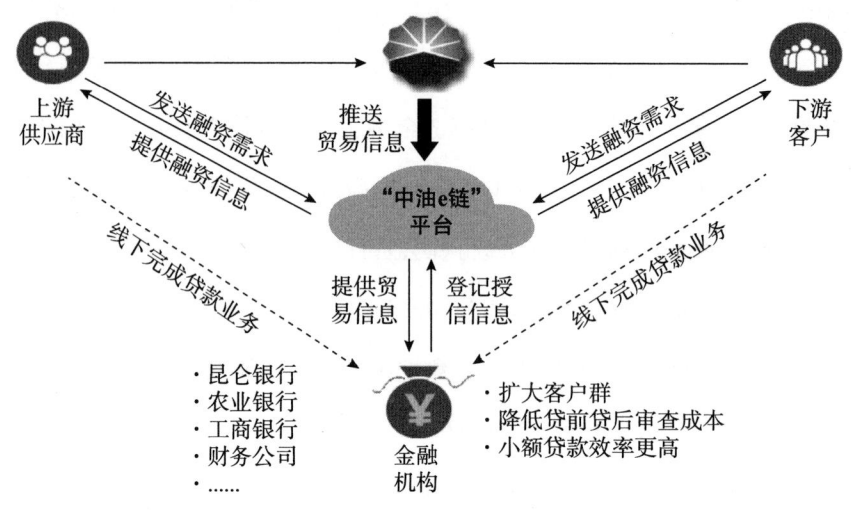

图 8-6 "中油 e 链"平台

在社会效益方面,"中油 e 链"平台作为集团公司助力中小微企业的唯一数据查询口径,彰显了集团公司"六保六稳"的央企使命担当。在新冠疫情期间,"中油 e 链"平台为企业提供了高效便捷的线上信息服务,解决了中小微企业的燃眉之急,取得了良好的社会效益。受新冠疫情影响,西南油气田、川庆钻探以及所属企业的供应商办理结算受阻,客户资金紧张。成都中心立即启动应急预案,派专人驻守基地,协同昆仑银行和工商银行建立保障团队,第一时间了解客户的急迫需求,根据客户的资金需求、挂账情况、合同执行情况量身制定"中油 e 链"信息服务方案。对于已在平台注册的 10 家存量客户,成都中心与它们保持紧密联系,安排专员对接,随时做好审核客户融资申请的准备。对于 7 家新增客户,成都中心开启"绿色通道"加急为其在平台注册,通过视频方式为客户提供从业务申请到融资放款等全流程信息服务。面对前所未有的新冠疫情防控压力和始料未及的资金突发状况，成都中心积极解决客户的融资问题，极力压缩客户从注册到银行放款的各项业务流程的办理时间，助力客户最快在 1 个工作日内获得融资，为客户送去资金"及时雨"。

在管理效益方面，"中油 e 链"平台助力核心企业获得更强抗风险能力，通过平台的用户资质审核帮助企业进行客户信用评级，实现债权的事前管控；通过现金折扣、债务重组、委托收款、汇票、应收账款证券化等多种灵活的方式，加快应收账款回收速度，实现债权的事后管控，缓解"两金"压控的压力；解决核心企业多方债权债务问题，有效协助核心企业完成清欠工作，在集团与核心企业层面取得了良好的管理效益。

在经济效益方面，"中油 e 链"平台实现了核心企业抵减共享服务费、金融机构增加放贷金额、供应商降低融资成本，统筹各方资源，实现多方共赢。截至 2023 年 3 月，"中油 e 链"平台累计协助中小微企业融资突破 25 亿元，平台认可度显著提升，共享价值充分彰显。集团公司也将优化平台功能，扩大品牌影响力，持续拓展共享服务生态圈。

8.1.3 社会联结：赋能外部伙伴

中国石油始终坚持开放思维，面向市场、追求卓越，对标世界一流和行业领先水平，实施对标改善计划和成本领先战略，支持企业在市场竞争中赢得主动。同时，中国石油作为头部企业，也希望发挥带头和示范作用，积极与外部企业开展经验交流，帮助更多的企业实现数字化转型，承担央企的社会使命。

传统组织强调内在适应性，更多地关注企业的自我实现，相对封闭，缺乏竞争性和开放性。随着时代的快速发展，当今社会中企业面临的环境具有极大的不确定性，机会与风险并存，开放和竞争成为企业存活壮大不可或缺的特性。因此，要实现高效能的治理，必须培育组织的竞争性，提高竞争意识，增强开放思维，树立卓越目标。高效能的治理需要企业从内部走出去，把外部优越的资源和经验引进来，构建良性的交流机制。

1. 走进校园

中国石油与多所大学建立战略合作关系，学校将发挥科学研究、人才培养方面的优势，积极对接企业需求，切实解决企业在共享业务发展中遇到的瓶颈问题；企业也会在学校中积极开展技术交流与培训，在人才培养等方面与高校开展紧密合作，促进共同发展。

西安电子科技大学与中国石油共享中心具有较好的合作基础。西安电子科技大学面向共享中心业务场景和实际需求开展科学研究、数字财务人员专业培训工作，发挥了学校在基础理论、前沿技术研究方面的优势。中国石油共享中心承担着总公司财务记账和人力资源管理等数据密集型业务。为了更好地实现大数据技术的产业应用，以人工智能作为智能财务时代产业变革的核心驱动力，西安电子科技大学特别组建20人的教研团队，针对共享中心大数据和人工智能专业人才匮乏、相关落地动手实战应用能力欠缺、业务产生的小数据（凭证、账簿、报表）难以规则化提取形成大数据等问题，推出了中国石油共享中心大数据分析师研修班，通过大数据分析、数字财务、人力资源管理等模块课程的设置，结合各项专题内容为共享中心培养真正懂数据、懂技术、懂财务的复合型人才。

共享中心在共享建设、流程自动化智能化、大数据分析等方面的实践优势，也可为相关专业的学生提供丰富的企业数字化转型、财务大数据分析与应用，以及智能财务方面的应用场景，对西安电子科技大学学科和专业建设具有重要推动作用。共享中心与西安电子科技大学合作建设了大学生校外实践教育基地，根据共享中心的业务需求，本着学生自愿的原则，组织一定数量的学生开展专业实习活动。校内学生通过参与企业业务自动化、内部运营管理智能化等场景的挖掘以及相关数据类服务产品的研发活动，真正将所学专业知识与企业领先实践结合起来，深刻理解共享中的各个业务场景以及相关技术的应用，能够进一步提升技术运用以及数据分析能力。同时多元化的实习岗位也能让在校学生接触到更多跨专业知识，一定程度上拓宽了学生的职业发展路径。

2. 走向社会

中国石油推出中国石油共享 X 计划，通过合资、合作、业务外包、劳务派遣等多种模式与外部相关领域的优秀企业和机构合作，打造健康、灵活、多元的共享生态圈；按照市场化运作方式，为共享中心补充业务人员和相关领域专家等各类资源，支撑共享中心不断拓展业务、提高服务水平、提升管理和技术创新能力。

中国石油坚持"开门建共享"。2018 年与上海国家会计学院、元年科技、金蝶软件等联合成立国内首个智能财务研究中心，持续关注智能财务领域的前沿理论、系统技术、实践案例和研究动态，打造国内智能财务研究领域的高地，通过构筑高效率、开放性的研究平台，推进产学研的合作，进行理论研究和应用性的产品开发。2019年，美国管理会计师协会（IMA）、艺赛旗、中兴新云、科大讯飞、用友网络等加入。2020年，浪潮集团、经邦软件、特许公认会计师公会（ACCA）、汇付天下等加入。研究中心队伍不断壮大，持续为智能财务研究助力。

同时，中国石油与德勤、普华永道、毕马威、安永等咨询机构建立长期合作关系，积极与普联软件、科大讯飞、帆软软件、星环科技、睿琪软件（票小秘）等高新技术企业合作，积极与共享行业领先企业开展交流对标，逐步构建多方参与、开放包容的智慧共享生态圈。不仅要"请进来"，还要想办法"走出去"，中国石油不断地更新知识、更新认识，跟踪国际共享技术发展最新情况，把新理念、新方法、新技术及时融入企业的体系之中。

中国石油还通过承办"走进中国石油——第十八期中国管理会计沙龙"，邀请来自国务院国资委、中国总会计师协会、国内知名企业的领导嘉宾及业界知名教授学者走进中国石油，分享全球共享中心建设成果经验。

如图8-7所示，中国石油通过搭建开放的数字化平台，建设包括集团总部、专业公司、地区公司、企业员工以及政府部门、金融机构、客户和供应商在内的共享生态圈，基于中国石油的数据服务平台、"共享云"平台、石油商旅平台、供应链信息平台、供应链协同平台和智能云平台，助力利益相关者信息互通、资源共享，使共享平台成为创效资产，推动多方合作共赢。

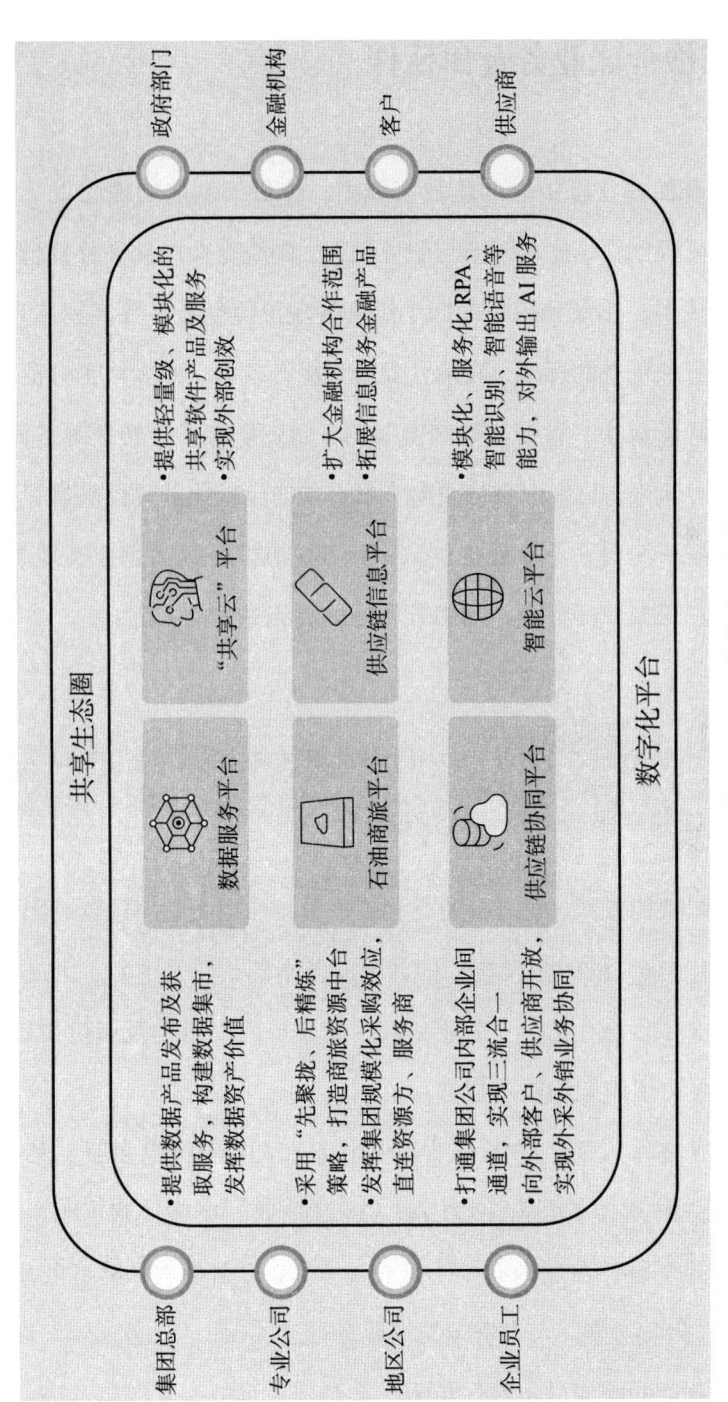

图 8-7 数字化平台赋能共享生态圈

8.2 拥抱全球业务合作伙伴

中国石油在共享中心的建设实践中，将价值创造的理念贯穿始终，积极践行流程创新、技术创新与服务创新，围绕企业内部和外部价值链，从效率、成本、质量和满意度四个维度实现价值创造，并将其作为检验共享中心服务水平的标准，在简化流程、提升效率、减少用工分流人员、集中采购降低成本、管控风险堵塞漏洞、转变职能推进转型等方面取得显著成效。未来，共享中心将面向中国石油的全球业务提供高质量服务，实现全球统一交付；为企业提供数字化解决方案，助力企业实现数字化卓越运营；挖掘外部资源，输出各领域的领先专业能力。

8.2.1 共享成效

1. 全球共享服务体系初具规模

在组织架构方面，中国石油成立了中国石油集团共享运营有限公司，形成了"1+3+6"的组织架构，即共享服务本部，西安中心、大庆中心、成都中心 3 个区域中心，6 个业务部，完成了内设机构及岗位设置，人员逐步到位，组织架构初步成熟。

在服务体系方面，中国石油提供财务、人力资源等多路共享服务，截至目前，财务共享服务在境内有 138 家企业，在境外有 171 个项目，人力资源共享服务在国内有 131 家企业、110 万名员工；财务共享制证量达 4 317 万笔 / 年，人力资源共享服务量达 4 000 万人次 / 年。队伍规模随着业务量的增加科学有序扩展，初步建设形成一支结构合理、素质优良、富有凝聚力和战斗力的员工队伍。

2. 推动管理转型

各下属单位以推进共享为契机，积极推动管理转型和改革发展。如长庆油田借助共享契机，实施"内部银行、内部市场、内部利润"，推动成本中心向利润中心转型，推动财务会计向管理会计转型；长庆石化贯通业务流、信息流，提出以智能共享助力智慧炼厂建设；陕西销售公司在深度推广共享的基础上，扩展广度，基础性业务应交尽交，探索建立资产创效、营销创效等七个模型，推动财务管理转型；部分单位倒逼基层单位完善员工绩效考核和绩效薪酬计发办法，推动落实工资分配激励政策，助力三项制度改革的深化。中国石油初步构建了专业分工、高效协同的"三位一体"新型管理模式，通过共享服务规模化、集约化、专业化、智能化，提升集团公司整体运行效率，释放生产力。

3. 降低运行成本

中国石油充分发挥共享服务的专业化、规模化效应，通过技术和商务模式创新，进一步降低成本。共享中心推行电子会计档案，每年减少档案馆占地4 000平方米，减少纸质会计档案3亿张，节省打印机硒鼓约3万个，节约成本近1亿元；推行商旅集中采购，提供一站式商旅服务，推进商旅资源优化整合，共计节约商旅成本2 230万元；推行员工报销集中支付，共计节约人力成本4 000万元；提供退休手续办理服务，为各级企业节省960余人次，减少业务处理耗时3 000余天，节约差旅费190余万元；提供职称评审服务，帮助各级企业减少评审工作量达72%，资料首次填报通过率达 93%，工作周期缩短 57%，得到了各级企业较高的评价。

4. 自动化智能化特征显现

共享服务中心持续打造以"智能、连接、洞察"为核心的共享生态系统，推动以机器人流程自动化及人工智能为代表的智能化技术应用。

财务共享创新应用新技术，自主研发设计、上线 RPA 机器人"小铁人"，代替人工执行重复性工作。截至 2022 年 5 月，财务共享累计上线 6 类 395 个"小铁人"，平均处理效率为人工的 20 倍，完成工作量占整体工作量的 50% 以上。探索应用智能识别、智能交互等新技术，将其应用于填单、审核业务，共享业务处理由自动化应用向智能化应用升级。

人力资源共享加快了集团公司各级企业人力资源业务的数字化转型，将原有"线下"人力资源业务搬到"线上"运行。如西安中心助力各级企业将评审工作从"线下"搬到"线上"，促进了系统功能的深化应用，提升了各级企业人力资源业务的自动化、标准化程度。利用系统提供定制化统计分析服务，如成都中心编制了薪酬与员工业务定制报表模板，在满足各级企业个性化需求的同时，提高系统数据质量，获得了各级企业的认可。

5. 风险防范控制能力显著提高

共享中心作为独立组织，角色中立，服务全局，助力使集团公司各项管理制度和管理举措更好贯彻执行。

财务共享寓管理于流程、寓流程于系统，实现风险在线控制，通过共享，将上线业务、开支标准、审核验证节点固化在系统中，有效避免了差异化的处理方式，统一性、规范性大幅提升。

人力资源共享强化了人力资源管理规范，逐步消除了各级企业对人力资源政策、制度理解和执行的偏差，业务处理更加规范，系统操作更加专业，大大提高了系统信息的质量，促进了人力资源管理的标准化、规范化。

6. 形成智能型全球共享服务建设运作经验

在共享建设运作过程中，变革管理贯穿始终。各级领导全面部署、全面动员，总部部门、专业公司大力支持，地区公司密切配合、通力合作，是共享建设顺利推进的关键。

（1）对标最佳实践，建设方案领先前瞻。方案设计坚持"走出去"与"请进来"相结合，通过引入先进的理念、方法、工具，广泛征集总部部门和地区公司的意见，确保方案的前瞻性、全面性和可操作性。

（2）坚持试点先行，全面验证建设方案。选择覆盖集团公司所有业务板块的典型单位，全面验证和完善建设方案，财务共享形成"七步法"实施方案，人力资源共享首批业务形成"315工作法"和服务产品化工作框架，将实施工作模板化、场景化、标准化，形成由共享中心、区域中心和客户共同组成的项目制实施团队，协同推进实施工作。

（3）对标世界一流，运营服务体系逐步健全。在运营中形成"以客户为中心"和"以服务交付、客户体验、价值创造为基石"的共享服务理念，验证并完善了"业务分路推进、综合事务共管"的共享服务运营模式。

8.2.2 重点举措

1. 以智能共享平台连接前端交易和后端财务，并实现全流程内联外通

在数字化转型的进程中，智能共享平台是先遣队。企业在数字化落地的过程中，要实现对外记录所有交易过程，对内打通所有业务条线，通过智能共享平台把整个业务串联起来，打通内外，互联互通。

智能共享平台的核心是共享，实现共享的前提是连接。这意味着共享中心可以成为连接业务、财务、管理全流程，推动业财融合的天然的技术平台。业财税智能共享系统是传统财务共享系统在"互联网+"时代的革命性换代产物，其本质是基于新一代的信息技术，实现对企业更广泛业务（从记账、算账到报账、采购、税务等）的数字化，并对企业财务体系、业务流程、商业模式进行颠覆和升级。通过构建业财税一体化的智能共享中心，企业在后台和前台之间形成了一个业务交易层更灵活、更强大的业务支撑中台，能够连接前台和后台的大量交易处理和服务，实现对企业更广泛业务（从记账、算账到报账、采购、税务等）的数字化，大大提升运营效率，快速响应客户需求，实现财务、业务和税务的深度融合。

2. 以数据中台打通全数据，实现集中化的数据治理和数据管理

实现数字化转型就必须重构企业 IT 系统架构，而重构企业 IT 系统架构的核心又在于对企业 IT 系统的"中台化"。

数据中台就是通过在企业的业务前台和管理后台之间搭建一层中台，打破企业传统的烟囱式信息化架构，将各类信息系统部署为基于同一平台下的一系列前端应用系统。基于数据中台，企业可以打通和汇聚多源数据，实现数据资产化和内外部数据的整合，将其共享和复用给前端应用系统，实现特定的数据应用。基于对新一代信息技术的深入挖掘和应用，数据中台不仅将彻底解决企业的信息孤岛问题，提升数据采集和数据转换的效率和质量，还将根除企业 IT 系统重复建设的现象，为数据存储和数据管理带来便利。

数据治理是实现数据资产化的必经之路，也是数据中台备受瞩目的价值之一。数据治理是一个长期发展优化的过程，它通过主数据、元数据、数据质量管理等，提高各类数据，包括结构化和非结构化数据的质量，使大量隐没在数据坟墓中杂乱无章的数据转变为清晰有序、有条理、有脉络的数据资产。应该强调的是，在具体应用上，大数据时代的企业应面向数据的全生命周期，构建从数据生产到应用各阶段的治理能力。

3. 以智能技术和大数据技术开展数据应用，实现技术赋能

数字化转型的最终目标就是用数据赋能企业业务发展。可以说，我们为实现数字化所做的所有工作都是为了实现最终的数据应用。

数据的前端应用系统是企业数字化平台的最后一块拼图，也是构成企业数据流动闭环的关键部分。当前，智能技术和大数据技术的快速发展为数据应用提供了巨大帮助。基于这些新一代信息技术构建的管理会计的各大系统，包括预算管理、成本管理、绩效管理、管理会计报告等，以及各类数据分析系统，包括场景化分析、财务分析、业

务分析等，能够基于数据中台的数据集和数据模型开展业务应用，是数据应用的主阵地。

数据应用可以帮助财务人员感知现在和预测未来。感知现在，即将历史数据与当前数据融合，挖掘潜在线索与模式，感知事件发展的状态。预测未来，即进行全量数据、流式数据、离线数据的关联分析，判定与调控态势与效应，从数据的角度解释事件发展演变的规律，进而对发展趋势进行预测。例如，基于对海量历史数据的积累和分析，企业能够依据应用场景，如项目的投入产出预测，构建起更为完善的预测模型。

8.2.3 未来展望

中国石油以习近平新时代中国特色社会主义思想为指引，深入贯彻党的二十大精神，贯彻落实集团公司深化管理体制改革的总体部署，按照集团公司推进治理体系和治理能力现代化的要求，坚持"一个平台、多路共享"的总体思路，围绕"服务交付、客户体验、价值创造"三大基石，进一步理顺体制机制，突出创新引领，强化顶层设计，加快全球共享中心体系建设，不断增强企业竞争力、创新力、控制力、影响力、抗风险能力，协同推进集团公司上市业务高质量发展，为油气产业链价值链做强做优发挥支撑作用，助力集团公司建设基业长青的世界一流综合性国际能源公司战略目标的实现。

在未来，中国石油将致力于打造世界一流智能型全球共享服务体系，为公司、员工、合作伙伴提供优质高效服务，向创新型合作伙伴转型；推动管理转型，为合规经营保驾护航，提供数字化解决方案，助力企业实现数字化卓越运营，为企业提升收益提供支持；实现对外赋能，挖掘外部资源，输出各领域的领先专业能力。

1. 世界一流

持续对标世界一流共享服务水平，以一流的行业地位、业务结构、运营效率和发展潜力，助力集团公司建设世界一流综合性国际能源公司战略目标的实现。一流的行业地位是指具有较强的行业影响力和社会影响力。一流的业务结构是指具有合理的业务类型和客户结构，核心竞争力强。一流的运营效率是指共享中心的成熟度水平达到领先级，各运营指标在国际石油公司共享服务领域位居前列。一流的发展潜力是指科技研发实力强、业务结构调整能力强、人才基础雄厚。

2. 智能化

紧跟共享行业发展趋势，实现共享服务和运营双智能化，成为集团公司智能技术应用的引领者。共享服务智能化是指大力推进机器人流程自动化、大数据、人工智能、移动互联、云计算、物联网、区块链等数字化技术的应用，逐步实现共享业务的智能化运行，如建立 RPA 开发优先级量化评估标准，保障高效益、高通用、高需求业务场景的优先开发、优先上线，探索目标化管理，细化考核标准，逐步提升财务、人力共享服务的自动化率，推动 RPA 技术向生产力快速转化。运营智能化是指在运营管理领域应用深度分析和可视化等技术，支持共享中心开展基于数据的精益化管理，推进大集中 ERP 共享运营平台模块与数字化、智能化技术有机融合，加快大数据分析、可视化工具等技术应用落地，持续提升平台自动化、智能化、可视化水平，推动共享运营管控能力纵深发展。

3. 数字化

全面落实集团公司数字化转型、智能化发展规划，贯彻科技与信息化创新大会的会议精神，秉承"一个平台、多路共享"的发展理念，围绕"业务发展、管理变革、技术赋能"三条主线，立足"三大基石"和"四篇文章"推进数字化转型，加快提升共享服务水平，更好地服务主业、创造价值；做好共享服务平台与大集中 ERP 共享运营平台各模块深度集成，打造"前端易、中端强、后端稳"的数字化运营平台，满足运营管理多维度、多角度的精细化管理需求；坚持创新引领，全面应用"大、智、移、云、物、区"等数字化技术，赋能业务发展，通过业务场景与技术支撑"双轮驱动"，以数字化能力推动构建实时、开放、高效、协同的数字化共享服务，进一步凸显科技创新型企业的特征，全面打造世界一流智能型全球共享服务体系。

4. 全球化

采用全球商业服务模式，实现服务对象全球化和服务交付全球化，支持集团公司参与国际化竞争。服务对象全球化是指能够克服语言、时差、法律法规、文化等差异带来的影响，为集团公司境内外所有企业提供服务。服务交付全球化是指持续提升同质业务的标准化水平，逐步推进部分业务全球统一交付，形成全球交付、区域交付和本地交付相互协同的服务布局，包括实现差旅报销、部分资金支付全球交付，以及催收、往来对账、发票处理、供应商管理支持、客户信用管理支持等新增专项业务的全球交付。

5. 对外赋能

中国石油致力于与合作伙伴共同发展，通过搭建开放的数字化共享平台，助力利益相关者信息互通、资源共享，使共享平台成为创效资产，推动多方合作共赢。通过打造高效卓越的业务运营、业务咨询、数据服务和技术工具等系列服务产品，开展对外输出，实现内部和外部两个价值创造循环成熟运行。在内部新建企业财务服务知识库，在外部形成财务共享服务管理咨询知识库，同时上线基于外网公有云平台打造的"轻系统、快部署、微应用、重服务"的"共享云"产品，如成都空港中油能源、福建中油路通、西安宝石花传媒、元通公司等，快速赋能内外部企业，打造健康、灵活、多元的共享生态圈。

中国石油以价值创造为导向的顶层设计引领了共享服务的发展，更多从价值创造的视角规划共享的发展，相较于提高工作效率、降低运行成本、加强风险管控等有形收益来说，中国石油对标世界一流的顶层设计更关注共享服务可带来的无形价值。通过流程再造推动组织的变革转型，人力资源得到进一步的释放，业务单元也能够提高经济效益。高效率的流程服务以及数据资源的构建也为前端业务经营提供了全面稳定、敏捷高效的后方支持，为主业参与全球化经营和国际化竞争赋能。同时在共享服务建设的过程中，企业也拥有了大量以客户为中心的新技术应用场景，成为互联互通 IT 生态的枢纽和技术型人才的聚集地，为企业的数字化转型打下了基础。

可以说，从提高效率、降低成本、加强风险管理等有形价值，到推动组织变革、赋能主业、推进数字化转型等无形价值，是中国石油对标世界一流的顶层设计在未来发展中的价值显现。

中国石油着力建设世界一流综合性国际能源公司，对共享中心在经营理念、成本管控、效率提升、商务运作等方面提出了更高要求。共享中心要在提高运行效率、防范业务风险、优化经营决策等领域发挥战略性作用，成为中国石油参与国际竞争的战略资产。共享中心作为"数字中国石油"建设的助推者和践行者，其海量数据和技术优势是打造"数字中国石油"的重要资源，是中国石油数字化转型的重要阵地。中国石油共享中心将在数字化转型中坚定不移走在前列，为中国石油的高质量发展做出更大贡献。